体育与健康

TIYU YU JIANKANG

主　编　陈　诚
副主编　王　倩　万建新
　　　　江小华　徐国斌

中国科学技术大学出版社

内容简介

本书分为上、下两篇，上篇主要是对体育概论、运动生理及学生体质健康等方面内容的论述；下篇主要是针对各种体育运动及相关竞赛规则的说明。本书力求内容具有先进性、时代性、针对性和灵活性，达到全面提高大学生综合素质的目的。

本书可作为高等院校体育课教材，也可作为体育爱好者的参考书。

图书在版编目(CIP)数据

体育与健康/陈诚主编. —合肥：中国科学技术大学出版社，2011.8
ISBN 978-7-312-02858-8

Ⅰ.体… Ⅱ.陈… Ⅲ.①体育—高等学校—教材 ②健康教育—高等学校—教材 Ⅳ.G807.4

中国版本图书馆 CIP 数据核字(2011)第 130786 号

出版	中国科学技术大学出版社
	安徽省合肥市金寨路6号，230026
	网址：http://press.ustc.edu.cn
印刷	安徽省瑞隆印务有限公司
发行	中国科学技术大学出版社
经销	全国新华书店
开本	710 mm×960 mm 1/16
印张	19.25
字数	377 千
版次	2011年8月第1版
印次	2011年8月第1次印刷
定价	28.00元

前　言

"体育与健康"课程是高等院校课程体系的重要组成部分，是高等院校体育工作的中心环节。《中共中央国务院关于深化教育改革全面推进素质教育的决定》明确指出："学校教育要树立健康第一的指导思想，切实加强体育工作。"教育部也强调把学校体育工作的重心切实放到面向全体学生，全面提高学生的身心健康水平上来。基于上述要求，我们确定了大学体育是学校体育教育的终点，同时又是大学生实现终身体育的起点的编写方针，在编写过程中将切实增进大学生的身心健康放在首位。

本书以《全国普通高等学校体育课程教学指导纲要》和《学生体质健康标准》为依据，本着"育人为本、健康第一、全面发展、服务社会"的宗旨，认真落实深化教育改革，全面推动素质教育和"健康第一"的指导思想。全书从大学生的实际需要出发，介绍体育理论基础知识和运动技能知识，力求内容准确、新颖，融科学性、时代性、知识性、可读性于一体，图文并茂，通俗易懂，能够使学生学有所得、练有所获，进一步拓展大学体育知识的深度和广度，提高学生身心健康水平，促进大学生"终身体育"观念的形成。本书汲取了当今体育科学及有关基础理论的新成果、新观念，并参考了相关的体育资料，力求内容具有先进性、时代性、针对性和灵活性，达到全面提高大学生综合素质的目的。本书可作为大学生的体育课教材，也可供体育爱好者学习参考。

本书由陈诚（第一章、第四章、第七章）主编，万建新（第二章、第五章）、江小华（第三章、第六章）、王倩（第八章、第九章、第十章）、徐国斌（第十一章、第十二章）参加了本书的编写工作。

本书在编写过程中吸收了当今体育科学及有关基础理论的新成果、新观念，参考了大量专业资料，同时得到相关领导、专家和同事的大力支持，在此一并表示感谢。由于编写时间仓促，教材内容难免有疏漏与错误之处，恳请广大读者多提宝贵意见，以便进一步修正。

编　者

2011 年 4 月

目　录

前　言 ………………………………………………………………… (i)

上　篇

第一章　体育与健康基础 ………………………………………… (3)
　第一节　体育与健康概述 ………………………………………… (3)
　第二节　体育运动与身心健康 …………………………………… (8)
　第三节　体育运动与营养、卫生保健 …………………………… (14)
　第四节　体育活动与社会适应 …………………………………… (19)
　思考题 ……………………………………………………………… (21)

第二章　体育锻炼的科学基础 …………………………………… (22)
　第一节　体育锻炼的生理学基础 ………………………………… (22)
　第二节　体育锻炼的心理学基础 ………………………………… (27)
　第三节　营养与健康 ……………………………………………… (31)
　第四节　体育锻炼对人体产生的积极影响 ……………………… (39)
　思考题 ……………………………………………………………… (44)

第三章　体育锻炼的原则和方法 ………………………………… (45)
　第一节　体育锻炼的基本原则 …………………………………… (45)
　第二节　体育锻炼的方法 ………………………………………… (50)
　第三节　发展身体素质的方法 …………………………………… (53)
　第四节　发展心肺功能的有氧锻炼 ……………………………… (57)
　思考题 ……………………………………………………………… (59)

第四章　体育锻炼与运动处方 ……………………………………………… (60)
 第一节　科学地进行体育锻炼 ………………………………………… (60)
 第二节　运动中的生理反应和疾病 …………………………………… (63)
 第三节　常见的运动性疾病及损伤的预防和处理 …………………… (70)
 第四节　运动处方 ……………………………………………………… (73)
 思考题 …………………………………………………………………… (80)

第五章　大学生体质健康评价与测量方法 ……………………………… (81)
 第一节　《学生体质健康标准》概述 …………………………………… (81)
 第二节　《学生体质健康标准》的内容与锻炼方法 …………………… (83)
 第三节　《学生体质健康标准》测试的操作方法 ……………………… (89)
 思考题 ………………………………………………………………… (100)

下　篇

第六章　田径运动 ………………………………………………………… (103)
 第一节　田径运动概述 ………………………………………………… (103)
 第二节　径赛类 ………………………………………………………… (108)
 第三节　田赛类 ………………………………………………………… (118)
 思考题 ………………………………………………………………… (132)

第七章　球类运动 ………………………………………………………… (133)
 第一节　篮球 …………………………………………………………… (133)
 第二节　足球 …………………………………………………………… (149)
 第三节　排球 …………………………………………………………… (159)
 第四节　乒乓球 ………………………………………………………… (173)
 第五节　羽毛球 ………………………………………………………… (181)
 第六节　网球 …………………………………………………………… (187)
 思考题 ………………………………………………………………… (195)

第八章　武术运动 ………………………………………………………… (196)
 第一节　武术运动基本概念 …………………………………………… (196)
 第二节　武术基本动作与套路演练 …………………………………… (197)
 第三节　太极拳 ………………………………………………………… (200)
 思考题 ………………………………………………………………… (213)

第九章　体操运动 (214)
第一节　体操运动概述 (214)
第二节　体操动作的技巧动作 (219)
第三节　常见体操项目及其动作训练 (222)
思考题 (226)

第十章　娱乐休闲类运动 (227)
第一节　形体训练 (227)
第二节　健美操 (229)
第三节　体育舞蹈 (236)
第四节　瑜伽 (252)
第五节　跆拳道 (257)
思考题 (262)

第十一章　体育欣赏 (263)
第一节　体育中的美学 (263)
第二节　体育比赛欣赏 (266)
思考题 (275)

第十二章　常用体育运动项目竞赛规则 (276)
第一节　田径运动常识及主要竞赛规则 (276)
第二节　篮球运动的主要规则 (282)
第三节　足球运动主要规则 (285)
第四节　排球运动主要规则 (287)
第五节　乒乓球运动主要规则 (290)
第六节　羽毛球运动主要规则 (291)
第七节　网球运动主要规则 (293)
第八节　武术运动常识及主要竞赛规则 (297)
思考题 (298)

参考文献 (299)

上　篇

第一章 体育与健康基础

本章主要介绍体育与健康方面的基本概念,以及体育运动与身心健康、营养卫生健康、社会适应之间的关系,从而掌握基本的概念,理解体育与健康的关系,为后面学习打下一定的理论基础。

第一节 体育与健康概述

一、体育的概念及起源

体育,亦称体育运动,是人类根据生产和生活的需要,遵循人体的生长发育规律,以身体练习为基本手段,为达到增强体质、提高运动技术水平、丰富社会文化生活的目的,而进行的一种有意识、有组织的社会活动。体育是社会文化教育的组成部分,受到社会政治和经济的制约,也为社会政治和经济服务。

18世纪60年代,法国启蒙思想家、教育家、哲学家卢梭首先使用"体育"一词。19世纪60年代,"体育"的概念由西方传入我国。根据中国体育发展的特点和规律,"体育"是以身体练习为基本手段,以发展身体、增强体质为基本特征的教育过程和社会文化活动,包括体育教育、竞技体育和社会体育三方面的内容,受社会政治、经济的影响和制约,并为其服务。三者既有区别,又相互关联地构成一个整体。

体育作为一门科学,不仅研究人体生长发育和发展,研究人的内在潜能的发掘,还研究它本身涉及的广泛的社会问题。体育学涉及哲学、史学、社会学、经济学、管理学、教育学等社会学科,也涉及生理学、解剖学、医学、生物化学、生物力学和心理学等自然学科。

可见,体育是人类在生产和社会活动中,受个体与社会、生理与心理各个方面因素的激励而产生的一种社会实践活动,随着人类自身实践和理论的发展而逐渐发展完善,在人与人类社会的发展中起着积极的促进作用。

二、体育的本质与功能

(一)体育的本质

所谓"本质",是指事物本身所固有的,决定事物性质、面貌和发展的根本属性。体育是一项人的活动,不仅是人的需要,也是人的权利。在我国,改革开放以来,一直存在着"什么是体育"、"体育的本质是什么"的争论。

"体育"一词的含义包括两方面的内容:一是指以身体练习为基本手段,以增强体质、增进健康、丰富社会文化生活为目的的社会活动;二是指在学校的教育环境中,指导学生学习和掌握一定的体育基本知识和基本技能,使他们形成体育锻炼意识,提高体育锻炼能力,增进健康的教育活动。而体育的本质就是增进人的自然属性的发展。

体育的本质在于利用体育项目为人服务,利用体育的手段和方法促进人的身心健康和全面发展。体育活动是手段;增强体质,增进健康,促进人的发展乃至社会的发展是体育的目的。

(二)体育的功能

1. 健身功能

体质是一个民族精神文明的重要标志,增强全民体质是发展体育的目的,健身功能是体育最本质的功能。体育运动以身体练习为基本手段,给予身体各器官、系统一定强度和量的刺激,使身体在形态结构、生理机能等方面发生一系列适应性反应,从而促进健康,增强体质。

2. 教育功能

教育功能是体育最基本的社会功能,就其作用的广泛性而言,它对人类社会产生的影响,是体育的其他功能所无法比拟的。就学校体育而言,主要采用校园体育文化节、体育教学、课外活动、课余训练、运动竞赛等形式,对受教育者进行思想政治、意志品质、道德情操和身体发展的教育,使他们获得基本的体育理论知识,掌握必要的体育活动技能,学会科学锻炼的方法,通过共同参与体育活动的过程,培养学生将来担任社会角色必须具备的体育素质。

3. 娱乐功能

"娱乐身心"是被发掘和利用较早的社会功能,体育的娱乐功能是通过观赏和参与两种途径来实现的。经常观赏体育竞赛,除了可以享受运动美感外,还会被那绚丽多姿的体育文化氛围和社交环境所感染,感受到运动员在竞争中表现出的坚定不移、顽强拼搏的优秀品质。参与体育活动,尤其是自己喜爱和擅长的运动项目,会在身体完成各种复杂练习的过程中,在与同伴的默契配合中,在体力与自然的挑战中,得到一种非常美妙的快感和心理上的满足感,并享受到与人交往、合作的乐趣。

4. 政治功能

体育和政治的联系是客观存在的。体育具有超越世界语言和社会障碍的特点,通过体育活动可以促进各国人民的了解,促进国家之间的交流和团结。国际体育竞赛是国与国竞争的舞台,是展现一个国家政治、经济实力的窗口,运动员在比赛中的表现,往往被看成一个国家国力和人民精神气质的反映。在国际大赛中,运动员被看作一个国家的优秀代表、国际友好关系的政治使者,被称为"微笑大使"、"外交的先行官"。体育还是促进国家政治一体化,增强凝聚力的有效手段,在促进世界和平方面起到了不可代替的作用。

知识介绍

轰动世界的"乒乓外交"使封冻多年的中美关系开始解冻,促进了中美建交,在我国对外关系史上打开了新的一页。

1956年,我国为抗议制造"两个中国"的政治阴谋,毅然宣布不参加第16届奥运会;1976年,为抗议种族歧视,非洲国家体育组织抵制蒙特利尔奥运会;1980年,前苏联入侵阿富汗,60多个国家抵制莫斯科奥运会;1984年,以前苏联为首的14个国家又拒不参加第23届洛杉矶奥运会。

1996年初,国际奥委会曾经呼吁,要求奥运期间实现全球停火,当时波黑共和国和非洲一些国家的内战激战正酣,就在第26届奥运会开幕前不久,波黑内战终于在国际社会各方面的调停下停火。波黑共和国代表团进入会场时,受到全场观众的热烈欢迎。萨马兰奇在第26届奥运会开幕式致辞中指出:"体育是友谊,体育是教育,体育把全世界团结在一起。"

5. 经济功能

体育的经济功能是由体育与经济的相互促进作用所决定的。伴随着体育社会化、娱乐化、终身化程度的不断提高,为满足体育人口日益增长的需要,各种健身器材、场地设施,乃至体育健身、娱乐服务和体育旅游都在迅速发展,已在国家经济中形成一个庞大的体育产业。

随着经济浪潮的冲击,竞技体育也表现出鲜明的商业化倾向,各职业球队与俱乐部在我国蓬勃兴起,产生了以体育促进经济,以经济保障体育事业的良好效应。

三、健康的含义和标准

(一) 健康的含义

1948年,在世界卫生组织(WHO)的宪章中,首先提出了健康的含义,认为"健康不仅是免于疾病和衰弱,而且是保持身体、精神和社会适应方面的完美状态"。1978年9月召开的国际初级卫生保健大会通过的《阿拉木图宣言》又重申了健康的含义,指出:"健康不仅仅是没病和痛苦,而且包括在身体上、心理上和社会各方面的完好状态。"

到了21世纪,道德健康成为健康的新内容,一个人只有躯体健康、心理健康、社会适应良好和道德健康,才算是完全健康的人。

知识介绍

躯体健康(生理健康),是指躯体结构和功能正常,具有生活自理能力。

心理健康,是指个体能够正确认识自己,及时调整自己的心态,使心理处于良好状态以适应外界的变化。

社会适应良好,是指对社会生活的各种变化,都能以良好的思想和行为去适应。

道德健康,是指能够按照社会规范的准则和要求支配行为,能为人们的幸福做贡献。

(二) 健康的标准

20世纪70年代,联合国世界卫生组织在世界保健大宪章中提出了人体健康的十大标准,具体如下:

(1) 精力充沛,能从容不迫地应付日常生活和工作;
(2) 处事乐观,态度积极,乐于承担任务而不挑剔;
(3) 善于休息,睡眠良好;
(4) 应变能力强,能适应环境的各种变化;
(5) 对一般感冒和传染病有一定抵抗力;
(6) 体重适当,体形匀称,头、臂、臀比例协调;
(7) 眼睛明亮,反应敏锐,眼睑不发炎;
(8) 牙齿清洁,无缺损、无疼痛,齿龈颜色正常,无出血;

(9) 头发光泽,无头屑;

(10) 肌肉、皮肤富有弹性,走路轻松。

按照以上健康标准,机体无器质性病变,但活力降低,适应能力出现不同程度减退的生理状态都属于"亚健康"状态,如乏力、头晕、耳鸣、气短、心悸、烦躁等。

四、影响健康的因素

(一) 环境因素

环境是影响人体健康的重要因素。自然环境是人体生存的物质基础,对人体健康有促进作用。社会环境对人体健康也有着重大影响。社会环境是指由政治、经济、文化、教育等因素构成的社会系统。随着经济的发展和科学技术水平的提高,人们的劳动条件和营养状况越来越好,物质文化生活越来越丰富,极大地提高了人们的健康水平。我国人均寿命在1949年是35岁,而到21世纪初已达71.8岁。

(二) 生物因素

影响人体健康的生物因素主要指遗传和各种病原微生物、寄生虫等。遗传是指亲代的特征通过遗传物质传递给后代的过程,DNA(脱氧核糖核酸)是遗传的物质基础,有遗传意义的一段DNA称为基因。人体有3万~3.5万个基因。遗传基因决定了人体各种遗传性状。目前已发现5000多种遗传病。随着科学技术的发展,各基因功能的明确,遗传病也是可以治愈的。

(三) 心理因素

人的情绪与健康长寿有着密切的关系,积极的情绪是健康长寿的一个重要因素。人在愉快时,由于脑内咖啡肽分泌增多,脑细胞活力得到保持,大脑功能得以改善,从而增强了免疫功能,提高了肌体防病和治病的能力;相反,如果闷闷不乐,常常处于忧患、紧张和压抑的精神状态中,便容易引起疾病,而疾病又容易导致不良情绪,如此反复形成恶性循环。

(四) 行为和生活方式因素

行为和生活方式对人体的影响具有潜袭性、累积性、经常性、广泛性和持久性。不良的行为和生活方式范围广泛,如不合理饮食、吸烟、不参加体育锻炼、性乱、吸毒、药物依赖等。不良的行为、生活方式所引起的疾病,称为行为方式疾病,如艾滋病、癌症等。改变引起疾病的不良行为和生活方式,养成健康的行为和生活方式,是保证身心健康、预防现代疾病的重要因素。

(五)卫生服务因素

卫生服务可分为两类,一类是公共卫生服务,另一类是医疗服务。它们的主要工作是向个人和社区提供范围广泛的促进健康、预防疾病的医疗与康复服务,以保护和改善人体健康。健全的医疗卫生机构、完备的服务网络、一定的卫生投入以及合理的卫生资源配置,可以促进健康。目前,我国正实行医疗机构的改革,实行职工医疗保险制度,提供社会医疗保障,以保证人人享有卫生保健权利。

第二节 体育运动与身心健康

一、体育运动与身体素质

身体素质包括速度、力量、耐力、灵敏和柔韧性等几方面,可以通过体育运动来发展和提高身体各方面的素质。

(一)速度素质及其发展

速度素质是指人体进行运动的能力。速度素质的发展分为反应速度、动作速度和位移速度发展三个方面。发展速度练习时,应在精力充沛、中枢神经较兴奋的状态下进行,使肌肉、神经调节与物质代谢有机地结合起来;练习时要保持放松、协调;练习的强度要接近极限强度,方能取得较好的锻炼效果。

1. 反应速度

反应速度是指人体对外界刺激反应的快慢。发展反应速度可以运用各种突发信号进行练习,如短跑时从听到发令到起跑的时间。球场上千变万化,每一次变化就是一次信号,因此,采用踢球时的急起、急停等都是发展反应速度的较好方法。

2. 运动速度

运动速度是指人体完成某一动作的快慢。发展运动速度主要通过增强工作幅度和难度的方法来进行练习,如增强工作半径来提高投掷或扣球的出手速度和挥臂速度。

3. 位移速度

位移速度是指在周期性运动中,人体在单位时间内位移的距离。发展位移速度,主要采用增加助力的方法,如下坡跑、顺风跑等。

(二) 力量素质及其练习

力量素质是指肌肉抵抗阻力的能力。根据肌肉收缩的形式,力量素质可分为静力性力量和动力性力量,而力量素质的练习也是从这两方面进行的。力量练习隔日一次为宜,负荷随力量的增长而加大;练习时要注意呼吸与动作的协调配合;练习要及时做好放松活动,以免肌肉僵硬。

1. 静力性力量

静力性力量是指肌肉作等长收缩时所产生的力量。在进行静力性力量练习时,人体或器械不产生位移。具体可采用以下两种练习方法:

(1) 身体处于特定的位置(站立或仰卧),推或蹬固定重物。

(2) 根据发展某部位肌肉力量的需要,保持一定的姿势进行负重练习。如负重半蹲或悬垂举腿等。

2. 动力性力量

动力性力量(又叫紧张性力量)是肌肉紧张收缩时所产生的力量,使人体或器械产生加速度运动。动力性力量练习需要进行以下三方面的练习:

(1) 绝对力量练习:绝对力量是指用最大力量克服阻力的能力。通常用本人最大负荷的85%~100%质量,每组练习3~5次,重复3~5组,间歇1~3 min,每周锻炼3次效果最佳。

(2) 速度力量练习:速度力量是指人体快速克服小阻力的能力。用本人最大负重的60%~80%质量,每组练习5~10次,重复4~6组,间歇2~5 min。

(3) 力量耐力练习:力量耐力是指人体长时间克服较小阻力的能力。一般用本人最大负荷的50%~60%的强度进行练习,每组练习20次左右,练习组数随训练水平逐渐增加,间隔1min。每次练习都要到出现疲劳为止,但不追求速度。

(三) 耐力素质及其练习

耐力是指人体长时间内进行肌肉活动的能力,也可看作对抗疲劳的能力。它是人体机能和心理素质的综合表现,是评价人体机能水平和体质强弱的重要标志。耐力素质可分为有氧耐力和无氧耐力,其练习也从这两方面进行:

(1) 有氧耐力练习。有氧耐力练习一般采用长时间连续承受负荷的运动。例如,长跑,心率维持在140~160次/min,持续5~15 min;生理上有疲劳而不难受,跑后心情舒畅,精力充沛。

(2) 无氧耐力练习。无氧耐力练习可以保持快速跑的能力,它对提高短跑的冲刺能力有显著的效果,练习的心率一般控制在 160 次/min 以上。由于这是接近极限强度的无氧练习,应加强医务监督。

(四) 灵敏素质及其发展

灵敏素质是指在复杂条件下对刺激做出快速和准确的反应,灵活控制身体随机应变的能力。发展灵敏素质可采用变化训练法,如快速改变方向的各种跑、各种躲闪和突然启动的练习,各种快速急停和迅速转体的练习等。

(五) 柔韧素质及其训练

柔韧素质是指人体关节在不同方向上的运动能力以及肌肉、韧带等软组织的伸展能力。柔韧训练基本上采用拉伸法。发展肩部、腿部、臀部和脚部的柔韧性的主要手段有:压、搬、劈、摆、提及绕环等练习。发展腰部柔韧性的主要手段有:站立体前屈、俯卧背伸、转体、甩腰及绕环等练习。

二、体育运动与神经功能

(一) 促进神经系统的发育

身体锻炼对神经系统的发育和完善有着非常重要的意义。人类在婴儿时期进行适当的体育运动,有助于大脑发育和提早学会走路。而一些科学实验也证明了,加强婴儿右手的屈伸训练,可加速大脑左半球语言区的成熟;加强左手的屈伸训练,则可加速大脑右半球运动区的成熟。科学家还发现,一个以右手劳动为主的成年人,其大脑左半球的语言机能占优势,大脑体积也是左侧比右侧大。

知识介绍

美国一研究机构对小白鼠的研究结果证明,生命初期进行体力活动会促进大脑中控制四肢肌肉活动的运动中枢的发育。研究人员把两窝小白鼠在断奶后分成两组,一组放在一个小笼子里,除吃东西和喝水外,没有其他活动余地。另一组放在大笼子里,内装各种活动设备,可以跑、游泳、走绷索和每天在小车轮上跑 10 min。17 d 后,研究人员发现活动少的小鼠的大脑质量减轻了 3%,大脑皮质薄了约 10%。有意思的是,活动多的小白鼠的大脑皮质细胞比活动少的小白鼠的长的更大,分枝也更多,这表明活动多的小鼠的大脑可以处理更多的运动信息。

（二）提高神经系统的灵活性

体育运动丰富了神经细胞突触中传递神经冲动的介质，并在传递神经冲动时引起较多介质的释放，缩短神经冲动在突触延搁的时间，加快突触的传递过程，从而提高神经的灵活性。例如，在 100 m 起跑时，训练有素的运动员听到发令信号时，起跑反应非常快。

（三）改善和提高中枢神经系统的工作能力

体育运动可以改善和提高中枢神经系统的工作能力，使人头脑清醒，思维敏捷。大脑的质量虽只占人体的 2%，但是它需要的氧气却要由心脏总供血量的 20% 来供应，比肌肉工作时所需血液多 15～20 倍。长时间进行脑力劳动使人头昏脑涨，就是由于大脑供血不足、缺氧所致。进行体育锻炼，特别是到大自然中去活动，可以改善大脑供血、供氧情况，促使大脑皮层兴奋性增加，对体外刺激的反应更加迅速、准确，大脑的分析、综合能力加强，从而促进整个有机体工作能力的提高。

三、体育运动与心肺功能

（一）体育运动对心血管系统的影响

心血管系统是由心脏、动脉、毛细血管和静脉血管组成的密封管道。其中，心脏是血液循环的动力；血管充当血液运输的管道系统；血液充当运输的载体，在心脏"泵"的推动作用下，沿着血管周而复始地运行，将细胞所需物质带来，运走代谢产物。体育运动正是通过对心脏功能和血管施加影响，从而影响心血管系统。

1. 对心脏功能的影响

由于体育运动需要较大的供血量，为适应运动，心肌毛细血管口径变大，数量增多；心肌纤维增粗，其内所含蛋白质增多，心脏出现功能性增大。一般人心脏质量约 300 g，运动员可达 400 g。体育运动还可促进心脏的容量和每搏输出量增加。一般人的心脏容量为 765～785 mL，而运动员可达 1015 mL。由于心脏肌纤维变粗、心壁增厚、收缩力增强，每搏动一次输出量明显增加，一般人安静时为 50～70 mL，而运动员可达 130 mL。

2. 对血管的影响

体育运动可以使动脉管壁的中膜增厚，弹性纤维增多，使血管的运血功能加强；还可改善毛细血管在器官内的分布和数量。例如，骨骼肌肉的毛细血管的数量增多、口径变大、行程迂曲、分支温和丰富，可以改善器官的血液供应，从而提高和增强器官的活动功能。

（二）体育运动对呼吸系统的影响

呼吸系统包括呼吸道和肺泡。

1. 增强呼吸肌力，提高呼吸功能，使肺通气量增加

运动时，由于运动肌肉对能量的需求剧增，机体对氧气的需求也相应增加，即需氧量与运动强度、运动时间成正比。而机体为了尽力满足肌肉运动的氧需求，会充分利用呼吸肌的潜力，使之发挥最大功能，力争吸入尽可能多的氧气。坚持运动可使呼吸肌得到更好的锻炼。

2. 提高胸廓顺应性，增加呼吸肌（尤其是吸气肌）活动幅度，增大肺活量

（1）肺活量：肺活量是指全力吸气后又尽力呼出的气量。它是反映通气机能，尤其是通气容量重要的指标之一，与呼吸肌力量、胸廓弹性等因素直接有关。

肺活量正常值：成年男子为 3000～4000 mL，女子为 2500～3500 mL，运动员尤其是耐力运动员的肺活量明显增加，优秀游泳选手最高可达 7000 mL 左右。

（2）最大通气量：最大通气量指单位时间内（1 min）进行尽可能的呼吸时进出肺的气量，一般人为 180 L 左右，这是衡量通气功能最重要的指标之一。有训练者的呼吸肌力量大，肺活量大，所以呼吸深度较大；而且，由于呼吸肌力量及耐力较好，所以呼吸频率较高，故有训练者最大通气量明显高于常人，可达 250 L/min。

四、体育运动与心理健康

（一）大学生的心理特点

大学生的年龄特征决定其心理不成熟、不稳定和不平衡。其中，大学生的自我意识的骤然增强是核心问题，围绕这一核心问题，大学生的认知、情感、意志、个性等主要心理过程和心理特征处在一个动态的调节过程之中，并且由过去的被动性调节变为主动自我调节。因而，大学生的心理变化处在一生中最复杂、波动最大的时期，其特点如下：

1. 自我意识突出

大学生开始走向大学生活，摆脱了对家庭、学校的依赖，强烈地要求重塑自我，增加了成人感、理智感和自信心。大学生的思维活动已经脱离了直接形象和直接经验的限制，有较强的抽象概括能力，并能形成辨证逻辑思维；但思维能力参差不齐，有的表现为自尊，有的表现为易受情绪波动左右。

2. 情感激烈复杂

大学生处在风华正茂之时，是体验人生情感最激烈的群体。男生存在着好奇和好表现的情感特征,希望通过体育运动表现自己的勇敢精神和力量,同时使自己的体态更伟岸,气度逐渐增加。女生的情感从天真、淳朴、直露变得温柔、含蓄、好静、好美,一般不喜欢参加激烈和负重较大的运动,已经逐渐学会了控制和调节自己的情绪,逐渐使外部表现和内心体验不一致,表现出"闭锁性"和"高饰性"情感变得日臻丰富、复杂。

3. 意志力增强

大学生在各方面的影响下,意志力明显增强,能主动、自觉地克服困难,在行动中清晰地意识到自己行动的目的性和积极的社会意义。

4. 性格基本形成

性格是反映一个人对现实的稳定态度和行为习惯。大学时期,人的个性倾向系统日趋形成,自我意识不断发展,个性基本形成且较稳定。在体现性格的意志、理智、情绪等特征方面,表现为逐渐稳定并能自觉地培养良好的性格。

(二)体育运动对心理健康的影响

心理健康是指个体在各种环境中能保持一种良好的心理状态。一个心理健康的人,应该能够随着自然环境和社会环境的变化而不断地调整自身的心理结构以达到与外界的平衡。

心理健康包括五个方面:①智力发育正常;②情绪稳定、乐观进取;③意志坚定、行为协调;④人格健全、自我悦纳;⑤良好的社会适应性。这五个方面互相联系,相辅相成。

心理健康和身体健康两者关系密不可分,心理健康是身体健康的重要条件,身体健康是心理健康的基础。体育运动不仅对身体健康有重大影响,而且对促进心理健康也有着积极的作用,具体表现如下:

1. 提高心理应激能力

心理应激是指人体受到强烈的物理、化学、生物等作用或情绪发生变化时,所发生的一系列特殊的应答性反应。应激能力高,可避免一般的刺激对人体的损害,在遇到外界的强刺激时,也能保持心理的平衡。长期坚持体育运动可以提高心理应激能力,使心理承受能力和健康都处在较高的水平。

2. 培养优秀的意志品质

意志品质包括自觉性、果断性、坚韧性、自制力以及勇敢顽强精神。意志品质是在克服困难的过程中表现和培养起来的。长期坚持体育运动,要克服各种主、客观困难,这个过程既是锻炼身体的过程,也是培养良好的意志品质的过程。特别是参加竞争性很激烈的体育竞赛活动,能够激励人竞争、奋发向上的精神,培养人克服困难、顽强拼搏、争取胜利的自信心及坚强的意志品质。

3. 消除疲劳

疲劳是指在工作后,人体的组织器官甚至整个机体工作能力下降的现象。疲劳与人的生理和心理状态有关。紧张的脑力劳动和长时间的静坐伏案学习,常会使人大脑供氧不足,感到疲劳,思维迟钝,记忆力减退,学习、工作效率下降。参加体育运动可以提高神经系统的功能,是大脑两半球的功能交替进行,达到消除疲劳的目的。

4. 调节心理

在美国,体育运动已经被作为心理治疗手段。心理医生认为体育运动是治疗抑郁症和焦虑症的有效方法和手段。对由于学习和其他方面的挫折而引起的抑郁症和焦虑症,可以通过体育运动来消除或减缓某些心理压力。另外,经常参加体育运动,在精神上会得到美的享受,给人以愉快的感受,陶冶情操,发展情感,完善自我。

5. 培养良好的社会适应性

社会适应性是指个体对所处的社会环境的认识及自己与社会环境间所保持的均衡关系。体育活动能够增加人与人之间的接触和交往机会,加上体育活动中群体活动较多的特点,大家通过参加集体项目课外体育活动,在团结合作、协调一致、相互帮助、彼此鼓励、竞争向上过程中,培养了良好的社会适应性。

第三节 体育运动与营养、卫生保健

高校学生正处于青春期向成年人过度的时期,是人一生中长身体、长知识的重要时期。这一阶段,身体的生长发育进一步完善和成熟,身高在做最后的"冲刺",体重增长幅度较大,性别差异更加明显,神经系统兴奋和抑制过程的协调能力显著发展,心肺功能的生理指标均达峰值,生殖系统发育日渐成熟,精神旺盛,体力充沛。在心理活动方面,意识、分析、判断、记忆能力发展迅速,富于遐想,充满激情,是努力学习、奋发向上最有利的时机。

青年期人体的新陈代谢最旺盛,尤其是大学生的脑力活动和体育运动,使机体能量消耗在原来的基础上提高了 3%~10%。因此,大学生应注意营养,加强锻炼,以增强体质,从而确保身心健康。

一、营养生理需要

营养生理需要量是指机体能保持健康状态,达到应有发育水平,并能充分发挥效率,完成各项生活和劳动所需要的热能和营养素的必须量。这是维持机体适宜营养状况在一定时期内必须摄入某种营养素的最低量。若低于这一水平,机体难以维持健康。

1. 基础需要量

当满足基础需要时,机体能够正常生长,但体内几乎没有储备,若膳食供应不足就可能造成营养缺乏。

2. 储备需要量

在短期的营养缺乏或疾病导致的过多消耗等条件下,人体组织系统中储存一定数量的某种营养素可以用来满足人体的基本需要,以避免造成不可察觉的功能损害。

知识介绍

大学生必需的十大营养食物一般有:

1. 全麦类食品

它不仅是极好的碳水化合物来源,还富含维生素、纤维素等。

2. 鸡肉与鸡蛋

它们是最好的蛋白质来源。在动物性食品中,它们含有的脂肪量最少。

3. 鱼与水产品

它们虽属动物性食品,但却富含能使血液胆固醇降低的多种不饱和脂肪酸。

4. 牛奶与奶制品

只喝牛奶就能维持人正常的生命活动。牛奶还含有钙与磷,钙在保证人体骨骼系统发育方面,磷在一些新陈代谢中,都有重要作用。

5. 蘑菇

蘑菇中的香菇含有一定量的钾、磷等矿物质,是保健类食物之一。

6. 柑橘

柑橘是常见的营养价值颇高的水果。它含有维生素C、大量的钙、磷及维生素A、纤维素等,是恢复人体体力的最佳水果。

7. 香蕉

香蕉在供给低热量、低脂肪方面是非常有益的水果。它含有丰富的钾元素。

8. 胡萝卜

胡萝卜中富含的胡萝卜素有"维生素A源"之称。维生素A对视力、骨骼的发育以及免疫系统功能等方面均有不可低估的作用。

9. 马铃薯

俗称"土豆",它的营养价值曾被人误解。它除含有丰富的淀粉外,还含有维生素C及镁、铁、磷、钾等物质。

10. 矿泉水

优质矿泉水能补充水和矿物质,特别在运动中补充水和微量元素,是较为理想的运动饮料。

二、膳食营养对体能的影响

膳食营养与体育运动是维持和促进健康的两个重要条件。以科学合理的营养为物质基础,以体育运动为手段,用锻炼的消耗过程换取锻炼后的超量恢复过程,使机体积聚更多的能源物质,提高了各器官系统的机能。此时获得的健康,较之单纯以营养获取的健康上升了一个新的高度。因为膳食营养加体育运动在获得健康的同时,也获得了良好的身体素质。

在大学生的体育活动中,因各个项目对体能的需要不同,对膳食营养的需求也不同。

1. 速度性运动

速度性运动的代谢特点是能量代谢率高,而能量主要来源于糖原,因此,膳食中应含有较多易吸收的碳水化合物、维生素B1和维生素C。为了满足肌肉和神经代谢的需要,还应食用含较多蛋白质和磷的食物。蛋白质的供给量最好在3.6 g/kg(体重)以上,优质蛋白质的比例至少在1/3以上。为了增加体内碱储备,应吃蔬菜水果等碱性食物,其供给的热量最好占到15%～20%。

2. 耐力性运动

耐力性运动项目的特点有训练持续时间长,运动中无间隙,物质代谢以有氧氧化为主,运动中能量消耗量大等。膳食应提供充足的热量,多餐次对提高运动能力有利。但加餐用的食物应考虑平衡营养及营养密度。饮食应提供足够的蛋白质及含钾硫胺酸的食品,如牛奶、奶酪和牛、羊肉等。瘦肉、鸡蛋、猪肝、绿叶菜等含铁丰富的食物,有助于维持血红蛋白,少量多次补液对提高运动能力有利。副食中可适当增加一些盐渍的食品。食物中应有充足的维生素B和C,维生素的供给量应随热能消耗量的增加而相应提高。

3. 力量性运动

力量性运动需要肌肉有较大的力量和神经肌肉协调性,并且要在极短的时间内爆发力量。食物应供给丰富的蛋白质,蛋白质的供给量应达到2.2 g/kg(体重),其中优质蛋白质至少占1/3。体内应有充足的碱储备,含丰富的碳水化合物、维生素和无机盐。食物中应含有丰富的钾、钠、钙、镁等电解质,蔬菜和水果的供热量应提高为总热能的 15%。

4. 灵巧性运动

灵巧性运动的能量消耗不高,食物应提供充分的蛋白质、B族维生素、钙和磷等营养。蛋白质的供应量应占总热量的 12%～15%,减轻体重期的蛋白质的供给量应增加为总热量的 15%～20%。维生素 B1 供给量应达到每日 4 mg,维生素 C 应达到每日 140 mg,还应保证充足的维生素 A,每日供给量应达到 6000～8000IU,其中多数应来自动物性食物。

三、体育运动的卫生保健

体育与卫生是一个问题的两个方面,体育卫生是卫生保健最积极的预防手段,而卫生保健是保证开展体育运动的重要条件,两者缺一不可。只有这样,才能不断提高自己的健康水平。

运动卫生包括个人卫生、精神卫生和运动训练卫生。了解并研究运动卫生的基本内容及其与人体健康、体育运动的效果之间的关系,对保护和增进体育运动参加者的身体健康,尤其是培养青少年良好的个人卫生习惯、个人精神卫生习惯和选择良好的锻炼环境的能力等方面具有重要意义。

(一) 个人卫生

个人卫生是体育卫生的重要组成部分,体育运动参加者的个人卫生状况,不仅对增进人体健康和预防疾病具有重要意义,还能促进身体锻炼的效能和对伤害事故的预防。

1. 建立科学的生活制度

生活制度是指对一天内的睡眠、饮食、工作(或学习)、体育运动等各项活动相对固定的时间安排。保证睡眠卫生。睡眠时间要充足,睡姿要正确,睡前要刷牙、洗脚。

知识介绍

睡眠是人的一种生理需求,约占人生 1/3 的时间,皮质细胞中由于工作所消耗的能量、物质可在睡眠中得到恢复。一般来说,成年人每天应有 8 h 的睡眠,中学生约需 9 h,小学生则需 10 h 左右。身体活动量较大时,应适当增加睡眠时间。睡觉时向右侧睡较好,因为心脏位于胸腔偏左,这样可以使血也较多的流向身体右侧,减轻心脏负担,同时增加肝脏的血流,有利于新陈代谢和肝脏的健康。睡前刷牙,清洁口腔,利于防龋齿;睡前洗脚,即可除污臭,又可促进血液循环,预防冻疮,利于缓解疲劳。

2. 养成良好的饮食卫生习惯

良好的饮食卫生习惯,对保证消化系统的正常生理活动和营养物质的吸收具有重要意义。对体育运动者来说,还应注意与参与体育运动之间应有一定的时间间隔。

3. 科学地安排工作(学习)和休息时间

工作和学习是一天中最重要的活动,对此应做出科学的安排。成人每天的工作、学习时间约以 6 h 为宜,在学习和工作中,尤其要注意张弛有度,劳逸结合。

4. 坚持参加体育锻炼

在每天的生活中,应保证有一定的体育锻炼时间。每天安排适当的体育活动,对促进青年学生的正常生长发育具有重要意义。

5. 保护好皮肤

除了能保护机体免受外界侵害外,皮肤还是一个感觉器官。皮肤里分布着丰富的神经末梢、大量的汗腺。皮脂腺的开口被封堵时,就有可能因细菌的繁殖发生疖肿和毛囊炎,所以,体育运动后就应洗澡或擦身,以保持皮肤清洁。皮脂腺分泌的皮脂具有润滑皮肤的作用,故洗澡时应用碱性小的香皂为宜。

6. 保护视力、预防近似

为了保护青少年的视力,预防近视的发生,应注意培养良好的用眼卫生习惯,经常参加体育运动,全面增强体质。读书写字时,姿势要端正,眼与书本的距离要保持在 30～35 cm,并尽可能使书本平面与视线成直角。切勿躺着、走路和在摇晃的车厢里看书读报,切勿在昏暗和耀眼的光线下学习。看电视时间不宜过长。

7. 克服不良生活嗜好

青年正处在生长发育的关键时期,身体各器官的发育处于由量变到质变的复杂过程中。吸烟和酗酒等不良的嗜好,可导致许多疾病的发生,会严重地影响身心健康,必须引起高度重视。在日常生活中,应提倡不吸烟、少饮酒,更应避免烟酒同进。

(二) 精神卫生

精神卫生也称心理卫生。人体并不是孤立的、不受外界影响的生物有机体,而是不断地与自然环境相互作用的精神和肉体的复合体。大量的医学实验和临床研究证明,心理因素与社会因素以及遗传、生化、免疫等因素一样,在疾病的发生、发展、治疗和预防上都具有一定的作用。异常激烈的情绪变化、过分的忧郁,都可能引起人体某些器官活动失调。

(三) 运动卫生

1. 运动饮食卫生

在参加运动时，人体需要消耗较多的能量，因此必须进行合理、适度的营养补充。营养供给不足或过量，都不利于健康。运动的饮食卫生应该从以下的几个方面考虑：

（1）平衡膳食、合理补充营养。

（2）坚持科学的运动饮食卫生习惯，合理安排一日三餐；运动后不宜立即进餐，应在运动完 30 min 以后进餐；饭后不宜立即进行剧烈运动，否则不仅易产生消化不良，还会引起腹痛、恶心等症状，也可能引起胃下垂等疾病。

2. 运动饮水卫生

运动中或运动后提倡少量、多次饮水。水是人体内含量最多的组织成分，它占成人体重的 60%～70%。有研究表明，人体若丢失水分 30% 以上，生命将无法维持，水是人类最为重要的营养素之一。体育运动时由于大量出汗导致体内缺少水分，必须及时补充，否则会影响人体正常的生理活动机能。因此，为了维持机体正常的循环，调节体温，运动前后应该合理补充水分。

3. 运动着装卫生

运动时最好不要穿着不吸汗的服装。运动衣和运动鞋应符合运动项目的要求，具有透气性、吸湿性等性能。运动着装选择要轻便、舒适、美观、大方，夏季以浅色运动服为好，冬季应注意选择保暖又不妨碍运动的运动服。运动服要勤换勤洗，运动鞋应具有一定的弹性和透气性。

4. 运动环境卫生

空气是影响运动环境的主要因素之一，因此，一定要选择空气质量好、绿化充分、环境幽雅的场地进行室外运动。如果在室内运动，要注意打开窗口通风。此外，还要注意光线、噪声等影响运动环境的因素。运动场地卫生也应该受到重视，主要包括：运动建筑设备的一般卫生要求，室内体育建筑设备的卫生要求和室外运动场地设备的卫生要求。

第四节　体育活动与社会适应

适应社会是事业成功的关键。不管拥有多少知识，不管具有多强的业务能力，不管立下了多么远大的志向，如果不具备适应社会的能力，都将与事业成功无缘。

体育活动以其自身特点,对提高人的社会适应能力产生着积极的影响。

一、现代社会的特征

现代社会是一个社会生产力迅速发展和生产方式发生巨大变革的社会。现代科学技术使生产朝着机械化、电气化、自动化、智能化的方向发展;人们的体力劳动逐渐被现代化的技术装置代替,脑力劳动在生产活动中所占比重增大;人们的闲暇时间大大增加,消费水平大幅度提高,消费结构发生重大改变。同时,都市化和城镇化使日常生活的现代化、智能化程度大大提高,生活节奏加快,交通拥挤,人口密集造成空气、环境污染严重。另外,由于科学技术的日新月异,人类社会已经进入知识大爆炸的时代。面对复杂庞大的网络信息、日趋激烈的生存竞争,人们在拓宽生活空间、寻求自我发展之际,要充分展现个性和才华,以达到实现自我并不断超越自我的目的,而这也使人们普遍感受到工作和生活节奏快、负担重、心理压力大。

综上所述,现代社会生活的特征包含着压力大、节奏快、精神紧张、污染增加、消费水平和结构发生变化等诸多因素。

二、现代社会对人的适应能力的要求

现代社会的特征决定了生活在现代社会中的人必须具备良好的社会适应能力。人的社会适应能力表现为:正确的价值观念,合理的竞争意识和竞争能力,合作精神与能力,良好的人际关系,民主、平等和参与意识,积极向上的个性特征,崇拜知识和追求正面文化,丰富的情感生活等。作为在21世纪的青年学生,拥有正确的价值观、人生观、世界观及健康的情感和生活方式,具备良好的竞争、合作意识和积极参与社会生活的意识,不断提高自身的学习、创造能力,与时代共同发展,才能更好地适应社会。

三、体育活动对社会适应能力的影响

1. 体育活动能够培养适应社会需要的正确价值观

体育活动有着统一的规则要求,各个运动项目有严格的技术分类、锻炼原则和裁判规则。因此,参加体育运动能够规范人们的行为,使人们在潜移默化中形成公平竞争、遵纪守法的价值取向。

2. 体育活动能够培养适应社会需要的竞争意识和手段

在任何一项体育活动中,竞争都是不可避免的。运动员在统一的规则与要求下进行公平竞争,完全凭实力分出高低胜负。所以,参加体育运动能够培养人们吃苦耐劳、勇于拼搏的精神和不断提高身体技能、心理水平和把握机遇的能力,从而形成良好的竞争意识和手段。

3. 体育活动能够培养适应社会需要的合作精神

随着社会的发展,社会分工的精细化与合作程度日益提高,每一个现代人都必须具备合作精神与能力。体育活动有明显的群体性,要求参加运动的人们,尤其是参加团体运动项目的人们,团结一致,齐心协力,共同拼搏。所以,经常参加体育活动能够培养人们的合作精神,提高相互间的合作能力。

4. 体育活动能够提高人际交往能力

任何一个体育运动项目,都有其规定的技术动作和运动要求,都存在对技术动作的纠正和完善,参与者在学习和练习过程中都需要讲解与示范。无论是自我纠正与完善,还是互相纠正与完善,都需要相互配合和主动沟通。特别是在集体项目中,个体能否在完成自身任务的同时还能够积极与同伴相互协助配合,对竞争的输赢关系重大,这也要求队员之间必须有良好的配合。所以,经常参加体育活动能提高个体的沟通和交际能力,促进良好人际关系的形成。

思 考 题

1. 健康的内涵是什么?
2. 影响健康的关键因素是什么?
3. 大学生如何增进健康?
4. 简述体育锻炼对身心健康的影响。
5. 试述体育锻炼对人的社会适应能力的影响。

第二章 体育锻炼的科学基础

人体是由各器官系统组成的有机整体,体育锻炼增强体质,提高身心健康水平,必须掌握很多科学规律,例如体育锻炼的科学化、定量化与锻炼效果密切相关,不同性别、体质、年龄的人,由于体质和健康状况的差异性,其锻炼的内容、方法、生理心理负荷、运动强度等均有不同的科学要求;参加课余训练的学生,增强身体素质及提高运动成绩也必须遵循科学的规律。

第一节 体育锻炼的生理学基础

一、体育锻炼与能量提供

(一) 人体运动时能量的供应

1. 运动时的供能系统

人体运动时的唯一直接能源是来自体内的一种特殊的高能磷酸化合物——三磷酸腺苷(ATP)。肌肉活动时,肌肉中的 ATP 在酶的催化下,迅速分解为二磷酸腺苷(ADP)和磷酸,同时释放出能量供肌肉收缩。但是人体肌肉内 ATP 含量很少,依靠肌肉中的 ATP 做功只能维持 1 s 左右,因此机体只有不停地合成 ATP 才能满足肌肉收缩的需要。人体内有 3 个系统可以合成 ATP,分别是磷酸原系统(ATP—CP 系统)、乳酸能系统和有氧氧化系统。

2. 运动时三个供能系统的特点

人体从事各种不同的运动,但其能量供应都属于这三个供能系统。发展这三个供能系统的方法各不相同。

(1) 磷酸原系统

肌肉活动的直接能源是 ATP,ATP 水解为 ADP,释放出能量供肌肉做功。磷酸肌酸(CP)是储存在肌细胞内的另一种高能磷化物,安静状态下肌肉中 CP 的含量约为 ATP 的 3 倍。剧烈运动时,当肌肉中 ATP 含量减少而 ADP 含量增加时,ATP/ADP 的值将变小。ATP/ADP 的值对于调节能量代谢过程有着极大的意义。比值稍一变小,即可促使 CP 分解释放能量,供 ADP 再合成为 ATP。在运动后的恢复期,肌肉中 ATP 大量合成后,经肌酸激酶的催化作用,肌酸磷酸再合成为磷酸肌酸。研究证明,全身肌肉中磷酸原系统供能能力仅能持续 8 s 左右。磷酸原系统供能是短时间、大强度运动的主要供能方式。发展这一系统供能能力最好的训练方法是采用持续 10 s 左右的全速跑,且重复进行练习,中间休息 30 s 以上。

(2) 乳酸能系统

当机体进行稍长时间(多于 10 s)的大强度运动时,这时仅靠 CP 已不能满足机体对能量的需求,而此时供给机体的氧量也不能满足运动的实际需要。这种情况下的 ATP 的再合成主要依靠肌糖原的无氧酵解;由于糖酵解的产物是乳酸,因此将这一系统称为乳酸能系统,又称无氧糖酵解系统。依靠糖酵解再合成的 ATP,剧烈运动可持续 30~40 s 以上,由于乳酸的生成和积累,酵解作用部分或完全被抑制。因此,依靠糖酵解供能的运动不能持续太长时间。400 m 和 800 m 跑是典型的乳酸能系统供能的运动项目。

(3) 有氧氧化系统

在氧供应充足的条件下,机体利用糖和脂肪氧化分解成二氧化碳和水,同时释放出大量能量来合成 ATP,这一过程称为有氧供能系统。除糖和脂肪氧化功能外,蛋白质也可参与供能,但所占比例较小。运动初期糖是主要的供能物质,随着运动时间的延长,脂肪供能比例增加,蛋白质也将参与供能。所以,有氧氧化系统是进行长时间耐力运动的主要供能系统。人体的有氧供能能力和心肺功能有关,要提高这一供能能力,可采用较长时间的中等或较低强度的匀速跑,或较长距离的中间间歇训练等。

无氧供能和有氧供能是机体在不同的运动强度和运动时间下,依据需氧量的不同而采取的两种功能方式,它们紧密相连,不可分割。10 s 以内的短时间最大强度的运动,几乎完全依赖无氧供能;800 m 跑的无氧和有氧供能比例相差不大;长时间低强度的运动,有氧功能占主导地位。

肌肉收缩时,肌细胞中 ATP 水解后的再合成并不是孤立地依靠某一种能量代谢途径提供高能磷酸基团,其实各种供能系统的能量转换机制之间有着密切的联系,这能保证整个肌细胞能量代谢的有机协调和高效运作。因此可以认为,在肌细胞内 ATP 再合成过程中,各种代谢途径所提供的高能磷酸基团之间的转换,是一种极其有效的细胞自身调节机制。

（二）运动时能源物质的消耗

糖、脂肪和蛋白质是机体主要的能源物质，人体生命活动所需能量的 60%～70% 来自糖。安静时糖供能占 25%，脂肪供能占 75%，糖供能比例与运动强度的增大成正比。长时间低强度运动时脂肪是最主要的能源；在运动强度为 25% 最大摄氧量时，糖和脂肪供能各占 50% 左右；运动强度达到 50% 最大摄氧量水平时，糖供能占身体总耗能的 65.9%，成为运动时主要的供能物质；在 70%～90% 最大摄氧量水平范围内运动时，肌糖原是决定性的供能物质。

（三）运动时血糖浓度的变化

安静状态下，血糖浓度的正常值为每分升 80～120 mg，经常处于进入血液和组织摄取的动态平衡之中。血糖是中枢神经系统的基本能源物质，也是长时间运动时骨骼肌的重要代谢产物。运动时血糖浓度的变化主要由肝脏输出葡萄糖的速率和工作肌摄取利用血糖量来决定，中枢神经系统摄取血糖的速率基本上与休息状态时相同。

短时间大量强度运动时（如 100～800 m 跑），骨骼肌主要依靠肌糖原酵解供能，此时不但不摄取血糖，还可能释放少量葡萄糖到血液中，但血糖浓度基本上没有太大变化。如果运动时间相对较长（如 1000～3000 m 跑），骨骼肌仍以利用肌糖原进行有氧氧化和无氧酵解为主要的能量代谢方式，摄取利用血糖很少，此时肝脏输出葡萄糖的速率增加，葡萄糖进入血液的速率明显超过组织器官摄取葡萄糖的速率，血糖浓度明显升高，可达到每分升 180～200 mg 以上，出现尿糖现象。如果运动时间持续更长（如 5000～10000 m 跑），因肌糖原已有一定的消耗，骨骼肌摄取利用血糖速率相对增大，血糖浓度开始有所下降，但仍显著高于休息状态，每分升为 130～140 mg。长时间运动时，由于肌糖原大量排空，骨骼肌摄取利用血糖速率显著增大，肝糖原储存量也大量排空，利用糖异生作用来生成和输出葡萄糖很难完全满足机体的需要，如果没有外源性葡萄糖的补充，血糖浓度会出现进行性降低，甚至可能出现低血糖现象，严重时还会引起低血糖休克。血糖下降首先影响神经系统的正常活动，是引起中枢神经疲劳的重要因素。因此，在从事长时间运动（如马拉松）时，比赛过程中应适当补充糖，以弥补血糖的降低。

（四）运动后能源物质的恢复

运动时人体内的代谢加强，以不断满足身体对能源的需要。运动中及运动后，需要不断补充和恢复能源物质。能源物质的恢复过程大致可以分为三个阶段：第一阶段是运动中。此时机体一边消耗能量，一边补充能源物质，由于消耗大于补充,能源物质的储量逐渐下降。第二阶段是运动结束后,此时能源物质消耗已逐渐减小,而恢复过程却不断增强,锻炼中消耗的能源物质不断得到补充,直至锻炼前的水平。第三阶段是超量恢复阶段。能源物质恢复到原水平后并未停止,而是继续恢复补充,在一段时间中,能源物质的恢复可超过原有储备的水平,这在生理学上称为超量恢复。这一段时间后能源物质的储备便能又恢复到原来水平。如果经常坚持体育锻炼,不断增强能源物质的恢复过程,超量恢复便能达到更高程度,体质也就不断得到增强。

(五)超量恢复

运动时,消耗过程占优势,由于能源物质的消耗大于恢复,因此运动时能源物质逐渐减少,肌肉和身体各系统的工作能力逐渐下降。运动停止后消耗过程减弱,恢复过程占优势,这时能源物质和各器官系统功能逐渐恢复到原来水平。体内能源物质的再生与合成进一步加强,运动时被消耗的物质不仅恢复到原来水平,而且在一段时间内超过原来的水平,此时机体的工作能力最强,随后又逐渐恢复到原来水平,这就是超量恢复现象。

超量恢复是体育运动的重要理论依据。在进行高强度、超负荷的运动训练后,运动水平能否提高取决于超量恢复的水平。超量恢复使机体中能源物质的储存高于以往,负荷能力增强,此时是投入训练的最好时机。可以说,充分恢复的标准就是机体能否最大限度地超量恢复。超量恢复是ATP、CP、肌糖原、蛋白质等能源物质的超量补偿和存储的过程。

超量恢复是建立在两个基础上的,那就是充足的营养和充分的睡眠。机体在承担一定的负荷后要经历"疲劳——恢复——超量恢复"的过程,要使疲劳症状得到恢复,使机体产生超量恢复,就得让机体在承受一定的负荷后得以休息,使负荷与休息交替进行。在保证机体充分恢复的前提下,负荷越大,对机体刺激越深刻,产生的超量恢复水平也就越高。因此,必须对每天训练中的负荷做一个科学合理的安排。

二、体育锻炼与供养系统

在人的健康素质中,心肺供能是重要的组成部分。人体供养能力不但影响人的健康,而且也是影响人体运动能力的重要因素。

(一)氧运输系统的作用

氧运输系统由呼吸系统、血液循环与心血管系统组成。呼吸系统由气管、支气管和肺泡等组成。呼吸系统由两个主要功能:吸入氧气和排出二氧化碳。氧运输系统工作的第一环节是肺的呼吸运动。肺与外界环境的气体交换被称为肺通气。肺泡与肺毛细血管血液间的气体交换被称为肺换气。人体不能储存氧气,必须根据需要吸入,所以人体呼吸系统的工作是不间断的。

呼吸系统把氧气从体外吸入体内,氧气进入血液与血液中的血红蛋白结合。血液在体内沿一定路线流动:右心室的血液流向肺部,在此进行气体交换,吸收氧气,血流又流回右心室,再从左心房流入左心室,由此流入全身;在给全身细胞供给营养并装载了代谢废物之后,血液又流回右心房。血液在全身循环一次所需的时间不到 1 min。

在整个氧运输系统中,心血管系统功能处在重要地位。心脏对人体健康至关重要,联合国世界卫生日曾经用"您的心脏就是您的健康"的口号来提醒人们注意保护好自己的心脏。

(二) 最大吸氧量与运动能力

怎样衡量人体氧运输能力的强弱?除了用心血管和呼吸系统的一些指标外,常用的衡量指标就是最大吸氧量。

最大吸氧量就是人体在运动时,呼吸系统和循环系统功能达到最大能力时每分钟能够吸入并被身体利用的氧的最大量。最大吸氧量是反映心肺功能的有效指标,它直接反映个人的最大有氧代谢能力,常作为氧运输系统的整体功能的综合性指标。普通健康人最大吸氧量是每分钟 2~3 L,而经常锻炼的人可达 4~5 L,甚至 6~7 L。

运动时,肌肉激烈活动,机体对氧的需求较平常大大增加,因此,人体最大吸氧量的高低直接影响运动能力,耐久性质、以有氧代谢为主的运动与最大吸氧量的关系更密切。

测定人体最大吸氧量,可采用直接测定法,这种方法往往受环境、设备条件等因素限制,一般在学校不易普及。现介绍一种用台阶测定推算最大吸氧量的方法,其推算公式是:最大吸氧量=1.488+0.038×体重(kg)−0.049×台阶负荷时第 5 min 后心率(次/min)。

具体做法:先准备台阶(男用高 40 cm,女用 33 cm),受试人以每分钟 22.5 次的频率上下台阶 5 min,立即测心率 10 s,将 10 s 心率乘以 6 得 1 min 心率,然后将心率及体重代入上式,即可推算出最大吸氧量。

第二节 体育锻炼的心理学基础

心理品质是心理过程(认知、情感、意志)和个性心理特征(兴趣、能力、气质、性格)的质和量的总称。良好的心理品质为体育锻炼奠定了坚实的心理基础。

一、体育锻炼中的运动知觉

运动是一切事物存在的基本形式,它必须在一定的空间和时间中进行,离开空间和时间这些事物存在的外部条件,运动就无法表现。运动知觉是人脑对当前运动物体或动作在空间、时间上位置的反映。它是一种复杂的知觉,根据所反映的对象的不同,可分为本体运动知觉和客体运动知觉。

（一）本体运动知觉

本体运动知觉是运动者对自身各部分和位置变化的反映,包括:动作感知觉,如躯干的弯曲、伸直,四肢的动作,头部的位置等;运动形态感知觉,如直线、曲线、圆周运动等;运动方向感知觉,如运动方向的向左、向右、向上、向下、向前、向后等;运动时间和速度感知觉,如时间的长短、运动的节奏、运动速度、加速或减速等;运动用力感知觉,如用力的大小、阻力、重力等。

本体运动感知觉在体育运动中具有十分重要的意义。对自身运动的感知觉是完成身体运动的前提和基础。例如,做前滚翻需要低头团身,初学时若抬头就不能完成动作。

（二）客观运动知觉

客体运动知觉即对外界物体的运动感知觉,由物体的运动方向、距离、形状大小、速度等因素组成,它包括对他人的感觉和对外界物体的感觉两种,前者如对手、伙伴,后者如球、铁饼、标枪等活动物体。对外界物体的运动知觉能力,是发展相关技术不可缺少的心理素质。

（三）专门化的运动知觉

专门化的运动知觉也称为专项运动知觉,是通过运动训练形成的高度分化的运动知觉。根据所从事运动项目的不同,专项运动知觉有不同的表现形式,如篮球运动中的"球感"、游泳中的"水感"、机械体操中的"机械感"等。个体在形成和发展专门化运动知觉中所花费的时间有长有短,最终的发展水平也有较大的差异,这主要是由个体分析器系统的机能水平的不同所造成的。

（四）运动知觉形成的特点

运动知觉的形成比对一般事物的知觉的形成要复杂、困难,了解其形成的特点,十分有利于教学和训练,有利于学生对动作技术的掌握。

运动知觉的形成和发展是分阶段的:

（1）可以直接感知的技术动作是直观的具体动作,始发信息是视觉信息,而不同于语言文字信息。这一阶段学生的学习任务主要是观察教师的示范,尽可能看得准确、完整。

（2）运动知觉形成的第二阶段主要是通过学生的模仿和练习来实现的。直接的尝试模仿练习,输入的信息主要是本体感觉中的运动知觉。运动知觉不像视觉那样明确,不能一次性地感知,必须重复多次,才可逐渐明确起来。这是技术动作学习的关键。

（3）随着时间的继续进行,运动知觉逐渐明确化,技术动作在时间、空间的关系中变得准确。运动知觉从模糊状态逐渐变得明确化的过程,也是逐步掌握运动技术的过程。在这一过程中,教师的讲解、示范和辅导帮助是使运动知觉清晰的重要条件,自身的反复练习是必要条件。

二、体育运动动机

体育运动动机是推动一个人参与体育活动的心理动因或内部动力,它能引起并维持人的体育活动,并将其导向一定的目标。体育运动动机的产生和培养是个体的内在过程,它的作用如下:一是引起和发动个体活动;二是指引个体选择活动的方向;三是调节功能,即维持、加强或制止、减弱某一活动。

（一）体育运动动机的产生

引起动机产生的条件有两个:一是内在需要,二是外部诱因。

1. 内在需要

对人们参与体育活动的内在需要的调查分析显示,这类需要主要包括生理需要、心理需要和社会需要三个方面。

（1）生理需要

参加体育活动为的是保持身体健康,增强体质,提高力量、速度、耐力,解除脑疲劳，促进和保持良好的睡眠。

（2）心理需要

参加体育活动是为了调节和控制情绪，保持良好的精神状态，提高注意力，锻炼意志力，培养开朗的性格，养成健康文明的生活习惯。

（3）社会需要

参加体育活动是为了扩大社交范围，结交更多的朋友，增强集体凝聚力，提高自身竞争能力和社会适应能力。

2. 外部诱因

外部诱因是指激起主体参与体育活动的外部原因，这些刺激包括物质因素、精神因素，两者统称为环境因素。环境因素有很多，如优良的体育设施和器材、在学校中教师的表扬或批评、同伴之间的情绪感染、考试分数、竞赛的奖励（包括精神的和物质的）等。

（二）体育运动动机的培养

1. 树立正确的体育价值观

体育运动可以增强体质，使人们能够精力充沛地为祖国作贡献。体育运动对个人的安全发展具有重大的意义。

2. 目标设置

教师应为练习者设立一定的目标，如跑、游泳的距离，体操动作的次数和质量等。当这些目标转化为练习者的内心需要时，练习者就会经常处于自己的意识控制之下，提高努力程度和动机水平，调动积极性。

3. 积极反馈

在技能练习过程中，无论是反馈正确的动作信息，还是反馈错误的动作信息，都有利于练习者坚持目标或修正目标，有利于鼓励练习者坚持目标，使已有动机得到强化。在进行反馈时，应注意做到：第一，即时反馈，即在动作练习当中或完成之后立即给予反馈；第二，积极反馈，反馈具有双重作用，即加强或减弱的作用，所以反馈的内容应以积极性内容为主；第三，反馈得法，即不同的练习者视自己的能力作出适量的反馈，过量或不合适的反馈信息会使练习者的信念受挫，动机下降。

4. 情景创设

情景具有诱发动机的功能。在有限的时间内，学生在教师设计的情景中进行学习或锻炼，由于情景不同，效果会有很大差异。例如，体育活动使人际交往频繁，在练习过程中练习者能体验到长者的认同、悦纳以及同伴的友好和关心，进而产生继续练习的意向，提高动机水平。

三、体育锻炼与体育兴趣

（一）体育兴趣的概念

兴趣可以使人全身心地投入到感兴趣的活动中去，在活动中精神高度集中，思维敏捷。体育兴趣是人们力求认识和从事体育活动的心理倾向，具有积极的情绪色彩，因此它是人们参与体育运动的基本动力。

（二）体育兴趣的培养

体育兴趣是人们在各种各样的体育活动中形成的，它对体育活动的实践起着主导作用。

1. 体验成功

前苏联心理学家苏霍姆林斯基说："只有在学习获得成功而产生鼓动的方向，才会出现学习兴趣。"在进行体育活动的过程中，每一次成功和胜利都会使练习者深受鼓舞，产生积极的情绪体验，使其更关心体育活动，对更大的成功和胜利产生信心和希望。所以，产生体育兴趣的前提条件是有练习者获得成功、品尝胜利成果的可能。

2. 寓教于乐

人都有趋乐避苦的倾向，教师在教学中优美的示范动作、生动的语言和和蔼的态度会使学生感到亲切、可敬，会驱除学生练习时的惧怕心理。教师的"乐教"就会转化为学生的"乐学"。

3. 激发兴趣

学生体育兴趣的培养离不开教师的诱导，教师在教学训练中用各种方法持续"引趣"是学生形成体育兴趣的重要条件。例如，新颖教法的"引趣"、生动形象语言的"引趣"、准确优美示范动作的"引趣"以及体育信息的"引趣"等，都能激发学生对体育的兴趣。

4. 持之以恒

研究表明，在体育锻炼过程中，心率最好控制在最大心率的60%～80%，每次活动时间不少于20 min，每周3次或3次以上，这样才有利于心理健康。

体育锻炼对心理健康的积极效应只有在有规律的锻炼的基础上才能显示出来。经过研究，人们发现，随着体育锻炼总时间的增加，体育锻炼产生的良好心理效应会随之增强。

第三节 营养与健康

营养是人体获得和利用食物的综合过程,是保证人体正常生长和发育的重要因素。影响人体生长发育的因素是多方面的,其中遗传因素决定生长发育的可能性;外界环境的诸多因素则影响生长发育的速度。在外界环境的诸多因素中,营养因素对人体生长发育最为重要。合理的营养是增进健康、提高工作效率、防治疾病、延年益寿的重要保证。营养不良不仅使人体的各项生理机能下降,降低人体对外界环境变化的适应能力和防御能力,甚至成为某些疾病的致病因素。

营养与运动都是维持和促进人体健康的重要因素,营养素是构成机体组织的物质基础,运动可以增强机体活动的功能,营养与运动的科学配合,可是更有效地促进身体的生长发育并提高健康水平。如果只注重营养而缺乏体育运动,就会使人体肌肉松弛、发胖、活动能力减弱;如果只重视单纯的体育运动而缺乏必要的营养保证,体内消耗的营养物质得不到补偿,就会影响身体的发育和健康。

一、基本营养素

人体所需的营养成分包括:蛋白质、糖(或称碳水化合物)、脂类、维生素、矿物质、食物纤维和水等。下面将对这些营养成分的组成、分类、营养功用以及供给量与来源分别加以阐述。

(一)蛋白质

1. 组成与分类

蛋白质是一种化学结构非常复杂的化合物,主要由碳、氢、氧、氮 4 种元素构成(有的还含硫、磷等元素)。当蛋白质在硫碱或酶的作用下进行水解时,其最终产物是一种含有氨基酸的羧基,称做氨基酸,它是构成蛋白质的基本单位。

2. 营养功用

(1)构成机体组织。蛋白质是一切细胞和组织结构的重要成分,是生命的物质基础。蛋白质占细胞内固体成分的 80% 以上,占体重的 18%。

(2)调节生理机能。蛋白质在体内构成许多机能物质,具有多种生理功能,如酶的催化作用、激素的生理调节作用。

(3)供给热能。蛋白质的主要功用不是供给热能,当碳水化合物和脂肪供给的热能不足或摄入氨基酸过多时,蛋白质便开始供给热能。

3. 供给量与来源

蛋白质需求量受两方面因素影响:一是人体的生理状况,如儿童、孕妇、伤病康复者和重体力劳动者等对蛋白质的需要量较多;二是蛋白质的质量,摄入生物价高的蛋白质时,需要量较少,反之需要量较大。

我国目前膳食的蛋白质以植物性蛋白质为主,生物价较低,成年人的供给量为每日每千克体重 1~1.5 g。蛋白质供给的热能,平均应占一日膳食总热能的 10%~14%,其中儿童为 12%~14%,成人为 10%~12%。

蛋白质广泛存在于动物性食物和植物性食物中的豆类、谷类和坚果类中。鸡蛋是最好的食物蛋白质来源,生物价高达 94%。植物性食物蛋白质的营养价值虽然低于动物性食物,但是由于食用量大,目前仍然是我国居民膳食蛋白质的主要来源。

4. 蛋白质营养失调对人体的影响

蛋白质营养失调包括蛋白质不足与蛋白质过剩,它们都对人体健康有不良影响。蛋白质缺乏,可使机体生理功能下降、抵抗力降低、消化功能出现障碍、伤口愈合缓慢、精神不振,并出现贫血、脂肪肝、组织中酶活力下降等;相反,摄入蛋白质过多,也对人体有害。

5. 蛋白质与运动

运动使体内蛋白质代谢发生变化,而不同性质运动的作用又有所差异。耐力性运动使蛋白质分解加强,合成速度减慢,机体尿氮和汗氮排出量增加;力量性运动在使蛋白质分解加强的同时,也使活动肌群蛋白质的合成增加,并大于分解的速度,因而使肌肉壮大。由此可以看出,运动使机体对蛋白质的需要量增加。若蛋白质摄入不足,不仅影响体育锻炼的效果,而且会发生运动性贫血。但是,如果蛋白质摄入过多,不仅对肌肉壮大和提高肌肉功能没有好处,而且会对正常代谢产生不良影响。

(二) 糖(碳水化合物)

1. 组成与分类

糖由碳、氢、氧三种元素组成,因其分子结构中氢原子的比例与水相同,故属于碳水化合物。依其分子结构的简繁,糖分为单糖(包括葡萄糖、半乳糖、果糖)、双糖(包括蔗糖、麦芽糖、乳糖)与多糖(包括淀粉、糖原、纤维素与果胶)。

2. 营养功用

(1) 供给能量。糖是人体主要的能源物质,1 g 葡萄糖在体内完全氧化成二氧化碳和水时,可以产生 17000 J 的能量。糖在供给热能上有许多优点:比脂肪和蛋白质易消化吸收;产热快;耗氧少;对运动有利;在无氧情况下也能分解产热。这对于进行大强度运动有特殊意义。

(2) 维持中枢神经机能。糖是大脑的主要能量来源。血糖水平正常才能保证大脑的功能,血糖降低,脑的功能即受影响,会发生头晕、晕厥等低血糖症。

(3) 维持脂肪正常代谢。

(4) 降低蛋白质的分解。

(5) 保护肝脏。碳水化合物可增加肝糖原的储存,保护肝脏免受某些有毒物质(如酒精、细菌毒素等)的损害。

(6) 是构成机体的重要物质。

3. 供给量与来源

糖的供给量依饮食习惯、生活水平和劳动性质等因素而定,目前我国成年人糖的供给量以占总热能的 50%～70% 为宜。

糖在自然界中分布很广,主要分布在植物性食物中,粮食和根茎类植物含糖量很丰富。动物性食物中只有肝脏含有糖原,奶中含有乳糖,但数量不多。

4. 糖与运动

糖在能量代谢中十分重要,是运动中的主要能量来源,对人体的运动能力有很大影响。

人体内糖的主要储备形式是糖原。肌糖原约 350 g 可提供 5880000 J 热能;肝糖原为 70～90 g 可提供 1176000 J～1512000 J 热能;血糖总量约 20 g 可提供 336000 J 热能。

糖是运动中的重要能源。运动时肌肉的摄糖量可为安静时的 20 倍以上。体内糖原储量与运动能力成正比。运动前和运动中合理地补充糖,可以减少糖原消耗,提高血糖水平,有利于提高运动能力;运动后补充糖可促进糖原储备的恢复。据研究,运动后即刻摄入果糖对肝糖原的储备效果较好,葡萄糖与蔗糖可使肌糖原储备在 24 h 后保持较高水平。

(三) 脂类

1. 组成与分类

脂类包括脂肪和类脂,由碳、氢、氧 3 种元素组成,有的类脂还含有磷和氨。脂肪酸的种类很多,按分子结构分为饱和脂酸与不饱和脂酸两类,不饱和脂酸又分为单不饱和脂酸与多不饱和脂酸。通常把维持人体正常生长所需而体内又不能合成的脂肪酸称为必需脂肪酸。亚油酸和亚麻酸是人体所需的两个重要的必需脂肪酸。

2. 营养功用

(1) 供给热能。脂肪是高热能物质,每克脂肪可供热 37800 J。沉积在体内的脂肪是机体的"燃料库"。

(2) 构成机体组织。类脂质是构成细胞的基本原料。体内脂肪组织有保护和固定器官的作用，皮下脂肪有保温作用。一般成年男性的脂肪占体重的10%～25%，女性脂肪含量更高。

(3) 供给必需脂肪酸。

(4) 是脂溶性维生素的携带者，并促进其吸收利用。

(5) 增加食物香味与饱腹感。

3. 供给量与来源

一般来说，脂肪供给的能量占总能量的百分比如下：青少年以25%～30%为宜，成年人以20%～25%为宜。各种脂肪酸的比例以1∶1∶1为宜。必需脂肪酸供能应达到总热量的1%～2%。

膳食中的脂肪的主要来源是烹调油以及各种食物中所含的脂肪。目前我们食用的一些烹调油是按1∶1∶1的比例对脂肪酸进行过调配的调和油。

4. 脂肪营养失调对人体的影响

由于人体对脂肪的实际需要量不高，因而在脂肪营养失调中的主要问题是摄入脂肪过多。膳食中脂肪总摄入量与动脉粥样硬化症发病率、死亡率成正相关，与乳腺癌的发病率也成正相关。摄入脂肪过多还会引起大量脂肪在肝脏积存而形成脂肪肝。脂肪肝可引起肝细胞纤维性病变，最后造成肝硬化，损害肝脏的正常功能。此外，脂肪是高热能物质，摄入过多会导致体内热量过剩，过剩的热能转化为脂肪存于体内，使机体肥胖，并容易发生心血管疾病。

5. 脂肪与运动

脂肪是长时间运动的主要能源，但必须在氧充足的情况下，一般是在运动强度小于最大耗氧量55%时，脂肪酸才能氧化供能。

训练水平与氧化脂肪的能力有关。通过训练可以增强体内脂肪代谢酶的活性，从而提高氧化脂肪的能力。

（四）维生素

维生素是维护身体健康、促进生长发育和调节生理机能所必需的一类（低分子）有机化合物。其种类较多，化学性质不同，生理功能各异，虽不参与构成组织，也不供给热能，却对体内生物氧化等代谢过程有重要作用，能促进机体吸收大量能源物质和构成基本物质，调节物质代谢和能量转化等。通常按溶解性将其分为两大类：一类是脂溶性维生素，另一类是水溶性维生素。脂溶性维生素包括维生素A（视黄醇）、维生素D（钙化醇）、维生素E（生育酚）和维生素K（凝血维生素）；水溶性维生素包括维生素B复合物和维生素C（抗坏血酸）。

人体所需的维生素有十多种。维生素大多不能在体内合成或合成量甚微,在体内的储存量一般很少,必须从食物中摄取。因此,合理地选择、正确地加工和烹调食物,对保证人体必需的维生素是很重要的。维生素摄入不足会影响正常代谢和生理机能,严重的会发生维生素缺乏症。

维生素对于运动十分重要,不仅是保证身体健康所必需的,而且有些维生素直接影响人体的运动能力。

摄入维生素必须适量,少了可引起疾病,多了对机体不仅无益反而有害。如维生素A、维生素D摄入过多会蓄积于体内而致中毒;过量的维生素B和维生素C会引起代谢紊乱和产生对其他维生素的抵抗作用,导致不良反应。人体主要通过食物摄取维生素,一般不会过量,所以在食物供给充分的情况下,一般不必另外补充维生素制剂。

(五)矿物质

1. 矿物质的组成及其在人体中的含量

人体内所含矿物质的种类很多,总量占体重5%～6%。其中含量较多的是钙、磷、钠、钾、氯、硫、镁7种,被称为常量元素;含量较少的是铁、碘、氟、硒、锌、铜等,被称为微量元素。

2. 矿物质对人体的功用

矿物质对人体十分重要,各种元素都有独特的功能。其对人体的功用可概括为:构成机体组织、调节生理机能、维持正常代谢。

人体在物质代谢中每天都有一定量的矿物质排出体外,因此必须从食物中得到补充,以保持体内的动态平衡。若不能补充,体内的代谢和生理机能就会受影响,甚至发生疾病。但摄入过多矿物质也对人体有害,因此必须适量。人体所需的矿物质,多数在正常膳食下都能获得,但有的容易缺失,因为有的微量元素受地质化学状况的影响会发生地区性的缺乏。

(六)食物纤维

1. 营养功用

食物纤维是可食植物的细胞壁间质组成成分,它不被人体内消化酶分解消化,在保护健康、预防某些疾病方面有一定作用,是维持人体正常生理机能不可缺少的,因而也是膳食中的重要营养素之一。它的生理功用是:降低血浆中的胆固醇;降低餐后血糖升高的幅度;改善大肠的功能,预防便秘,加快有毒物质的排出;改善大肠中的代谢,从而减少毒素和致癌物质的产生。

2. 供给量与来源

成人的供给量为每天4～12 g。适量食用粗杂粮和蔬菜水果,不吃过分精制的食物，一般均能满足。含食物纤维较多的食物有麦麸、鲜豆荚、嫩玉米、草莓、菠萝、花生、核桃等。生吃蔬菜可增加摄入食物纤维的量。食物纤维摄入过多，会影响钙、镁、锌、铁等无机盐和某些维生素的吸收，还可引起刺激性腹泻。

（七）水

水是人体除氧以外赖以生存的最重要的物质。

1. 营养功用

（1）是机体的重要组成成分。水是机体中含量最多的组成成分，约占成人体重的60%。

（2）保证和参与物质代谢过程。机体内的代谢过程是在体液环境中进行的，而体液是由水、电解质、低分子有机化合物和蛋白质等物质组成的。水是良好的溶剂，营养物质的消化、吸收、生物氧化以及代谢的排泄都离不开水。

（3）调节体温。水的比热大，体温易保持稳定。水的蒸发散热（排汗）是调节体温的一种重要方式。

（4）体内物质的运输。水的流动性大，在体内形成体液，循环运输物质。

（5）保持腺体正常分泌。各种腺体分泌物均是液体。

2. 供给量与来源

人体的需水量取决于排除水量，每日摄入的水量应与机体经过各种途径排除的水量保持动态平衡。1500 mL是成年人一般情况下每天对水的最低生理需要量。每日每千克体重供水40 mL为宜；高温、运动等出汗多时，供水量应相应增加。

水的来源包括直接饮入的水，食物中含有的水。以及蛋白质、脂肪和碳水化合物在体内代谢产生的水分。在摄取水时，除考虑水量需满足机体需要外，还应注意水的卫生状况，必须饮用清洁卫生的水，以保证身体健康。

二、运动与营养

（一）运动中的能量消耗与补充

人体运动时，能量消耗明显增加，增加的情况取决于运动的强度和运动持续的时间。人体活动的直接能量来源于ATP的分解。神经传导兴奋时离子转运，需要ATP供能；腺体的分泌活动，分泌物透过细胞需要ATP供能；消化管道的消化吸收，需要ATP供能；肾小管的重吸收活动，需要ATP供能；肌肉收缩也需要ATP供能。可见，ATP是人体活动的直接能源。而最终的能量来源于糖、脂肪和蛋白质的氧化分解，氧化分解所释放的能量供给 ATP 的重新合成。

近年来，随着体育科学的迅速发展，运动营养学，尤其是运动中能量的消耗与补充受到了人们特别的注意与重视。一些体育科学发达的国家，已开始将运动营养学与训练有机地结合在一起，使运动训练效果和运动成绩迅速提高。

（二）不同专项运动能量消耗与补充的特点

体育运动项目很多，由于各个项目的技术结构、运动强度和神经紧张程度不同，运动时的能量消耗和三大能源物质的分配也不一样。各运动项目对营养素的需求量也存在着差异，因而在能源物质的供应和能量的消耗上有各自的特点。

1. 速度性运动的营养特点

速度性运动的代谢特点是能量代谢率高，运动中高度缺氧，能量供给主要依靠磷酸原系统和糖的无氧酵解。因此，膳食中应含较多易吸收的碳水化合物、维生素 B1 和维生素 C，同时还应有足够的蛋白质。

2. 耐力性运动的营养特点

耐力性运动的代谢特点是运动时间长，热能与各种营养的消耗大，能量代谢以有氧代谢为主；肌糖原消耗大，蛋白质分解加强，脂肪供能比例随运动时间延长而增大。因此，应供给充足的糖，以增加体内糖原储备；还应增加蛋白质和铁（瘦肉、鸡蛋、绿叶蔬菜等）的摄入；膳食中可适当增加脂肪含量、维生素 C 及维生素 B 族。

3. 力量性运动的营养特点

力量性运动要求肌肉有较大的力量和较强的爆发力，所以肌肉对蛋白质的需要量大大增加，特别是在训练初期，要供给充足的蛋白质和维生素 B1，同时也要保障碳水化合物、铁、钙和维生素 C 的供给。

4. 灵巧性运动的营养特点

灵巧性运动要求机体的协调性高，神经系统紧张；为完成高难度动作，对体重的控制有较高的要求，所以膳食中要保障充分的蛋白质、维生素 B1、维生素 C 和磷。

5. 球类运动的营养特点

球类运动对速度、耐力、灵敏和力量等素质都有较高要求，所以球类运动的营养供给应做到全面。球类比赛间歇中，一般不必进食，可服少量含水果酸及维生素 C 的饮料；感到饥饿时，可在饮料中加些葡萄糖。

6. 游泳运动的营养特点

游泳运动使机体散热量增加，能量消耗量加大。所以，膳食的热能要高，同时要注意补充较多的脂肪和维生素 A，以利于保持体温和保护皮肤。

（三）运动和比赛不同时期的能量消耗与补充特点

1. 比赛前期的营养特点

赛前 10 d 左右，一般属于调整期，这时训练的强度突出而量较小，膳食中热量应减小，以防止不适宜地增加体重，对比赛不利。参加短跑和跳跃项目者的膳食应保证有较多的蛋白质和足够的糖，减少脂肪的摄入；参加投掷项目者此阶段主要进行类似比赛强度的完整技术练习，对肌肉的最大力量及爆发力要求较高，所以应注意高蛋白质食物的摄取，每千克体重不少于 3 g；对从事耐力项目者而言，为了提高比赛时的运动能力，应特别注意增加体内糖原的储备，可选择高糖膳食，膳食中的糖含量应达到 60%，不要过多进食蛋白质和脂肪等酸性食物，以防止体液偏酸，不利于比赛。

此外，比赛前 10 d 内还应多吃蔬菜、水果，以供给充足的维生素和微量元素，尽量使它们在体内达到饱和状态。每日维生素 A、维生素 B1、维生素 B2、维生素 C、维生素 E 等的摄入量可增加到平时的 1～2 倍。维生素 C、维生素 E 摄入后 40～60 min 即可发挥作用，短距离、中距离跑可以在赛前 60 min 服维生素 C 和维生素 E 各 100 mg，长跑、马拉松可在赛前 30 min 服维生素 C、维生素 E 各 200 mg，这对维持心脏、肌肉、红细胞的供能都有好处。

2. 比赛当日的营养特点

（1）赛前饮食

不要空腹参加比赛，应在赛前两三小时进食最后一餐。食物应体积小、热量高、易消化、合胃口，以糖为主。尽量不吃豆类、肥肉、韭菜、芹菜、粗杂粮等难消化、纤维多、产气多、造成腹胀的食物。短时间结束的项目，不用考虑能量不足的问题；长时间的耐力项目，饮食热量应充足，除供应高糖外，还应吃些蛋白质和脂肪性食物，以维持饱感，运动时还可以节省糖，以免糖过早耗尽而出现疲劳现象，另外，还要补充维生素和无机盐。赛前 30～90 min 内不要服糖，因为可能引起比赛时出现低血糖反应而影响比赛，但运动前 20～30 min 内服糖，则有防止低血糖发生的作用，但是不能超过 60 g。

（2）赛中饮料

在超长距离项目的比赛中，由于水分、盐分丢失多，能量消耗大，途中通过饮料补充能量、盐分和水分，对维持运动能力有良好作用。摄入量视气温而定，原则是少量多次。饮料通常多由鲜果汁、糖、柠檬酸、食盐等加水配置。

运动时，饮用运动饮料可增强体力，推迟运动型疲劳的出现。例如，从事耐力项目，可饮用含糖较高的饮料，如健力宝、高能运动饮料、沙棘精等；短时间剧烈运动中会出现缺氧现象，酸性物质生成较多，可选用碱性电解质饮料；当体力下降，身体机能不佳,血色素低时,可选择滋补强身的饮料,如沙棘精、枣汁等。

3. 比赛后恢复期的营养特点

参加长时间竞赛,如马拉松、足球等项目,恢复期补充营养的主要目的是尽快恢复体液平衡和体能平衡,消除疲劳。比赛结束后即饮用一杯含 100~150 g 葡萄糖的果汁,对促进肝糖原的恢复、防止肝脂肪浸润、消除中枢神经疲劳有良好的作用。其后按照补水原则逐步恢复机体的水盐平衡。在休息两三小时后,可吃一些精细、可口、高热量的食物,以促进热量及其他营养素恢复平衡。

比赛后两三天内的膳食,仍应维持较高的热量和丰富的营养素,因为比赛时所消耗的热量和营养素不可能在一天内就得到恢复。此外,恢复期由于身心负担小,运动负荷和训练强度都降低,食欲会不断增加,因此要注意控制体重的增长。

第四节 体育锻炼对人体产生的积极影响

一、体育锻炼对新陈代谢的影响

体育锻炼时,由于肌肉代谢的增强,产生的热量也随之增加。身体虽然在神经系统的调节下加强了散热过程,但仍然慢于产热过程,因此体温升高。运动时体温适度升高对机体是有利的:首先能提高中枢神经系统的兴奋性,提高酶的活性,促进代谢过程的进行;其次能加强呼吸、血液循环机能;另外还可以降低肌肉的黏滞性,从而有助于肌肉收缩的力量的发挥,并可加大关节的活动范围。

体温升高的程度同运动强度、时间和环境条件(温度、湿度、风速)以及个体锻炼程度有关。一般情况下,中距离跑后,腋下温度可升至 37.5~38 ℃。锻炼有素的人,运动停止后散热比较快,短时间即可恢复正常,甚至比正常还低。这说明身体锻炼可以提高人体体温调节的能力。体育锻炼还可以提高脂质代谢过程,使血液中胆固醇含量降低,有利于预防动脉硬化的发生。

二、体育锻炼对运动系统的影响

体育锻炼能保持肌张力,减小肌萎缩和退行性变化,保持韧带的弹性和关节的灵活性,使脊柱的外形保持正常,从而能够减少和防止骨骼、肌肉、韧带、关节等器官的损伤和退化,使运动系统功能得到改善。

(一)体育锻炼对骨骼的影响

体育锻炼时骨骼的血液供给得到改善,骨骼形态结构和性能都发生良好的变化,骨密质增厚,使骨变粗,骨小梁的排列更加整齐而有规律,骨骼表面肌肉附着的突起更加明显,这些变化使骨变得更加粗壮和坚固,从而提高了骨的抗折、抗弯、抗压缩和抗扭转等方面的能力。体育锻炼目的不同,对人体各部分骨骼的影响也不同。经常从事下肢活动,就对下肢骨的影响较大,对上肢骨的影响较小。在同一人身上,若肢体承担负荷比较平均,则两臂骨骼发展大体相同;如果一上肢承担的负荷量较大(羽毛球、网球、乒乓球、投掷),则这一上肢的变化就明显。

(二)体育锻炼对关节的影响

体育锻炼既可以增强关节的稳定性,又可以提高关节的灵活性。关节稳定性的加大,主要是关节周围肌肉力量增强的结果,同时与关节和韧带的增厚也有密切的关系。关节灵活性的提高,主要是关节囊韧带和关节周围肌肉伸展性加大的结果。如游泳或体操运动时,肩、肘、手、足等关节运动幅度都加大,从而使关节的灵活性提高。人体的柔韧性提高了,肌肉活动的协调性加强了,就有助于适应各种复杂的动作的要求。

(三)体育锻炼对肌纤维的影响

肌纤维变粗,肌肉体积增大,因而肌肉显得发达、结实、健壮、匀称而有力。正常的人肌肉约占体重的 35%～40%,而经常从事体力劳动和体育锻炼的人,肌肉可占体重的 45%～55%。

肌肉组织的化学成分可发生变化,如肌肉中的肌糖原、肌球蛋白、肌动蛋白和肌红蛋白等含量都有所增加。肌球蛋白、肌动蛋白是肌肉收缩的基本物质,这些物质增多不仅能提高肌肉收缩的能力,而且还使三磷酸腺苷酶的活性增强,分解速度加快并加大供给肌肉的能量。肌红蛋白具有与氧气结合的作用,肌红蛋白含量增加,则肌肉内的氧储备量也增加,有利于肌肉在氧气供应不足的情况下继续运作。

体育锻炼有助于增强肌肉的耐力。因为肌纤维内线粒体的大小和数量成倍增加能产生更多的能量,使肌肉中毛细血管大量开放(安静时肌肉每平方毫米开放的毛细血管不过 80 条左右,剧烈运动时可增加到 2000～3000 条)。长期坚持锻炼,可以使肌肉的毛细血管形态结构发生变化,出现囊泡状,从而增加了肌肉的血液供应量。

三、体育锻炼对心血管系统的影响

(一)体育锻炼对心血管的形态结构和机能的积极影响

体育锻炼时,心脏的工作量增加,心肌的血液代谢过程加强。长期锻炼的运动员心肌纤维增粗、心壁增厚、心脏增大,以左心室增大最为多见,而训练水平越高,这种变化越显著。这样,不但使心脏具有更大的收缩力,而且还能增加心脏的容量,从而使心脏的每搏输出量和每分钟输出量增加。心容量可由一般人的 765~785 mL 增加到 1015~1027 mL。每搏输出量可由安静时的 50~70 mL 增至 100 mL 左右。到中老年时,还可以延缓肌纤维的退化。

(二)体育锻炼影响血管的结构,改变血管在器官内的分布

动物试验证明,体育锻炼可使动脉血管壁的中膜增厚,平滑肌细胞和弹力纤维增加;而在大动脉(主动脉)处,弹力纤维占优势,在中等动脉(腰动脉)处,平滑肌细胞占优势。动物试验还证明,体育锻炼能使骨骼肌的毛细血管分布数量增加,分支吻合、丰富。这些变化都有利于改善器官供血,增强物质与能量的交换。动物试验研究还证明,体育锻炼能够反射性地引起冠状动脉扩张,使冠状动脉口径增粗,从而改善冠状动脉循环,使心肌的毛细血管数量增加。同时,心肌中肌红蛋白含量也增高,可以增强心脏在缺氧条件下的工作能力,对预防冠心病有着重要的意义,也是延缓冠心病发展的重要因素。

(三)体育锻炼可以促使大量毛细血管开放

体育锻炼对于人体组织细胞的物质代谢过程,特别是脂肪代谢以及血管壁的弹性,都起着良好的作用,也是新陈代谢旺盛的人身体健康的保证。

(四)体育锻炼可以显著降低血脂(胆固醇、高密度脂蛋白、甘油三酯)含量

体育锻炼会使低密度脂蛋白减少,高密度脂蛋白增加,对防治动脉硬化有着重要意义。另外,从事体育锻炼还可以增强血液中抗凝血系统的功能,降低血中尿酸含量,预防血小板的聚集,以免发生血管栓塞。

(五)体育锻炼还可以使人在安静时脉搏徐缓,血压降低

通常人安静时脉搏为每分钟 70~80 次,经过长期锻炼后,安静时脉搏可减到

50～60次。脉搏频率的减少能使心脏收缩后有较长的休息时间,为心脏功能提供了储备力量。这样当人体进行强烈运动时,心脏就能承受大运动的负荷。在激烈运动时,经常锻炼的人脉搏可达每分钟200次以上而无明显不适,而一般人在脉搏达到每分钟180次就会出现心脏输出量减少、面色苍白、恶心、不适等症状。

在进行运动时,经常锻炼的人每分钟脉搏次数增加较少,而且恢复较快;不常进行体育锻炼的人脉搏次数增加较多,恢复也慢。正常人轻度运动时,脉搏增加越少,恢复时间越短,说明循环机能越好。

经过长期的体育锻炼,在完成定量工作时,心血管机能变化呈现以下特点:

(1) 动员快。在完成一定劳动时,能迅速动员心血管的机能活动,以适应机体承受负荷的需要。

(2) 潜力大。在极度紧张的劳作中,心血管系统可发挥最大的机能潜力,充分调动人体的储血力量。

(3) 恢复快。在体力活动之后,虽然心血管机能变化很大,但能很快恢复到安静状态的水平。每次搏动及每分钟输出量增加时,自静脉流入人心脏的血液也随之增加。静脉回流加快的原因是:

① 肌肉的"唧筒"作用。肌肉有节奏地收缩时,周期性地对静脉施加压力,就能加快静脉的回流。

② 胸腔的吸引作用。由于运动的呼吸较深,胸腔内负压也较大,因此这样可以加快静脉回流。

③ 运动时腹肌及横膈的作用,使腹腔内血液较易流入胸腔。

正常成人男子每立方毫米血液中含有红细胞450万～550万个,女子含有380万～460万个。红细胞内含有大量的血红蛋白,发挥着运输氧和二氧化碳的重要作用。正常成人男子每100 mL血液中含有血红蛋白14 g左右,女子含有12.5 g左右。

众所周知,血液具有维持内环境的相对稳定的作用、运输作用以及防御作用,在体育锻炼的影响下,血液的成分及生化方面都可以发生改变。适量的体育锻炼,首先使血红蛋白和红细胞数量增加,这就增加了血液的溶氧量。前苏联学者研究证实,长期锻炼可使肌体碱储备增加,从而增加血液的缓冲性;这样在进行剧烈的肌肉活动时,虽有大量代谢的酸性产物进入血液,但血液也能在较长时间内保持正常反应,而不致造成酸性产物对各器官组织的刺激。

四、体育锻炼对呼吸系统的影响

运动时要消耗能量。体力活动越剧烈,氧的消耗就越多,呼吸活动也会通过各种调节方式明显得到加强。运动对呼吸机能的作用是复杂的,除能最大限度地改善人体的吸氧能力,降低呼吸中枢对乳酸与二氧化碳的兴奋性,并增强人体对缺氧的耐受力外,据称还能促使呼吸机能出现"节省化"。试验证明,由于运动员呼吸机能的高度发展,呼吸和动作配合的协调完善,在进行定时活动时,呼吸系统的各项指标的变化都比一般人要小。

体育锻炼能提高呼吸机能,主要表现为呼吸肌发达,收缩力增强,最大通气量增大,肺活量增大,呼吸差较大,一般人为 6~8 cm,经常锻炼的人为 9~16 cm。安静时,一般人呼吸浅而快,男子为每分钟 16~20 次,女子要比男子快 1~2 次;而经常锻炼者呼吸深而缓,每分钟 8~12 次。一般成人男女肺活量为 2500~4000 mL;而经常锻炼的人可达 4500~6500 mL。一般人最大通气量为每分钟 80 L 左右,最大吸氧量为 3.5 L,只比安静时大 10 倍;而经常锻炼的人每分钟通气量可达 100 L,最大吸氧量可达 4.5 L,比安静时大 20 倍。

此外,由于长期坚持锻炼,负氧量增大,因此对缺氧耐受力强,氧的吸收利用率也较高,调节呼吸的节奏和形式的能力也较强。

五、体育锻炼对消化系统的影响

体育锻炼对消化器官的机能能有良好的作用,它能使肠胃的蠕动加强,消化液的分泌增多,从而使消化和吸收的能力提高,进而增强食欲。但是,食后立即进行比较剧烈的运动或比较剧烈运动后立即进食,都对消化系统有不良影响。在剧烈运动时,大脑皮层运动中枢兴奋占优势,以致减弱和抑制了其他部位的活动,使消化中枢处于抑制中枢,因此减弱了肠胃的蠕动,并减少了消化液的分泌。

六、体育锻炼对人体中枢神经系统和心理方面的影响

体育锻炼可以改善和提高中枢神经系统的工作能力,使中枢神经及其主导的部分大脑皮层的兴奋性增强,抑制加深,从而使得兴奋和抑制更加集中,进而改善神经系统的均衡性和灵活性,提高大脑分析和综合的能力,增强机体适应性变化能力和工作能力。经常从事体育锻炼的人和运动员灵活性高、反应速度快、反应时间短。表 2.1 列出了不参加与经常参加体育锻炼者的生理指标的对比状况,从表中可以看出经常参加锻炼者的各器官的功能明显高于不参加者。

表 2.1　不参加与经常参加体育锻炼者的生理指标

生理系统	不参加锻炼者	经常参加锻炼者
神经系统	灵活性低、反应时间长、反应慢	灵活性高、反应时间短、反应快
运动系统	肌肉重量占体重的 35%～40%，股骨的承受力为 300 kg 的压力	肌肉重量占体重的 50% 左右，股骨的承受力为 350 kg 的压力
血液循环系统	心脏质量为 300 g	心脏质量为 400～450 g
血液循环系统	心容积为 600～700 mL	心容积为 1000 mL
血液循环系统	血容量为 765～785 mL	血容量为 1015～1027 mL
血液循环系统	心横径为 11～12 mL	心横径为 13～15 mL
血液循环系统	每搏输出量为 50～70 mL	每搏输出量为 80～100 mL
血液循环系统	极限运动时每搏输出量为 100～120 mL	极限运动时每搏输出量为 200 mL
呼吸系统	安静时脉搏为 70～80 次/min	安静时脉搏为 50～60 次/min，运动员达到 40 次/min
呼吸系统	肺活量男子为 3500 mL	肺活量男子为 4000～7000 mL
呼吸系统	肺活量女子为 2500 mL	肺活量女子为 3500 mL
呼吸系统	呼吸频率安静时为 12～18 次/min	呼吸频率安静时为 8～12 次/min
呼吸系统	呼吸差为 5～8 cm	呼吸差为 9～16 cm

思 考 题

1. 如何理解"超量恢复"？
2. 体育锻炼如何塑造和改善一个人的能力、气质和性质？举例说明。
3. 体育锻炼对人体有哪些积极作用？谈谈自己的体会。

第三章 体育锻炼的原则和方法

体育锻炼是指人们为了增进健康、增强体质、调节情绪、丰富业余文化生活和有效支配余暇时间,根据需要自主选择,运用各种体育手段,并结合自身情况和物质条件,以发展身体为目的的体育活动。通过本章学习让大学生深入了解体育锻炼的原则和方法,注意锻炼内容的全面性、身体姿势、负荷量与强度、均衡发展、预防损伤和营养的补充等方面的科学有效的运用。

第一节 体育锻炼的基本原则

一、体育锻炼的 FIT 原则

FIT 是次数(Frequency)、强度(Intensity)和时间(Time)这三个英文单词首字母的拼写。FIT 原则是我们从事以健康为目的的运动所必须采取的基本监控原则。要想在安全的锻炼过程中取得良好的效果,必须科学地控制锻炼次数、强度和时间。

(一) 次数

表示每周进行体育锻炼的次数。要想获得良好的体育锻炼效果,每周至少应该进行 3~5 次体育锻炼。

(二) 强度

有氧运动的强度控制可以通过测量心率来实现。在进行有氧运动时,心率应该控制在最大心率的 60%~80%。运动强度大小的监测必须遵守循序渐进的原则,必须充分考虑自己目前的身体状况和健康水平。

（三）时间

指每次运动的持续时间。为了提高心肺循环系统的耐力，每次有氧运动应持续 20～30min。教师上中长跑课时所采用的手段就是控制运动强度和运动时间，有时要求学生在固定的时间里进行持续有氧运动（控制时间），有时要求学生在固定的时间内完成特定的距离（控制强度）。

二、体育锻炼的超负荷原则

超负荷原则是指在进行体育锻炼时，身体或特定的肌肉受到的刺激程度强于不锻炼时或已适应的刺激程度。在进行体育锻炼时只有遵循超负荷原则，身体健康素质才能逐渐得到提高。

要提高有氧耐力水平，可以通过增加每周的练习次数、延长每次练习的持续时间和加大每次练习的强度来实现。

发展肌肉力量练习的超负荷，可通过增加器械的重量、增加练习的次数或组数以及缩短每组练习的间歇时间来实现。

超负荷原则同样适用于发展关节和肌肉的柔韧性，可通过增加肌肉的拉伸长度、延长拉伸持续时间和加大关节活动的幅度来实现。

虽然超负荷锻炼可以使身体健康素质逐渐得到提高，但这并不意味着每次必须练到筋疲力尽。事实上，即使不进行超负荷的练习，一般性的锻炼也能保持和提高身体健康水平，只不过要花更长的时间进行锻炼才能取得良好的锻炼效果。

三、循序渐进原则

循序渐进原则是指体育锻炼必须根据人体身心发展规律和个人实际情况，在锻炼的内容、方法、运动负荷等方面逐步提高，使机体功能不断得到改善和提高。

循序渐进是人体适应的基本规律，人体对内、外环境变化的适应是一个缓慢的由量变到质变的过程。只有遵循这个规律，才能取得良好的锻炼效果，否则非但不能增强体质，还可能引起机体损伤和运动性疾患，损害身体的健康。青年人争强好胜，违背体育锻炼的渐进规律，鲁莽从事，使机体超负运转，这样容易造成机体损伤。年轻时生命力旺盛，可能暂时看不到什么反应，但久而久之就会留下隐患。因此，进行体育锻炼不能急于求成。坚持循序渐进原则要做到以下三个方面：

（一）选择合理的锻炼内容

在锻炼的内容上，要根据自己的身体状况合理选择，体质不同锻炼起点也不同。体质较好的人,可以选择比较剧烈的运动方式,如各种竞技运动项目;体质较弱的人,开始锻炼时可以选择比较缓和的运动,如慢跑、徒手操、武术、乒乓球等。患慢性疾病的人,可选择保健体育的一些内容,如太极拳、散步等。当体质逐渐变好时,锻炼内容也可以逐步由缓和变为较为剧烈的运动。

(二)运动量逐步加大

机体对运动量的承受能力有个缓慢的适应过程,锻炼时运动量由小到大,逐步增加。开始锻炼,时间要短,运动量不要过大,待机体适应后再逐步加大。如果运动量长期停留在一个水平上,机体的反应能力就会越来越小。机体机能的提高是按照"刺激—适应—再刺激—再适应"的规律有节奏地上升的,运动量也应随着节奏来安排。病后或中断锻炼后再进行锻炼,尤其要注意循序渐进,以免发生意外。

(三)每次锻炼过程也要循序渐进

每次锻炼前要做好准备活动,锻炼后要做好整理活动,如长跑前先进行 5~10 min 的慢跑,长跑后也不要马上停下来。

四、体育锻炼的安全性原则

安全性原则要求锻炼者在体育锻炼的过程中保护好自己,做到安全第一。安全性原则的主要内容包括:

(1)在制定或实施锻炼计划前,一定要进行体检,得到医生的许可。如果患有某种疾病或有家族遗传病史,就需要找医生咨询,在有医务监督的条件下按照医生的建议进行锻炼。

(2)在有条件的情况下,请运动医学专家根据你的体质健康状况给你开运动处方,它可以指导你有目的、有计划地进行安全、科学的锻炼。

(3)每次锻炼前必须做好充分的准备活动,克服内脏器官的生理惰性,防止出现运动损伤。

(4)饭后、饥饿或疲劳时应暂缓锻炼;疾病初愈不宜进行较大强度的锻炼。

(5)每次锻炼后,要注意做好整理、放松活动。这有利于促进身体的恢复。

(6)在锻炼过程中不要大量饮水,以免加重心脏的负担或引起身体及肠胃的不适。运动后不宜立刻洗冷水澡。

五、运动强度的适时监控原则

测量心率有助于了解和控制体育锻炼过程中的运动强度,它可以准确地告诉你运动强度是需要增大还是需要减少。触压桡动脉和颈动脉就可以测量心率。

为了准确地测量运动时的心率,必须在停止运动的 5 s 内进行测量,测量 10 s 的心率再乘以 6,算出运动 1 min 的心率。

最大心率:是指人体在做极限运动时的心搏频率。一般运动强度都应采用最大心率的百分数来表示,但要直接测出每一个人的最大心率不仅是困难的,而且还具有一定危险性。现在已有了测量最大心率的简单、方便的方法,不同年龄、不同性别的人都可以采用下列公式估算出自己的最大心率:最大心率=220—年龄。

靶心率:指通过有氧运动提高人体心血管系统耐力的有效而且安全的运动心率范围。为了提高心血管系统的有氧耐力水平,运动时心率必须保持在靶心率的范围内。成年人靶心率的上限为最大心率×80%,青少年靶心率的上限为最大心率×85%。

靶心率为人们确定了以健康为目的的运动必须保持的每分钟心率的上限和下限。一旦靶心率被确定,就可以监控自己运动时的练习强度。如果运动时自己的心率超过了自己的靶心率的上限就应该降低自己的运动强度;相反,如果运动时心率低于自己靶心率的下限就应该增加运动强度。

六、体育锻炼的环境监控原则

(一)太阳射线对人体的影响

在体育锻炼时,强烈的阳光会对暴露在外的皮肤造成很大的伤害。紫外线可使局部皮肤毛细血管扩张充血,使表皮细胞遭到破坏,导致皮肤发红、水肿,出现红斑;过量紫外线照射还会引起光照性皮炎、眼炎、白内障、头痛、头晕、体温升高及精神异常等症状。

红外线的穿透能力较强,常用于消炎、镇痛,改善局部营养,治疗运动创伤,神经痛和某些皮肤病。但是,过强的红外线照射对机体有害,它会使局部组织温度变高,甚至造成灼伤。当头部受强烈阳光照射时,红外线可使脑组织的温度上升而引起全身机能失调。因此,要尽量避免在强烈阳光下进行体育锻炼,同时还要选择在反射率低的场所进行锻炼。

(二)热环境中的体育锻炼

人体运动时,不管外界的温度如何,体内产热量都会大幅度增加,剧烈运动时的产热量比平时增加 100 倍以上。体内产生的这么多热量,在高温环境下很难短时间向外散发,于是便会蓄积在体内,使体温升高,引起一系列的机能失调,甚至死亡。因此，在热环境中进行体育锻炼，必须采取防暑措施，否则就会有患热辐射疾病的危险。应尽量避免在酷暑下锻炼，在热环境下锻炼时一定要及时补充水分，通过增加排汗量来促进体内热量的散发；其次要控制练习的强度和时间，还要穿合适的服装，既要保护皮肤不被红外线灼伤，又要通风透气，保证体热的散发，防止热疾病的发生。

（三）冷环境中的体育锻炼

在寒冷的环境条件下进行锻炼，可以提高人体对外界环境变化的适应能力和对疾病的抵抗能力。但是，冷环境可使肌肉的黏滞性增大，伸展性和弹性降低，工作能力下降，容易出现运动损伤。

为了避免冷环境给运动带来不利影响，在运动前首先要做好准备活动并延长准备时间，保证体温进一步升高；其次，不要张大嘴呼吸，避免冷空气直接刺激喉咙而引起呼吸道感染和咳嗽等；再次，注意耳、手、足的保温，防止这些部位被冻伤。另外，在运动时不要穿太厚的服装以免在运动中出汗较多，导致运动后感冒；运动后要及时穿好衣服保持体温。

（四）湿度对体育锻炼的影响

在气温适中时，空气的湿度对人体的影响不大，而在高温和低温时，较大的湿度对人体十分不利。湿度越大，人体通过蒸发散热的途径就越容易受到阻碍，人体产热和散热的平衡就会被打破，机体的正常功能将受到不良影响。

在一般情况下，适宜的湿度为40%~60%。在气温过高或过低的情况下，空气湿度越低越好；当气温高于25 ℃时，空气湿度以30%为宜。

（五）避免在空气污染的环境中进行锻炼

大气污染物的种类很多，有一百多种，其中对人类有较大威胁的是烟雾尘、硫化物、氮化物、卤化物、有机物等。大气中的污染一般通过呼吸系统进入人体，也可以通过接触（皮肤、黏膜、结膜等）危害人体。

大气中的臭氧和一氧化碳是影响体育锻炼效果的两种重要污染物，他们可导致胸腔发闷、咳嗽、头痛、眩晕及视力下降等，严重的还会导致支气管哮喘。

一氧化碳可减少血液中血红蛋白的数量，降低血液的运输能力，从而直接影响锻炼效果。汽车排放的尾气中含有大量一氧化碳，因此，因避免到车流量大的马路边散步或跑步。出现沙尘暴、可吸入颗粒物较多或大雾天气时，也应停止户外训练。

第二节 体育锻炼的方法

在体育锻炼时我们不仅要遵循体育锻炼的基本原则,还应掌握正确的锻炼方法,以达到体育锻炼的目的。

一、重复锻炼法

在运动锻炼的过程中,多次重复同一练习,两次(组)练习间安排相对充分的休息,从而增加负荷的锻炼方法叫重复锻炼法。此方法关键是两次练习之间的间歇时间相对充分,这样可有效地提高锻炼者的无氧、有氧混合代谢能力,提高各种技术应用的熟练性与机体的耐久性。重复次数的多少不同,对身体的作用就不同,重复次数越多,身体对运动反应的负荷量就越大。如果重复次数不断增加,就有可能使身体的负荷超过极点,乃至破坏有机体的正常状态而造成伤害。重复锻炼是为了追求必要的负荷一次又一次地反复做动作的过程。这个过程主要是为了追求负荷强度,而不在于改正错误动作。因此,运用重复锻炼方法的关键是掌握好负荷的有效价值范围,并据此调节重复次数。在重复锻炼中,对负荷如何控制和怎样去重复才能达到理想效果的负荷强度,应视情况而定。通常认为,普通大学生的负荷符合心率在 $130\sim170$ 次/min 是较适宜的,在这个范围内,心室血液充盈,脉搏输出量以及氧气的运输量等均达到最佳状态,并且可以持续地运动;心率低于 130 次/min 则健身效果不大,应增加重复次数;超过 170 次/min 则需要减少重复次数,或安排足够的时间间歇。

运用重复锻炼方法还要注意根据锻炼项目的不同特点和个人的不同体质状况随时加以调整,以免机械呆板,从而产生厌倦情绪。

二、间歇锻炼法

在运动的过程中,对多次锻炼间歇时间做出了严格规定,使机体处于不完全恢复状态下反复进行锻炼的方法叫间歇锻炼法。该方法的关键是严格控制间歇时间,使机体处于不完全恢复状态,每次练习的负荷时间较长,负荷强度适中。此方法可使锻炼者的心脏功能明显增强;通过调节负荷强度,可以使机体各机能产生与锻炼项目相匹配的适应性变化;同时可提高有氧代谢供给能力,提高素质。

人们认为体质增强的过程是在运动中实现的,其实体质的增强过程主要是在间歇中实现的,是在休息过程中取得了"超量恢复"。若是离开在休息中取得的"超量恢复",运动就变成对增强体质毫无意义的事,甚至起不了作用。间歇对增强体质的作用并不亚于运动本身,人类已经清楚地认识到在间歇时间内机体的各种变化,认识了保持同化优势的重要性,故把间歇作为一种健身的基本方法。

同重复锻炼法一样,间歇的时间也要依据负荷的有效价值去调节。一般来说,当负荷反应(心率)指标低于有效价值标准时应缩短间歇时间而在高于有效价值标准时则可以延长间歇时间。实践中,一般心率在 130 次/min 左右时,就应再次开始锻炼。间歇时不要静止休息,而应边活动边休息,如慢速走步、放松手脚、伸伸腰或做深而慢的呼吸等。因为轻微活动可使肌肉对血管起到按摩作用,帮助血液流回和排出代谢所产生的废物。

总之,要通过适当的间歇,把负荷量调节到负荷有效价值范围以追求良好的锻炼效果。

三、连续锻炼法

在运动锻炼的过程中,为了保持有价值的负荷量而不间断地连续进行运动的方法叫连续锻炼法。此方法要求负荷强度较低,负荷时间较长,无间断地连续进行运动。从增强体质出发,需要间歇就停一会儿,需要连续就接二连三地进行下去,所以不能仅讲究间歇,还要讲究连续。连续、间歇、重复都是在整个锻炼过程中实现的。连续、间歇、重复等因素各有作用,连续的作用在于持续负荷量不下降,维持在一定的水平上,使身体充分地受到运动的作用。

连续锻炼时间的长短,同样要根据负荷价值有效范围而定,通常认为在 140 次/min 左右的心率下连续锻炼 20~30 min,可使机体的各个部位都长时间获得充分的血浆和氧的供应,因而能有效地发展有氧代谢能力,发展耐力素质。实践中,用于连续锻炼的内容主要是那些比较容易并已为锻炼者所熟悉的运动,如跑步、游泳,也可以是跳迪斯科舞等。

四、循环锻炼法

循环锻炼法由几个不同特点的练习点(或称作业站)组成,练习者按照既定顺序和路线,依次完成每点练习任务。练习者完成了各个点上的练习,就算完成了一次循环。这种练习方式就叫循环锻炼法。其结构因素有:每点的练习内容、每点的练习负荷、练习点的安排顺序、练习点之间的间歇、每遍循环之间的间歇、练习的点数与循环的组数。

循环锻炼法对技术的要求不高,且各个项目都采用轻度的负荷练习,因此连起来简单有趣,可有效地提高不同层次和水平的练习者的运动情绪和积极性;可以合理地增大锻炼过程的练习密度;可以随时根据具体情况加以调整,做到区别对待;可以防止局部负担过重,延缓疲劳的产生,交替刺激不同体位,有利于综合锻炼,从而达到全面发展的效果。

运用循环锻炼法时,关键是要按照全面性原则去搭配项目。就大学生而言,锻炼时既要发展四肢,也要发展躯干;既要运动胸背部,又要运动腰腹部;既要追求形态的健美,也要注意机能、素质的全面发展。为此,就必须搭配项目。根据已有的经验,一般应选6~12个已为锻炼者掌握的简单易行的搭配项目。搭配时注意上肢动作与下肢动作的协调练习与静力憋气动作之间合理交替。在健身锻炼中,可根据锻炼项目安排循环练习各个联系点;还可以分队比赛,增加竞争性,以提高练习兴趣。

五、变换锻炼法

通过不断变换运动负荷、练习内容、练习形式以及条件,以提高锻炼者的积极性、适应性及应变能力的方法称变换锻炼法。此法可以有效地调节生理负荷,提高兴奋性,强化锻炼意识,克服疲劳和厌倦情绪,以达到提高锻炼效果的目的。

刚参加锻炼时,可以多做些诱导性的练习和辅助性练习。随着锻炼水平的提高,应加大练习的难度,如用越野跑代替在田径场的长跑等。锻炼条件的变化,可使大脑皮层不断地产生新异的刺激,从而提高兴奋性,激发锻炼的兴趣,进而提高机体对负荷的承受能力,提高锻炼效果。另外,不断地对锻炼的内容、时间、动作速率等提出新的要求,可有效地调节生理负荷,使机体不断产生适应性变化,达到更好地锻炼身体的目的。

六、负重锻炼法

负重锻炼法是使用杠铃、哑铃、沙袋等重物进行身体运动来锻炼身体、增强体质的方法。负重的方法既适用普通为增强体质而锻炼身体,又适用于各项运动员进行身体训练,还适用于身体疾患者的康复。

一般人增强体质进行负重锻炼,应该采用最大摄氧量和最大心血输出量以下的负荷,因为过大的负荷可能给心血管和呼吸系统带来不良的影响。为了保证这种锻炼方法对身体的良好作用,在运动负荷价值范围内可以多次重复或连续运动。

第三节　发展身体素质的方法

力量、速度、耐力、灵敏度和柔韧是五项基本素质，也是在校学生通过《学生体质健康标准》需要具备的素质。

一、力量素质

（一）力量素质的练习方法

力量素质是指人体神经肌肉系统紧张或收缩时对抗或者克服阻力的能力，这种能力按照肌肉收缩的形式可分为静力性力量和动力性力量。

（1）静力性力量是指肌肉做扩张收缩时产生的力量，即使肢体维持或固定为一定的位置和姿势，肢体环境固定，肌肉长度不变，以改变张力和克服阻力的运动所产生的力量，如体操项目中的支撑、平衡、倒立、悬垂等。

（2）动力性力量是指肌肉做扩张收缩时产生的力量，即使人体相应关节运动，肌肉张力不变，改变长度，产生收缩力，克服阻力，从而产生加速度的运动所产生的力量，如田径、游泳和球类运动等。

选择阻力（负重）大小是关键，如果不进行系统的克服相当大阻力的练习，肌肉的最大力量就不会增加。采用大重量、次数少、阻力大的练习最有利于发展力量。阻力的大小一般用最大力量的百分数或一次联系中能重复的次数来确定。发展最大力量采用重复 1~3 次练习（相当于本人最大力量的 85%~95% 的强度），进行 3~5 组练习，组间休息 1~3 min，隔天练习一次效果最佳。

综上所述，力量练习与重量、次数、组数和间歇有密切的关系，只有科学地掌握了它们之间的规律，才能收到预期的锻炼效果（见表 3.1）。

（二）力量素质练习负荷的安排

不同的重量、次数、组数和间歇时间的组合，有不用的锻炼目的和效果。

（1）大重量、少次数、高组数、长间歇——主要用于提高绝对力量。

（2）中大重量、中次数、中组数、中间歇——主要用于增加肌肉围度。

（3）中重量、中次数、高组数、短间歇——主要用于突出肌肉线条。

（4）中小重量、高次数、中高组数、短中间歇——主要用于加强耐力和心肺血管功能。

（5）小重量、超高次数、高组数、长间歇、合理节食——主要用于减肥。

表3.1　力量、次数、组数、间歇的等级

重量	极限重量	次级	次数	组数	间歇	间歇时间
大	80%～100%	少次数	1～5次	1～3组	极短	10 s
中大	70%～90%	中次数	6～12次	4～6组	短	10～30 s
中	60%～80%	多次数	13～20次	6组以上	中	30 s～1 min
中小	50%～70%	较多次数	20次以下		长	1 s～1.5 min
小	50%以下					
起始重量	在一次锻炼中做某个动作第一次使用的重量					

（三）力量练习应注意的事项

练习前应充分做好准备活动。

力量练习应循序渐进，肌肉力量增长以后，必须随之加大负荷。

力量练习应注意安全，避免受伤，练习结束应充分整理放松或者按摩。

二、速度素质

（一）速度的练习方法

速度素质是指人体快速运动的能力，包括对外界信号刺激快速反应的能力、人体快速获得高速度完成动作的能力、最短时间完成单个动作的能力、最短时间重复多次动作的能力、最短时间移动身体到达最长距离的能力。

速度的联系方法归纳起来可以分为以下几种：

（1）追逐跑或追逐游戏接力跑。

（2）高速跑或高速做其他投掷、跳跃练习，这种方法的目的在于使练习者体会和建立在高速情况下完成各种动作的能力。

（3）助力训练法。借助于间接的力量，迫使练习者作快速运动的训练，建立新的动作节奏，从而达到提高速度的目的（如顺风、下坡）。

（4）缩小作业难度的练习方法（如缩小动作幅度的小步跑）。

（5）诱导法。采用听觉、视觉信号诱导练习者伴随信号快速运动的训练，这种方法有助于建立新的动作节奏,例如:节拍器、看录像模仿动作等。

(6) 测验比赛法。通过测验或比赛,提高练习强度,引起练习者高度的兴奋性,有助于建立快速完成练习的条件反射。

(7) 快速练习方法。依次用 5~20 s 作原地快速摆臂练习;依次用 5~20 s 作手扶肋木架快速高抬腿练习;进行 20~80 m 加速跑 6~8 次;200 m 变速跑;30 m 下坡跑;让距追逐跑;不同距离的接力游戏或比赛;30~60 m 听枪声起跑 6~8 次。

(二) 速度练习应注意的事项

(1) 发展速度应在身体状况较好、体力较强时进行,一般安排在一次练习课的前半部。

(2) 发展速度应与发展力量相结合。

(3) 速度练习对中枢神经系统的负荷较大,因此要注意重复次数不宜太多,并应注意速度练习之间的间歇时间。

三、耐力素质

(一) 耐力素质的练习方法

耐力素质是指有机体坚持长时间运动的能力,可分为肌肉耐力(又称力量耐力)和心血管耐力(又分为有氧耐力和无氧耐力)。以健身为目的的耐力练习方法与运动员的训练不同。一般来说,耐力练习主要采用长时间连续低负荷的方法,如长时间跑步这种方法,强度在中等水平,对大学生来说,心跳、脉搏应维持在 130~160 次/min 为宜,有疲劳的感觉但不难受,运动后心情舒畅、精力充沛。这种练习时间较长的跑步可以匀速进行,也可以变速进行。长跑持续时间、距离和速度应根据自己的锻炼水平以及《学生体质健康标准》要求而定。具体练习方法可参考田径中长跑的练习方法。

(二) 耐力素质的练习方法

(1) 耐力练习应持之以恒、循序渐进。

(2) 培养自己坚持不懈、勇于克服困难的品质。

(3) 应逐步掌握两种正确落地方法和呼吸方法,克服"极点"的不适感。

(4) 由于耐力主要的训练目标是心血管系统,因此必须坚持长时间的运动才能奏效。

(5) 训练心血管呼吸系统必须严格控制速度(强度),控制速度最好的指标是心率。

（6）一般耐力训练比较单调，宜成组进行，为了呼吸新鲜空气，不宜在公路上跑，宜在野外跑。

四、灵敏性素质

灵敏性素质是指在各种突然变换的条件下，练习者能够迅速、准确、协调地改变身体运动的空间位置和运动方向，以适应变化着的外界环境的能力。人的身体素质中，灵敏性占有特殊的地位，它以多种方式与其他身体素质发生联系，也与动作熟练度密切相关，因而它具有特殊的综合特性。

（一）灵敏性素质的练习方法

发展灵敏性素质应从培养各种能力入手，如掌握运动能力、反应能力、平衡能力、观察判断能力、节奏感等，一般可采用以下的方法进行练习：

（1）首先要提高大脑皮质神经过程的灵活性，采用变换条件的多样性，如变向跑、闪躲跑等。

（2）提高灵敏性应加强肌肉的力量及关节的柔韧性，尤其应注意发展爆发力和培养协调性及放松能力。

（3）多进行体操、球类、技巧、摔跤、击剑、拳击、跳跃等项目锻炼能有效地发展灵敏素质。

（二）灵敏性练习应注意的事项

（1）发展灵敏性素质要与速度、力量、柔韧等素质综合进行。

（2）灵敏性练习应在大脑处于适度兴奋、心理状态良好时进行，一般安排在练习课的前半部分。

（3）发展灵敏性素质与年龄、性别、个体差异较大，应根据具体情况进行锻炼。

（4）女子进入青春期，灵敏性素质会出现明显下降的趋向，这是由于体重的增加、有氧能力下降所致。锻炼者应根据这一规律锻炼，不要急躁，只要锻炼方法得当，青春期后灵敏性素质仍有可能恢复和发展。

五、柔韧素质

柔韧素质是指人体关节在不同方向上的运动能力以及肌肉、韧带等软组织的伸展能力。柔韧素质是掌握运动技术的重要条件，人体所能表现出的各种姿势和运动幅度的大小,往往与柔韧素质有着直接的关系。

(一) 柔韧性素质的练习方法

发展柔韧素质有两种形式,即在助力的作用下进行关节活动的运动形式和主动控制肌肉紧张与放松进行关节活动的运动形式。

发展肩部、腿部、臀部和脚部的柔韧性主要手段有:压、搬、劈、摆、踢、绷及绕环等练习;发展腰部的柔韧性主要手段有:站立体前屈、俯卧背伸、转体、甩腰与绕环等练习。可以徒手、持器械或在器械上进行主动和被动的各种练习。

(二) 柔韧性练习应注意的事项

(1) 与力量素质结合,训练后注意放松练习,使肌肉柔而不软、韧而不僵。
(2) 准备活动要充分,使身体发热,减少肌肉的阻力。
(3) 动作幅度与强度要适宜,且每次练习应达到最大活动范围,如不逐渐增大,则柔韧性发展效果不明显,甚至减退。
(4) 坚持每天练习则效果最佳。

第四节　发展心肺功能的有氧锻炼

发展心肺系统的有氧锻炼方法有很多,如骑自行车、爬山、健美操、健美、健步行走和慢跑。这里着重介绍有氧锻炼效果最好的方法——健步行走和慢跑。

一、健步行走

(一) 健步行走对人体的作用

坚持行走活动,也就是运用脚掌不断与地面机械接触来刺激角度反射区(类似中医的穴位),可以调节人体相应脏腑器官及系统的功能,增强呼吸肌的功能;相应提高肺的通气量,改善血管的张力,减轻心脏的负担,降低血压,增加全身血液循环总量,提高红血球和血红蛋白含量,从而提高血液运输氧的能力;促进新陈代谢,增进健康,减少脂肪和水,增进中枢神经系统、内脏、内分泌和消化系统功能。因此,健步行走是一种很好的锻炼方式。它不费力气,不需要特殊器械,又不局限于任何时间、地点,可以非常自然地达到强健身体、延年益寿、增进健康的效果。

（二）健步行走的锻炼方法

健步行走类似于军人步伐，每分钟走 125～130 步，步幅为 40～50 cm。换句话说，这样行走能使身体有一定强度反应，例如，心跳加快、呼吸加深、全身血流加快、精神愉快等。

健步行走及散步应选择在空气清新、道路平坦、环境宁静的地方，最好选择在公园里或花间丛林、河畔溪边，这些地方有充足的氧气和负离子，能调节脑细胞新陈代谢。行走时抬头挺胸，步行节奏和呼吸节律相互协调。早晨或者傍晚为最佳运动时间。

（三）健步行走的运动量

步行运动量的安排应根据自己的习惯决定，以下方法可作参考：每分钟走 100 步，每次行走 1 h，保持每分钟心率为 110 次，维持 10 min 以上，消耗能量 1256 kJ，相当于步行 4～5 km 或慢跑 20 min。

二、慢跑

（一）慢跑能改善人体有氧代谢能力

慢跑是身体锻炼最基本的方法，被称为"有氧运动之王"，既安全又易控制运动量。健身锻炼的最根本的道理是要改善人体的有氧代谢能力。慢跑的特点为运动时间较长，速度较慢，距离较远，并且安全、省钱。

慢跑能增强心肺功能，减少体内脂肪的堆积，降低血中的甘油三酯的含量，调整大脑皮质在工作中所造成的紧张和压抑感。慢跑时吸入新鲜空气，加速新陈代谢，增加下肢力量，促进血液循环。一个肌肉结实的人，必然有一个强健的心脏。慢跑能消除肾上腺素（紧张时该激素造成胃里恶心）。可以这么说，运动越多，身体消除应激激素的能力就越强。所以，每运动一次就如同为自己的身体做了一次大扫除。经常慢跑对大脑有益。动物实验表明，经常慢跑能促进脑细胞的生长，特别能促进负责学习和记忆的那一半大脑的脑细胞生长。目前科学家正在研究经常慢跑对人大脑的影响。

（二）慢跑常用的集中运动方式

慢跑的运动量由运动强度和运动时间的乘积所确定，应根据人的实际情况选择跑步强度、时间和距离。主要的运动方式有以下几种：

1. 交替跑

步行和慢跑交替进行,走 1 min,跑 1 min。每隔两周增加一次运动量。

2. 间歇跑

慢跑 30 s,行走 60 s,反复 10~20 次,总时间为 12~30 min。

3. 匀速跑

每次跑 3000~5000 m,持续 20~30 min。亦可增加距离和时间,如 1~2 h。

4. 原地跑

原地跑是一种室内锻炼方法,其作用原理类似慢跑运动,适合各种年龄,在居住地拥挤的地方更具有优点。原地跑要求足踝抬高 20 cm,每分钟 70~80 次,持续 15~20 min 可达锻炼效果。为了减少踝部震荡,鞋内需要加厚海绵垫,或者用软性地毯块,若要加大运动强度,需加用木质踏凳。具体做法:首先 3~5 min 慢跑,作为准备活动,然后进入真实跑,要求高抬腿,前足落地,挺胸收腹,两手大幅摆动,配合呼吸,加深呼吸运动。要根据自己的体能确定每分钟的步数,最快可达 140~170 步,每次运动实践为 15~20 min,每周 2~3 次。

思 考 题

1. 自我评价运动能力与健康水平。
2. 锻炼应遵守哪些基本原则?
3. 简述体育锻炼的方法。

第四章 体育锻炼与运动处方

随着学校体育的不断发展和完善，对学生而言，科学地进行体育锻炼显得尤为重要。本章主要介绍体育锻炼、运动性疾病、运动处方等相关知识，以便同学们了解科学的体育健身方法，进一步掌握体育锻炼的基本原则和方法，常见的运动性疾病的预防和处理；了解运动处方的组成；能够结合个人的身体状况开出适合自己的运动处方。

第一节 科学地进行体育锻炼

本节主要介绍体育锻炼的含义、内容、特点、方法和锻炼原则，要求同学们能够掌握科学的体育锻炼方法。

一、体育锻炼的含义

体育锻炼是以身体练习为手段，以增强体质、促进身心健康为目的，达到身体、心理、社会适应和道德品质全面发展的一种综合性的社会实践活动过程。

"生命在于科学运动"，体育锻炼是人体未来发展过程中最积极、最有效的因素，有益于人类进化到更高水平。

二、体育锻炼的内容

体育锻炼的内容，即体育健身运动的作用对象，一般需要根据不同的锻炼者、不同的训练目的进行确定。常见的健身内容有以下几方面：

（1）健身运动。它是健康者为了强身健体而进行的身体锻炼。在健身运动过程中，健身者经常采用各种竞技运动项目或者日常生活中一些有健身价值的动作进行锻炼。

(2) 健美运动。它是在健身运动的基础上,为了增加身体美感而进行的身体锻炼。健美运动的针对性较强,一般结合锻炼者不同的目的和需要,进行专门性、针对性的练习。

(3) 医疗体育。主要是指疾患者为了治愈某些疾病而进行的身体锻炼。在运动过程中,锻炼者需要针对不同的疾病特点、疾病性质采用相应的锻炼手段,避免无针对性的锻炼、本末倒置的锻炼。

(4) 矫正体育。主要是为了弥补身体某些方面的缺陷或者为了克服功能障碍而进行的身体锻炼。练习内容可以根据身体的特殊情况进行专门安排,如轻度驼背可采用脊柱矫正操进行锻炼。

(5) 娱乐体育。主要是人们为了丰富业余文化生活、调节情绪、缓解精神紧张、善度余暇而进行的身体锻炼。如攀岩、蹦极、定向越野、游泳、钓鱼、棋牌等一些运动项目。

(6) 防卫体育。为了防范各种自然和人为伤害,提高人的应变能力和机体适应能力而进行的身体锻炼,如女子防身术、擒拿术、拳术、摔跤等。

三、体育锻炼的原则和方法

(一) 体育锻炼的原则

体育锻炼的原则是体育运动与锻炼的客观规律和行为准则,是人们在体育锻炼实践中的经验总结,并为其更有效地进行体育锻炼提供理论指导。

体育锻炼的原则,归纳起来主要有以下几个方面:

1. 积极主动性原则

体育锻炼是一个自我锻炼、自我完善、自我发展的过程。积极主动原则主要是指参与锻炼者必须有明确的锻炼目的,所以在锻炼中,一方面需要把它当作学习生活的自觉需要,激发锻炼的主动性和积极性;另一方面还需要培养对体育锻炼的兴趣,适当发展一两项自己喜欢并擅长的体育项目,作为步入社会后培养体育意识、展开体育行动的兴趣点和开拓点。

2. 循序渐进性原则

循序渐进性原则就是在锻炼过程中须严格遵守人体的生理特点和生理适应规律,从不同的主客观条件出发,安排适宜的运动负荷,在渐进性练习的基础中提高锻炼效果和水平。在训练过程中,锻炼者要依据个人的年龄、性别、健康状况、体质水平、项目特点和锻炼目的等,学习动作由易到难,运动负荷由小到大,从而达到锻炼的科学性、合理性和连贯性的目的。

3. 持之以恒原则

体育锻炼贵在持之以恒,养成良好的运动习惯。如果在锻炼过程中三天打鱼,两天晒网,锻炼效果就很难体现。因此,锻炼者在练习中需要不断强化自己的体育意识,不断培养自己对体育运动的热爱,从而达到理想的锻炼健身效果。

4. 运动适宜原则

锻炼者在锻炼中需要合理地安排运动负荷,使之既能达到运动训练的目的,又符合自身的实际接受能力。运动负荷安排是否得当,直接影响运动训练的效果。负荷过小,不能有效刺激机体,达不到强身健体的目的;负荷过大,很可能引发运动损伤。因此,运动一定要实事求是,从实际出发,切忌盲目求大求高。

知识介绍

有氧运动和无氧运动的区别:①运动强度不同,无氧运动为最大或次最大强度;②运动持续时间不同,无氧运动时间不超过 3 min,有氧运动持续时间可达数小时;③个人感觉不同,无氧运动运动中感觉很累,且心慌气短、大汗淋漓;有氧运动只少量出汗,感觉不太累或有点累。

体育锻炼时的 FIT 原则如下:F:每周锻炼 3~5 次或隔日进行为佳;I:强度达到个人最大心率的 60%~80% 为宜;T:每次锻炼至少要做持续 20~30 min 的有氧运动。

5. 全面锻炼原则

全面锻炼原则要求锻炼者需追求身心的全面发展,使身体形态、机能、各种身体素质以及心理素质得到协调发展。锻炼者在运动中应尽可能考虑身体的全面发展,努力掌握多种运动技能,切忌以偏概全。

(二)体育锻炼的方法

体育锻炼的方法是根据人体发展规律,运用各种身体练习和自然因素,以发展身体的途径和方法。常见的科学体育锻炼方法有下列几种:

1. 重复锻炼法

重复锻炼法主要是指锻炼者在相对固定的条件下,按照锻炼的计划和要求反复多次重复某种练习的方法。重复的次数和时间是决定健身效果的关键。锻炼时,需要注意合理安排重复练习的要素,如练习的次数、练习的强度、间歇时间等,切实保证每次重复练习的质量和效果;注意克服练习中由于反复练习造成的枯燥厌烦情绪,防止机械呆板。

2. 间歇锻炼法

间歇锻炼法是指两次练习之间,有合理规定的休息时间,在锻炼者机体尚未完全恢复的情况下,接着进行下一次练习的方法。间歇锻炼法是提高锻炼效果的一种常用方法。锻炼时,需要注意正确确定间歇时间,具体可根据个体的身体状况和锻炼水平决定,但是注意下一次练习前最好将心率控制在 120 次/min 左右;同时注意在训练间歇期内安排轻微的活动,如慢跑、按摩、深呼吸等,进行积极性的休息和放松。

3. 变换练习法

变换练习法是指在改变训练内容、强度和环境的条件下通过变化锻炼项目、练习要素,改变运动负荷等进行锻炼,以提高锻炼效果的一种方法。锻炼时,需注意以锻炼的实际需要为前提,特别是结合锻炼的长期和近期目标有针对性地变换;变换中需要灵活掌握,变换锻炼的计划,注意积累有关材料和反馈信息,及时观察,不断总结,为制订新的锻炼计划提供参考依据。

4. 持续锻炼法

持续锻炼法是指在较长的时间内,锻炼者采用较小的运动强度不断进行身体锻炼的方法。采取持续锻炼法时应注意:选择锻炼的项目要适合锻炼者的年龄、生理特点和体质基础。初次锻炼者或体弱者,运动时间不宜过长,经过一段时间的练习之后,可以适当加大练习强度;同时还需要充分结合自己在练习中的体力状况和身体反应,及时调整运动强度和练习方法,以防出现运动损伤和过度疲劳。

5. 循环练习法

循环练习法就是把各种类型的动作,结合具有不同联系效果的手段,组成一组锻炼项目,按照一定顺序循环往复进行锻炼的方法。注意要合理安排各个练习点,安排的内容需简单易行,合理规定各个练习点的次数、规格和要求。同时还要注意不同练习项目之间的衔接。

6. 竞赛表演法

竞赛表演法是指锻炼者面对观众,在相互比较、彼此竞争的情况下进行锻炼的方法。但是它不同于正式的竞技体育比赛,对于培养锻炼者的锻炼热情,巩固锻炼效果,培养团结、合作、顽强、果断和自信心、自制力方面具有特殊的价值和意义。

7. 直观法

传统的直观法有示范、挂图、电视、模型等,现在可以利用计算机模仿、高仿真模型来分析发展运动能力的方法,或者通过网络视频、影像资料进行模仿学习。

第二节 运动中的生理反应和疾病

体育锻炼中,人体的生理平衡受到暂时性破坏,并出现某些生理反应及相关疾病。本节主要描述几种常见的运动生理反应和疾病的症状及其预防、处置措施。

一、极点和第二次呼吸

极点和第二次呼吸是长距离运动中常见的生理现象,只要坚持运动和处理得当,极点现象是可以得到延缓和减轻的。

(一) 极点

训练不足及体能状态较低的人,通常在运动开始后不久(特别是长跑运动)就会有两腿发软、全身乏力、呼吸困难等感觉。运动生理学中,将这种现象称为极点。

极点的产生,主要是由于内脏器官的惰性引起的,体内各器官及系统都需要一段时间来适应剧烈运动。因此,这是一种正常的生理现象。人体从相对安静状态到剧烈运动时,四肢肌肉能迅速适应,进入工作状态,而内脏器官,如呼吸、循环系统等,都不能很快发挥其最高的机能水平,造成体内缺氧,大量的乳酸和二氧化碳积聚,使植物神经中枢和躯体性神经中枢之间的协调遭到暂时破坏,表现为极点的产生。

极点的出现时间与训练水平、运动前的准备活动有关。经常参加锻炼的人,极点出现得晚,持续时间短,身体反应也较轻;反之,极点出现得早,且持续时间长,表现得也较重。训练水平低及运动前的准备活动不足,都会增加出现极点现象的机会。因此,大学生运动前需要做好充分的准备活动,并在平时加强体育锻炼。

(二) 第二次呼吸

极点出现后,如依靠意志力和调整运动节奏继续运动,不久后不适应的生理反应将消失或者减轻,动作变得轻松有力,呼吸也均匀自如。这种状态被称为第二次呼吸。

第二次呼吸产生的原因主要是运动中内脏器官的功能惰性逐步得到缓解,氧供应量增加,乳酸得到逐步清除;同时,运动速度的下降使得运动的每分钟需氧量下降,减少了乳酸的产生,从而改善机体的内环境,动力定型得到重新恢复。

二、运动性腹痛

运动性腹痛是中长距离运动中常见的一种生理反应。根据腹痛的原因及症状的轻重,疼痛部位及严重程度会有所不同。若预防及处理措施得当,症状可以得到适当改善。

（一）运动性腹痛的症状

运动中出现腹痛，其特点为除腹痛外一般不伴随其他症状。多数安静时不痛，运动时才痛。它与运动过程中肝脏淤血、呼吸肌痉挛或活动紊乱、胃肠道痉挛或功能紊乱有关。疼痛程度与运动量大小和强度成正比，一般活动量小、强度低时疼痛不明显，随着负荷量加大疼痛才逐渐加剧；调整运动量和强度，做深呼吸或按压腹部疼痛处多可减轻症状。

知识介绍

运动时，脐部周围或下腹部钝痛、胀痛，多数是肠痉挛。此时只要停止运动，疼痛即可减轻。用手按揉双侧合谷穴。每个穴位按摩 5 min. 或用热水敷肚脐区 10～20 min，亦可止痛。为防止肠痉挛的发生，在运动前应做好充分的准备活动，忌食生冷食物。

（二）运动性腹痛的处置和预防

一旦运动中出现腹痛，即应减慢运动速度，降低运动强度，加深呼吸，调整呼吸与动作的节奏，用手按压疼痛部位，一般疼痛即可减轻。如无效或疼痛剧烈，则应停止运动，同时可针刺或点掐内关、足三里等穴位（见图4.1、图4.2）以缓解疼痛，必要时口服止痛药。

锻炼要讲究科学，循序渐进，膳食要安排合理，饭后 30 min 才可以进行剧烈运动；运动前不要吃得过饱，不要大量喝水，准备活动要充分；运动中要注意呼吸节律等。

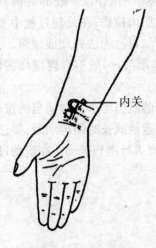

图 4.1　内关穴位图

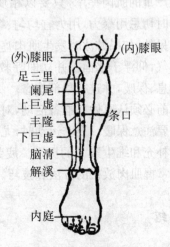

图 4.2　足三里穴位图

三、肌肉痉挛

肌肉痉挛俗称抽筋,是肌肉不自主地突然性强直收缩,肌肉变得异常坚硬,引起局部疼痛和活动障碍的现象。运动中最容易发生痉挛的肌肉是小腿腓肠肌,其次是足拇屈肌和趾屈肌等。

（一）肌肉痉挛的发生原因

肌肉痉挛发生的原因有下列几种：

（1）肌肉受到低温的影响,兴奋性会增高,易使肌肉发生强制性收缩。因此,寒冷刺激或准备活动不充分时,易引发肌肉痉挛。

（2）运动中大量排汗,特别是长时间的剧烈运动或高温季节运动时,人体内电解质从汗液中大量丢失。电解质与肌肉的兴奋性有关,丢失过多,肌肉兴奋性增高过快,可发生肌肉痉挛。

（3）肌肉连续过快收缩,而放松时间短促,以致收缩与放松不能协调地、成比例地交替,从而引起肌肉痉挛。

（4）身体疲劳会影响肌肉的正常生理功能,疲劳的肌肉往往使血液循环和能量物质代谢改变,肌肉中会有大量的乳酸堆积,乳酸不断地对肌肉的收缩物质起作用,致使痉挛产生。

（二）肌肉痉挛的处置和预防

不太严重的肌肉痉挛,只要以相反的方向牵引痉挛的肌肉,一般都会得到缓解。牵引时切忌用暴力,用力宜均匀、缓慢,以免造成肌肉拉伤；在处理过程中要注意保暖。另外,如果游泳时发生肌肉痉挛,不要惊慌,如自己无法处理或缓解,可先深吸一口气,仰浮于水面。并立即呼救。发生肌肉痉挛后,一般不宜再继续游泳,应上岸休息、保暖,并进行局部按摩。

运动前必须认真做好准备活动,对容易发生抽筋的肌肉可事先做适当的按摩。冬季锻炼要注意保暖。夏季运动时,尤其是进行剧烈运动或长时间运动时,要注意电解质的补充和维生素 B 的摄入。疲劳和饥饿时不宜进行剧烈运动。在运动过程中要学会掌握肌肉放松的方法和技巧。

知识介绍

跑步姿势不对伤身体。跑步时,人的上身应稍向前倾,这样做不仅能减轻关节负担和运动强度,还能延长运动时间。前倾的幅度应以自然、舒适为佳。但是应避免跑步步幅过大,步幅增大会造成腾空时间长、重心起伏大、落地力量重,这样对人体的震动也会增大。"内外八字"、"内八字"和"外八字"都会使膝盖和脚尖不能保持在同一个方向上,会加重膝关节负担。不要全脚掌着地,这样落地没有缓冲和过渡,很容易伤脚,也容易伤害颈椎。

四、肌肉酸痛

一次运动量较大的锻炼以后,或停止锻炼很长时间又开始锻炼之后,往往会出现肌肉酸痛的现象。这种酸痛发生在运动结束 1~2 d 后,所以也称运动性延迟肌肉酸痛。

(一) 肌肉酸痛的症状

肌肉酸痛常见的症状除了酸痛外,还有肌肉僵硬,轻者仅有压疼,重者可能出现肌肉肿胀,妨碍正常的活动。任何骨骼肌在剧烈运动后均可发生延迟性肌肉酸痛,长距离跑后更易出现。长跑者可能出现髋部、大腿部和小腿前侧伸肌和后侧屈肌的疼痛,在肌肉远端和肌腱连接处症状更明显。在炎热的夏天进行极量运动后,除肌肉疼痛外,还可能出现脱水、低钙、低蛋白等症状。

(二) 肌肉酸痛的原因

引发肌肉酸痛的原因主要有以下几个方面:
(1) 肌肉的张力和弹性的急剧增加,引起肌肉结构的物理性损伤。
(2) 新陈代谢的增加,代谢废物组织的毒性增加。
(3) 肌肉的神经调节发生改变,使肌肉发生痉挛而疼痛。

(三) 肌肉酸痛的处置和预防

处置肌肉酸痛,可对酸痛局部进行静力牵拉练习,保持伸展状态 2 min,然后休息 1 min,重复进行,每天做几次这种伸展牵拉练习有助于缓解肌肉痉挛。充足的维生素供应不仅能提高运动效果,预防运动性疾病,还能使肌肉得到充分的恢复和休息。口服维生素 C 有促进结缔组织中胶原合成的作用,有助于加速受损组织的修复和缓解酸痛。预防方面,锻炼安排要合理,根据不同的体质、不同健康状况,科学地安排肌肉锻炼负荷。锻炼时做好准备活动和整理运动。准备活动中,注意让练习时负荷重的局部肌肉活动得更充分;整理运动除进行一般性放松练习外,还应重视进行肌肉的伸展牵拉练习,这有助于预防局部肌纤维痉挛。此外,尽量避免长时间集中练习身体某一部位,以免局部肌肉负担过重。

五、运动性晕厥

在运动中或运动后,由于脑部一过性血供不足或血液中化学物质的变化引起突发性、短暂性意识丧失,肌张力消失并伴有跌倒现象,被称为运动性晕厥。

(一)运动性晕厥的症状

运动性晕厥主要是由于剧烈运动或长时间运动,使得大量血液积聚在下肢,回心血量减少所致,同时也和剧烈运动引起的低血糖有关。

运动性晕厥表现为全身无力、头晕耳鸣、眼前发黑、面色苍白、失去知觉、突然晕倒、手足发凉、脉搏变得慢而弱、血压降低、呼吸缓慢等相应的症状。

(二)运动性晕厥的处置和预防

发生运动性晕厥,应使患者立即平卧,足部略高于头部,同时进行由小腿向大腿、心脏方向按摩或拍击,手指点压人中、合谷等穴位。如有呕吐者,应将患者的头部偏向一侧;如停止呼吸,应立即进行人工呼吸。

平时需要经常进行体育锻炼,以增强体质。同时注意:长时间下蹲后,不要立即站立;不要带病参加运动;高强度运动后,不要立即停下来;不要在饥饿的情况下参加剧烈运动。

六、运动中暑

运动中暑往往是在高温环境或者烈日暴晒下运动而发生的一种疾病。

(一)运动中暑的症状

中暑早期有头晕、头痛、恶心、呕吐等现象,逐步发展为体温升高、皮肤灼热干燥。严重者甚至出现精神恍惚失常、虚脱、手足抽搐、心率失常、血压下降,还会昏迷以致危及生命。

(二)运动中暑的预防和处置

在高温炎热的季节进行锻炼,锻炼者需要做充分的准备。尽可能穿浅色系列的宽松衣物,戴好帽子;避免在烈日直射下进行锻炼;如果训练中遇到不适情况,可减小运动量;运动后补充含有电解质的矿物饮料。

若有运动中暑的情况发生,应立即将患者扶至阴凉通风处休息,同时还需采取果断的降温消暑措施,如解开紧身衣物、冰袋冷敷,并适当补充生理盐水或者葡萄糖生理盐水等。患者情况严重的,经过临时处理后,仍需迅速送至医院做进一步的观察治疗。

七、运动性贫血

运动性贫血是指由于运动引发的血液中血红蛋白含量减少的现象。

(一)运动性贫血的症状

运动性贫血发病缓慢.其症状主要表现为头晕、恶心、呕吐、气喘、体力下降以及运动后心悸、心率加快、面色苍白等症状。

(二)运动性贫血的发病原因

长期进行高强度的耐力训练会引起血浆容量增加,高强度的运动会引起红细胞破坏加剧,加上训练中大量出汗增加了铁的丢失,以及食物中铁摄入量不足等原因,容易导致运动员发生"运动性贫血"。通常情况下,发生运动性贫血症状的女生多于男生;另外,从事中长跑项目的运动员发生运动性贫血的概率较大;而女性运动员,由于生理周期的原因,因经血失去较多铁,更容易发生贫血症状,从而影响训练效果和运动员的身体健康。概括起来,运动性贫血的发病原因可以归结为:运动时,脾脏释放的溶血卵磷脂能使红细胞的渗透性增加;加上剧烈运动使得血流加速,更易引起红细胞破裂,致使红细胞的生成、凋亡之间的稳态遭到破坏;再加上运动时肌肉对蛋白质和铁的需求量增大,一旦需求量得不到满足时,就可能引起运动性贫血。

(三)运动性贫血的处置和预防

如果运动中出现头晕、无力、恶心、呕吐等相关症状,应适当减小运动量,必要时需要停止训练,并适当补充富含蛋白质和铁的食物,口服硫酸亚铁、生血中药等,以期得到缓解。

预防运动性贫血,需在运动训练后及时补充水分、电解质和维生素,也可饮用一些专业运动饮料;另外,还要加强训练期间的营养补充。

第三节 常见的运动性疾病及损伤的预防和处理

体育运动过程中发生的损伤,称为运动性损伤。它的发生与运动训练安排、运动项目的技术动作、运动训练水平、运动环境和条件等因素有关。运动损伤的种类很多,不同的运动项目有不同的症状特点。本节主要介绍运动过程中一些常见的运动性疾病及损伤的预防和处理,要求同学们掌握紧急处理的基本方法和技巧。

一、运动损伤的分类

运动损伤的分类方法很多,常用的分类方法是将其分为软组织损伤、关节脱位、骨折三大类;按照有无创口分为开放性软组织损伤、开放性关节脱位、开放性骨折和闭合性软组织损伤、闭合性关节脱位、闭合性骨折。

二、运动损伤发生的原因

造成运动损伤的原因很多,既与锻炼者自身的体质状况、采取的锻炼方法有关,也与运动项目的战术特点、技术的难度及运动环境有关,同时还与运动内容的安排、运动量及运动强度、运动负荷(密度)等有一定的关系。

(一)主观因素

造成运动损伤的主观因素为:
(1)思想上认识不足。对损伤的认识不足,不注意事先检查场地和器材设施。
(2)准备活动不足。运动前的准备活动不足,导致肌肉弹性差,韧带和关节的活动性小而出现肌肉、韧带拉伤。
(3)身体素质较差,身体状况不佳,运动负荷过大,缺乏运动经验和自我保护意识。
(4)运动情绪低下,伴有畏惧、害羞、过分紧张等情绪,致使运动过程中注意力不能集中。

(二)客观因素

造成运动损伤的客观因素主要为:教学中存在的问题,保护方法不正确、不到位,动作粗野,违反活动规则,场地设备老化,设施不到位,运动服装和装备不佳,不良的气候环境。

三、运动损伤的预防

运动损伤的预防需要在思想、场地设施等多个方面进行强化,避免在运动中出现运动性损伤,具体可从以下几方面着手:

(1)加强安全意识。克服麻痹大意的思想,提高预防损伤的意识。

(2)认真做好准备活动。运动前一定要做好准备活动,提高关节的活动度和肌肉的温度,使全身产生温热感。

(3)加强运动中的保护和帮助。在某些项目的练习中,一定要树立相互保护和帮助的意识。

(4)合理安排每次活动的运动内容和运动量。

(5)加强医务监督。

四、常见的运动损伤与急救

(一)软组织损伤

软组织损伤是运动损伤中常见的一种,根据损伤组织是否有创口与外界相通,可分为开放性损伤和闭合性损伤。前者主要有擦伤、撕裂伤、刺伤等,后者有挫伤、肌肉及筋膜拉伤、关节囊和韧带扭伤、肌腱腱鞘炎和滑囊损伤等。

1. 擦伤

皮肤受到外力急剧摩擦引起的表面被擦破出血或者组织液渗出称为擦伤。小面积擦伤可用生理盐水或冷开水洗净创伤口或用70%酒精棉球消毒,然后涂抹红药水或紫药水即可;大面积擦伤需先进行消毒处理,再用消毒布遮盖,最后用纱布包扎。

2. 撕裂伤、刺伤、切伤

撕裂伤主要是剧烈运动中受到钝物击打引起皮肤和软组织的撕裂,伤口边缘不规则,常见损伤有眉际、跟腱撕裂等。刺伤是因尖细物件刺入体内所致。切伤是因锐器切入皮肤所致。这些伤口,轻者,可用消毒液涂抹伤口;创口面较大者,需手术缝合,必要时应注射破伤风疫苗,如跟腱断裂需手术缝合治疗。

3. 挫伤

挫伤是因撞击器械或与练习者之间相互碰撞而造成的。单纯的挫伤损伤处会出现红肿,皮下淤血,并伴有疼痛。当内脏器官出现损伤时,易导致面色苍白、心慌气短、四肢发凉、烦躁不安,严重者甚至出现休克等症状。遇到这种情况,需要在 24 h 内冷敷或加压包扎,24 h 之后,可进行按摩理疗,恢复期内可进行一些功能性锻炼以促进康复。如果出现严重的内脏损伤,需在临时性处理之后,立即送至医院作进一步的检查和治疗。

4. 肌肉拉伤

通常是外力作用导致肌肉过度收缩或被动拉长引发的肌肉损伤。准备活动不充分,动作不协调更易拉伤。损伤后伤处出现肿胀、压痛、肌肉痉挛,触摸时会发现硬块。常见的拉伤部位有大腿后群肌、腰背肌、大腿内收肌等。严重的肌肉拉伤可导致肌肉撕裂。轻者需要立即进行冰袋冷敷或者流水冲洗,局部加压包扎,抬高患肢,24 h 之后可进行按摩理疗。如果肌肉出现断裂,在急救处理之后,需立即送往医院作进一步的处理。

5. 关节、韧带的损伤

关节、韧带扭伤是指在外力作用下,关节骤然向一侧活动而超过其正常活动度时,引起关节周围软组织如关节囊、韧带、肌腱等发生撕裂伤。常见的关节损伤或扭伤主要表现在几个活动度很大的关节,如肩关节、膝关节、踝关节等。

(1) 肩关节扭伤。肩关节扭伤一般是因关节用力过猛及反复劳损所致,或训练时因技术上的失误,违反解剖学原理而造成的。症状主要表现为压痛,急性期出现肿胀、酸痛。单纯的韧带扭伤,可采取冷敷、加压包扎进行紧急处理。出现严重的韧带断裂时,需要在紧急处理之后,立即送往医院进行处理。当关节肿胀和疼痛有所减轻后,可适当进行功能性锻炼。

(2) 髌骨劳损。髌骨劳损也称为"髌骨软化"或"髌骨软骨病",主要是因膝关节长期负重或反复损伤累积,被一次直接外力撞击而致,如进行弹跳时易导致髌骨损伤。髌骨劳损是膝关节常见的损伤。受伤的初期应减少剧烈运动和下蹲以保护膝关节,另外,可采用中药外敷、针灸、按摩进行康复理疗。

(3) 踝关节扭伤。踝关节扭伤主要是弹跳落地时失去平衡,使踝关节过度内翻或外翻所致,在准备活动不充分,场地不平的情况下更容易发生。症状表现为伤处肿胀、疼痛。24 h 后可用针灸、理疗等方法消肿、止痛。损伤严重需要进行绷带包扎固定。

(4) 腰闪伤。腰闪伤主要是因为重力超过躯干所承受的压力,腰部突然发力引起部分肌纤维撕裂,造成腰肌急性拉伤,或者脊柱运动超过正常的生理范围所致。腰部出现损伤后,患者需要平卧,一般不能立即搬动或移动,如疼痛剧烈,需担架抬往医院诊治;也可采用针灸、拔火罐、外敷伤药或按摩进行治疗。

(5) 腕关节韧带损伤。腕关节韧带损伤多有明显的外伤史,伤后出现腕部无力,关节活动不灵活等症状。轻者,无明显肿胀,仅在大幅度动作时出现疼痛;严重扭伤者,腕部会出现肿胀,疼痛较重。损伤处理与踝关节损伤的处理方法相同。

(二) 脑震荡

脑震荡主要是脑部受到外力打击后由神经细胞和神经纤维所引起的意识和功能的一时性障碍,不久即可恢复,无明显的解剖病理改变。至伤时,会出现昏迷,脉搏徐缓,呼吸表浅,肌肉松弛,神经反射减弱或消失等症状。清醒后,患者会有头痛、头晕、恶心、呕吐症状。急救时,应让伤者平卧,保持安静,不可坐或站立;头部冷敷,身上保暖;若出现昏迷可用手指掐人中、内关等穴位;呼吸发生障碍时,可进行人工呼吸。如果昏迷时间超过 4 min,或两侧瞳孔大小不对称,或耳、鼻、口内出血及眼睛紫青,或清醒后剧烈头痛、恶心、呕吐,说明损伤严重,应立即送医院诊治。

(三) 骨折

骨折是指骨小梁发生断裂。体育运动中发生的骨折,多为暴力作用引起的外力性骨折。骨折是较严重的损伤,常见的骨折有肱骨、前臂骨、手骨、大腿骨、肋骨、脊柱和头部骨折等。骨折发生后,患处立即出现肿胀、皮下淤血,活动时剧烈疼痛肢体失去正常功能,肌肉产生痉挛,有时骨折部位发生变形,甚至有股摩擦声。严重骨折时,还会伴有出血和神经损伤、发烧、口渴、休克等全身性症状。在进行急救时,需要防止伤者休克,将其进行就地固定,避免断肢移动;伤口处如有出血,应先止血再包扎伤口。

第四节 运 动 处 方

运动处方是个体化的运动方案,每个人在运动中根据各人不同的体质状况和身体技能,采取不同的运动训练方法、训练内容等。在实际操作中,基本情况相近的人群可以采取类似的运动处方,在实际过程中,根据不同人的具体情况进行适当调整。本节主要介绍运动处方的概念、分类、制定原则和程序、格式和内容。要求同学们能够结合身体状况,开出适合自己健身锻炼的运动处方。

一、运动处方概述

运动处方是指针对个人的身体状况,采用处方的形式规定健身锻炼的内容和运动量的方法。其特点是因人而异,对"症"下药。20世纪50年代,美国生理学家卡波维奇(Kapovich)提出了运动处方的概念,1960年,世界卫生组织使用了运动处方的术语,运动处方从此在国际上得到认可。Hollmann研究所从1954年起对运动处方的理论和实践进行研究,制定出健康人、中老年人、运动员、肥胖病人等各类运动处方,社会效果显著。

(一)运动处方的概念

运动处方是康复医师或体疗师对从事体育锻炼者或病人,根据医学检查资料(包括运动试验和体力测验),按其健康、体力以及心血管功能状况,用处方的形式规定运动种类、运动强度、运动时间及运动频率,提出运动中的注意事项。运动处方是指导人们有目的、有计划、科学地进行体育锻炼的一种方法。

(二)运动处方的种类

运动处方根据锻炼者不同的运动目的,大致可以分为三类:

(1)健身、健美运动处方。主要是针对健康人群进行锻炼,以增进健康、增强体质为目的的运动处方。

(2)竞技运动处方。专业运动员按照一定的运动处方进行训练,以提高专业运动成绩为目的的运动处方。

(3)康复运动处方。一些患者根据运动处方进行康复和治疗,促进机体的康复。

知识介绍

步行是祛病良方。步行可增加心肺功能,改善大脑的能量供应,消除大脑疲劳症状。步行时稍微出汗,可维持毛孔的缩张功能,排除体内的一些代谢产物。正确的步行姿势为抬胸抬头,迈大步,每 5 min 走 60~80 m。手臂随着步子的节奏来回摆动。走的路线要直,不要左拐弯或右拐弯。每天宜走半个小时左右,强度根据个人体质而定,以微微出汗为宜。另外,步行的时候需要注意:肩放平、背放松、收小腹、不塌腰、缩下颌,保持头部直立,不前倾,不左右歪斜;前后摆动双手,使手臂、胸及背部肌肉得到活动。

二、运动处方的组成

运动处方的构成要素主要包括运动目的、运动类型、运动强度、运动时间、运动频度和注意事项。

1. 运动目的

运动处方的目的有健身、娱乐、减肥、康复治疗等，主要是通过有目的性的锻炼达到预期的效果和目标。在制订具体的运动处方时，个人需要根据自己不同的运动需求来计划实施内容。

2. 运动类型

运动类型的选择需要结合多种因素综合制定。如结合具体的运动条件、场地设施、运动器材、运动项目、目的等，同时还需要结合个人的运动兴趣爱好。

3. 运动强度

运动过程中，一般采用心率作为运动强度的评价指标。通常心率在 120 次/min 以下为较小运动强度，120~150 次/min 为中等运动强度，150~180 次/min 或者 180 次/min 以上为较大运动强度，如表 4.1 所示。适宜运动强度范围，可用靶心率进行控制。靶心率以本人最高心率的 70%~85% 的强度为标准：

$$靶心率=(220-年龄)\times(70\%\sim85\%)$$

最适宜心率的计算公式为：

$$最大心率=220-年龄$$

$$心率储备=最大心率-安静心率$$

$$最适宜运动心率=心率储备\times75\%+安静心率$$

表 4.1 按年龄预计最适宜运动心率及相应吸氧量

运动强度种类	占最大吸氧量的百分比	梅脱(MET)	心率(次/min)				
			20~29 岁	30~39 岁	40~49 岁	50~59 岁	60 岁及60 岁以上
较大	90%	12	175	170	165	155	145
	80%	10	165	160	150	145	135
	70%	8	150	145	140	135	125
中等	60%	6.5	135	135	130	125	120
	50%	5.5	125	125	115	110	110
小	40%	4	110	110	105	100	100

4. 运动时间

运动时间指每次锻炼的持续时间，与运动强度紧密相关。一般来讲，运动强度与运动时间成反比关系，运动强度越大，运动时间越短。有氧运动的时间一般需要 30 min 以上，才可以达到较好的效果。

5. 运动频度

运动频度指每周的运动次数。参照"体育人口"的界定,一般要求每周运动至少三次以上,隔日进行效果为佳。

6. 注意事项

以治疗和康复为目的的运动处方在运动前需要指出运动禁忌项目,在健身过程中注意观察一些意外和特殊指征。

三、运动处方的制定原则

为了保证运动处方实施的有效性、安全性,加强锻炼效果,达到增强体质、增进健康、健身、健心、健智、健美与防病治病、康复相互促进的目的,在制定运动处方时需要遵循下列原则:

1. 安全有效性原则

为了保证处方安全有效地实施,除了了解锻炼者的既往疾病史和医学检查外,还需要有针对性地了解不同锻炼者的禁忌证。尤其是身体条件较差的人,在实施运动处方时,需要严格监控和医学监督,避免意外事故的发生;而那些身体素质较好的人,运动项目和运动内容的选择可以适当灵活。

2. 区别对待性原则

由于个体身体素质的差异性,运动处方内容的选择必须根据不同个体的具体情况,因人而异、区别对待。

3. 动态调整性原则

初定的运动处方,需要经过多次的运动实践及调整后,才能适合个人的身体条件,满足个人锻炼的需求。

四、运动处方的制定程序

制定运动处方必须一次做以下几个方面的工作:一般检查、临床检查、运动试验及体力检查、制定运动处方、预防实施运动处方、修改运动处方和实施运动处方等。具体程序如下:

1. 一般检查

通过检查了解参加锻炼者或者病人的基本健康状况和运动情况,包括询问病史及健康状况,了解运动史,了解健康或康复的目的和社会环境条件等。

2. 临床检查

临床检查主要包括:运动系统的检查、心血管系统检查、呼吸系统检查、神经系统的检查等。其中,运动系统的检查包括肌肉内容的检查和评定、关节活动度的检查等;心血管系统的常规检查指标为心率、心音、血压、心电图等,心血管系统的检查一般采取定量负荷试验,常用的有台阶试验、一次性负荷试验、联合机能试验、PWC170机能试验等;呼吸系统的检查包括肺活量的测定、通气功能检查、呼出气体分析、屏气试验、日常生活能力评定等,常用的指标有肺活量、五次肺活量、肺活量运动负荷、时间肺活量、最大通气量、最大闭气、呼吸气体等;神经系统的功能检查为植物神经系统的功能检查,体表感觉神经功能检查,反射,神经肌肉功能检查等。另外,还包括肾功能检查、代谢功能检查等全面综合系统的检查。

3. 运动试验

运动试验是评价心脏功能、制定运动处方的重要依据,一般采用跑台阶或者功率自行车进行,逐级增加运动负荷。

4. 体力测试

运动负荷试验无异常的人才可以进行体力测验。体力测试包括运动能力测试和全身耐力测试。目前采用较多的体力测试方式为12 min跑测试。

5. 制定运动处方

根据不同的锻炼目的确定运动类型、运动目的、运动时间、运动强度、运动频度和注意事项等。

6. 运动中的医务监督

处方实施过程中,应对患者进行医务监督,以确保处方的安全性。健康状况好的锻炼者,可在自我监督的情况下进行运动;而对于那些心血管系统疾病、呼吸系统疾病、慢性病、临床症状不稳定的患者,在实施运动处方时,应在有医务监督的情况和条件下进行。

7. 运动处方的修改和微调

运动处方的制定最初并不固定,应先设置一个"观察期",实察设施运动处方之后患者的反应;再在"调整期"内进行反复调整、修改,最终确定;最后在"相对固定期"内实施最佳的运动处方。

知识介绍

有雾的天气最好不要在户外锻炼。雾珠中不但溶解了一些酸、碱、盐、胺、苯、酚等有害物质,同时还沾带了一些尘埃、病原维生素等有害的固态小颗粒。当人们在雾中做长跑等剧烈运动时,身体某些敏感部位接触了这些有害物质并大量吸入,可能会引起气管炎、喉炎、眼结膜炎和过敏性疾病。

五、运动处方的内容和格式

(一)运动处方的内容

目前运动处方没有统一的规定,但是处方的制订需要遵循全面、准确、简明易懂的原则,主要包括以下内容:

(1) 一般资料;

(2) 临床诊断结果;

(3) 临床检查和功能检查结果;

(4) 运动试验和体力测试结果;

(5) 运动目的和要求;

(6) 运动内容;

(7) 运动强度;

(8) 运动时间;

(9) 运动频率;

(10) 注意事项;

(11) 医师签字运动处方的指定时间。

(二)运动处方的格式

运动处方可根据不同的需要采用不同的格式,但是在处方中,必须指出禁止参加的运动项目、锻炼的自我监控及出现异常情况时停止运动的准则等。大学生常见的锻炼处方卡如表4.2、表4.3所示。

表4.2 大学生锻炼处方卡(正面)

姓名:	性别:	年龄:
健康状况:		
功能检查:20次/30 s 蹲起、30次/min 下蹲、哈佛台阶试验、功率自行车(以上项目可任意选择)		
测试结果:		
锻炼内容:		
每次锻炼持续时间:		
锻炼时最高心率(次/分钟):	每周运动次数:	
注意事项:	禁忌运动项目:	
复查日期:		
医生或健康指导教师签名:	年 月 日	

表 4.3 大学生锻炼处方卡(背面)

日期：	锻炼情况	身体反应情况

签名：　　　　　　　　　　　　　　　　　　　年　月　日

六、常见的运动处方

这里主要介绍两种常见的运动处方的制订模式,即提高有氧运动能力和发展肌肉力量的运动处方。同学们可根据自己的需要掌握运动处方制定的基本步骤和基本要素。

(一) 提高有氧运动能力的运动处方

1. 运动项目

运动项目(方式)的选择最好结合自己的兴趣爱好,选择最感兴趣的,并且能够长期坚持的运动项目。常见的有氧运动的项目有自行车、散步、慢跑、步行、游泳、健身操、太极拳等。

2. 运动频度

最好每隔一天进行一次,一周 3 次,每次 20~45 min 就可以促进有氧运动能力提高,但是随着负荷和运动持续时间的增加,要继续改善有氧运动能力,运动频度需有所增加,一周 3~5 次为佳。

3. 运动强度

强度的控制需要结合个人的主观感觉进行判断,也可以结合运动适宜心率表格进行确定。一般运动强度以达到最大心率的 70%~85% 或最大吸氧量的 50%~70% 为目标心率范围。

4. 运动持续时间

运动时间取决于运动强度,低强度的运动每次活动时间必须超过 30 min;而高强度的运动,至少需要持续 20 min 甚至更长的时间。

5. 运动处方的实施

每次开始活动前需要做好充分的准备活动以减少肌肉酸痛,防止受伤。锻炼后期,随着有氧运动能力的增强,处方也需要进行适当的调整,如改变处方的强度、持续时间、频率等。

(二) 发展肌肉力量的运动处方

1. 运动项目

不同的锻炼目的采取的练习方式也有所不同。发展腹肌力量需要采取的练习方式有:①仰卧起坐;②悬垂摆腿或抬腿;③仰卧抬腿;④俯卧撑;⑤杠铃提放。发展背肌肌力的练习方式有:①背屈;②仰卧抬腿;③侧屈。发展腿部肌力的练习方式有:①负重下蹲;②负重跳台阶;③仰卧屈小腿;④仰卧上下摆腿;⑤立姿屈小腿等。以上各动作均以 10~20 个为一组进行练习。

2. 运动频率和运动持续时间

每周锻炼 3~5 次,每次锻炼时间为 1 h 左右。

3. 运动强度

每次练习可以选取 2~3 个动作,每个动作练习 4~6 组,每组练习 15~20 次,组与组的间歇时间一般为 30~40 s,最多不超过 50 s。

4. 运动处方的实施

每次运动前需要做好充分的准备活动,避免肌肉或韧带的拉伤。刚开始练习时,负荷量不一定大,随着练习时间推移,可以逐渐增加负荷量和练习强度。

5. 注意事项

锻炼时需要注意将局部锻炼和全身锻炼相结合、力量锻炼和耐力锻炼相配合,使得全身各部位的肌肉都能够得到锻炼和提高;同时,还需要在锻炼的过程中加强营养,保证充足的休息和睡眠,避免机体出现过度疲劳。

思 考 题

1. 什么是运动处方?它有哪些内容?
2. 制定运动处方的原则是什么?依据什么原理?
3. 根据自己的具体条件,为自己制订一个简单的运动处方。

第五章 大学生体质健康评价与测量方法

本章主要介绍大学生体质健康的基本概念,《学生体质健康标准》测试的内容理念、测试方法及评价指标体系。从而树立正确的体质健康观,了解体质测评的依据和参考标准,能够结合评价标准,对自己的体质做出正确、合理的评估。

第一节 《学生体质健康标准》简述

《学生体质健康标准》是由国家教育部、国家体育总局共同组织研制并正式颁布的,是《国家体育锻炼标准》的组成部分。《学生体质健康标准》在各类学校全面实施,是促进学生体质健康发展、激励学生积极进行身体锻炼的教育手段,也是学生体质健康的个体评价标准和学生毕业的基本条件之一。

一、体质的概念

体质,即人体的质量。它是在遗传性和获得性的基础上表现出来的人体形态、生理功能和心理因素的综合的、相对稳定的特征。其影响因素是多方面的,其中遗传、营养、体育锻炼三方面起了重要的作用。

体质在其形成和发展过程中,具有明显的个体差异和阶段性。不同人体质的差异,主要表现在形体发育、生理功能、心理状态、身体素质、运动功能以及对环境的适应和对疾病的抵抗力等方面;从水平上来说,包括了从最佳功能状态到严重疾病和功能障碍的多种不同的水平。同时,人在不同的生长发育阶段,如儿童期、青少年期、中老年期,体质的状况是不断发展和变化的,既有共同的特征,又有不同年龄阶段的特殊特征。人们可以通过改善生活条件、建立健康的生活方式和进行有目的、有计划、科学的身体锻炼等手段,来保持良好的体质状况,不断增强体质。

体质的范畴,主要包括以下五个方面:
(1) 身体形态发育水平。即体型、姿势、营养状况、体格及身体成分等。

(2) 生理功能水平。即机体新陈代谢水平以及各器官、系统的工作能力。

(3) 身体素质和运动能力的发展水平。即心肺耐力、柔韧性、肌肉力量和耐力、速度、爆发力、平衡、灵敏、协调、反应等素质,以及走、跑、跳、投、攀、爬等身体活动能力。

(4) 心理发育水平。即本体感知能力、个性、意志等。

(5) 适应能力。即对内、外环境条件的适应能力、应急能力和对疾病的抵抗力。

这五个方面的综合状况是否处在相对稳定的状态,决定着人们的不同体质水平。

二、实施《学生体质健康标准》的意义

(一) 贯彻落实"健康第一"指导思想的一项重要举措

学校体育教育直接肩负着"增强全体学生体质"和"促进全体学生健康"的使命。《学生体质健康标准》的贯彻落实,对于强化广大师生的健康意识、提高学生的体质健康水平,发挥积极的促进作用。

(二) 满足社会发展的需要

科技的进步、社会的发展、物质生活的极大丰富,使影响人类健康的因素发生了很大的变化。但是社会环境的剧变,对于生物来说未必都是好事。当前,处于"亚健康"状态的人群剧增,非传染性疾病的快速增长都是这一变化的"副作用"。社会上疾病发生的类型也足以反映出人们的生活习惯和生活方式存在的问题。为了解决这些社会问题,适应社会的发展和人们对健康的迫切需要以及对高质量生活的不断追求,必须从学生抓起。因此,《学生体质健康标准》的制定与实施不仅是个人健康的需要,也是社会发展的需要,是全面发展的需要,是全面提高国民素质、振兴中华民族的需要。

三、《学生体质健康标准》的实施办法

(1)《学生体质健康标准》的实施工作在国家教育部、国家体育总局的领导下,由各级教育行政部门管理,体育行政部门领导,学校负责实施。

(2)《学生体质健康标准》应在校长领导下,由教务处、体育教研部、校医院、学生工作部、辅导员协同配合,共同实施。各测试项目的成绩,由体育教研室汇总,并

按照《学生体质健康标准》的要求评定成绩、确定等级,记入《学生体质健康标准登记卡》,在毕业时放入学生档案。

(3) 达到《学生体质健康标准》良好等级以上者,方可评为三好学生,获奖学金;达到优秀者,方可获得学分。对测试成绩不合格者,在本学年度给予一次补考,补考仍不及格,则学年评定成绩不及格。学生毕业时,成绩达到《学生体质健康标准》60 分为及格,准予毕业;《学生体质健康标准》成绩不及格者,高等学校按肄业处理。

(4) 奖励与降低分数的办法。

① 属于下列情况之一者,奖励 5 分,不同项可累计加分:早操、课间操和课外体育锻炼出勤率达到 98%,并认真锻炼者;获得等级运动员称号者;参加校运动会体育比赛获得名次者;学生体育干部在组织各项体育活动中,工作认真负责者。

② 早操、课间操、课外体育锻炼无故缺勤,一年累计超过出勤次数的 1/10,或因病、事假缺勤,一年累计超过应出勤次数的 1/3 者,其《学生体质健康标准》成绩定为不合格,该学年《学生体质健康标准》成绩最高定为 59 分。

(5) 因病或残疾学生,可向学校提交免于执行《学生体质健康标准》的申请,经医生证明、体育教研室核准后,可免于执行《学生体质健康标准》,所填表格存入学生档案。

第二节 《学生体质健康标准》的内容与锻炼方法

一、《学生体质健康标准》的测试项目

(一) 测试项目

大学生测试项目为六项,其中身高、体重、肺活量为必测项目,选测项目有三项:50 m 跑、立定跳远中选一项;男生从台阶测试、1000 m 跑中选测一项,女生从台阶测试、800 m 跑中选一项;男生从坐位体前屈、握力中选测一项,女生从仰卧起坐和握力中选测一项。

(二) 评测标准

大学生的评价标准有五项:身高标准体重、肺活量体重指数两项为必评指标;

选评指标有三项,分别从台阶测试、1000 m 跑(男)、800 m 跑(女)中选评一项;从 50 m 跑、立定跳远中选评一项;从坐位体前屈(男)、仰卧起坐(女)、握力体重指数中选评一项。评价、评分指标和得分如表 5.1 所示。

表 5.1　评价、评分指标和得分

评价指标	评分指标	得分
身高标准体重	必评	15
台阶测试、1000 m 跑(男)、800 m 跑(女)	选评一项	20
肺活量体重指数	必评	15
50 m 跑、立定跳远	选评一项	30
坐位体前屈(男)、仰卧起坐(女)、握力体重指数	选评一项	20

二、锻炼方法

(一)身高标准体重

身高是反映人体骨骼生长发育和人体纵向高度的主要形态指标。体重是反映人体横向生长和重量的指标。身高标准体重是将身高和体重综合起来,以每厘米身高的体重分布,确定学生的体形匀称度,可反映学生体重是否超重,超了多少千克;体重是否过轻或营养不良,轻了多少千克。该指标对于学生形成正确的身体形态观具有非常直观的教育作用。

(二)台阶测试

1. 项目评价

台阶测试是一项定量负荷机能测试,主要用来测试心血管系统的功能,也可以间接推断机体的耐力。

台阶的高度和运动的频率是固定的,台阶测试是在固定的时间(3 min)内完成固定的负荷,根据恢复期心跳频率的快慢计算指数来反映心脏对运动负荷的承受能力,在运动负荷相对等同的情况下来比较心脏功能的优劣。这就要求在完成定量负荷时心血管机能要达到以下要求:运动开始后能迅速动员心血管系统进行活动以满足运动的需要;运动结束以后能很快恢复到安静状态的水平。

2. 锻炼方法

耐力项目的锻炼能有效地改善心肺功能,加快运动后心率的恢复,提高台阶试验的水平。例如长跑、足球、篮球、游泳、滑冰、健美操、自行车和跳绳等运动项目都能够使心血管的机能得到明显改善,有利于增强体质。

(三) 1000 m 跑(男)、800 m 跑(女)

1. 项目评价

1000 m 跑(男)、800 m 跑(女)项目既测试有氧耐力的水平,又测试无氧耐力的水平。由于耐力是衡量人的体质健康状况和劳动工作能力的基本因素之一,是从事各项运动必不可少的一种运动素质,因此测试耐力水平对于评价学生体质健康状况有着非常重要的意义。

长跑测试既可以反映肌肉耐力,又可以反映呼吸系统和心血管系统的机能水平,测试方法简单易行,有其他测验项目不可代替的作用。更重要的是,《学生体质健康标准》把长跑测试作为一种手段,用以引导学生更多地关注自己的耐力和心肺功能,主动积极地参加长跑等体育锻炼,发展体能,增强耐力,提高体质健康水平。

2. 锻炼方法

(1) 匀速跑 800~1500 m:整个全过程都以均匀的速度跑。

(2) 中速跑 500~1000 m:要跑得轻松自然、动作协调,放开步子跑。

(3) 重复跑:反复跑几个段落(如 200 m、400 m、800 m 等),中间休息时间较长。跑的距离、重复次数、快慢强度都可根据自己的情况而定,发展速度耐力。

(4) 加速跑 40~60 m:反复跑,中间有较短时间的间歇。

(5) 变速跑 1500~2500 m:要求快跑与慢跑结合,如采用 100 m 慢跑、100 m 快跑或 100 m 慢跑、200 m 快跑等方法交替进行,发展速度耐力。

(6) 越野跑:利用自然地形条件练习,如在公路、田野或山坡练习,可以发展耐力、灵敏、弹跳等素质。

(7) 跑台阶、跑楼梯等练习。

(8) 篮球、足球等项目的比赛。

(四) 肺活量、肺活量体重指数

1. 项目评价

肺活量是指在不限定时间的情况下,一次最大吸气后再尽最大力量所呼出来的气体量。肺活量是反映人体生长发育水平的重要技能指标之一。

肺活量的大小与身高、体重、胸围的关系密切,因此,可采用肺活量体重指数进行评价。

$$肺活量体重指数 = 肺活量 \div 体重$$

2. 锻炼方法

经常运动的人比一般人的肺活量要大,呼吸次数、呼吸深度、肺活量和肺通气量这四个指标都会出现良好的变化。长跑、游泳、健美操、跳绳、跑楼梯、上下台阶、长距离竞走、篮球和足球等项目的锻炼都是提高人体肺活量的有效方法。

(五) 50 m 跑

1. 项目评价

50 m 跑是国际上通用的测试项目,通过较短距离的高强度跑测试速度素质。

速度素质可以反映人体中枢神经系统的机能状态和神经与肌肉的调节机能,也可以综合反映人体的爆发力、灵敏、反应、柔韧等素质。

2. 锻炼方法

(1) 小步跑:体会前脚掌快速趴地的动作和上下肢的放松协调配合。

高抬腿跑:提高大腿高抬的幅度,增强腿部力量和动作频率。

后蹬跑:体会、纠正后蹬不充分和"坐着跑"等缺点,增强腿部力量。

(2) 小步跑转入加速跑,为 50~60 m。

高抬腿转入加速跑,为 50~60 m。

后蹬跑转入加速跑,为 50~60 m。

(3) 顶风跑、顺风跑、上坡跑、下坡跑。

(4) 30 m、50 m 计时跑。

(5) 重复跑 60~80 m:以中等速度反复练习。

另外,还可以采用负重练习以增强腿部力量。方法参照立定跳远的锻炼方法。

(六) 立定跳远

1. 项目评价

立定跳远是发展下肢肌肉力量、腰腹力量、协调性及跳跃能力的指标之一,是测试爆发力的项目。爆发力要求在最短时间内发挥最大的力量。爆发力的大小不仅取决于力量,而且取决于力量和速度的结合。它在人们日常生活、劳动中有重要的意义和作用。

2. 锻炼方法

采用快速的各种跳跃练习以及负重练习,能够有效地发展腿部肌肉力量和肌肉速度,提高弹跳能力。

(1) 深蹲跳:全蹲下去,双脚同时用力向上跳起,连续做。

(2) 单脚跳:用左脚连续向上或向前跳一定的次数,再换右脚做连续跳。

(3) 多级跨步跳:连续以最少的步数,跨出最远的距离。

(4) 多级蛙跳:屈膝半蹲,同时两臂迅速上摆,身体向前跃出,双脚屈膝落地缓冲后再接着上体稍向前倾,双脚同时用力蹬地,充分伸直髋、膝,向前跳。

(5) 跳台阶：原地双脚起跳，跃上台或其他物体，然后再跳下，反复进行。

(6) 跳绳：各种方式、方法的跳绳练习。

(7) 身体负重（肩负杠铃或沙包、腰和腿绑沙袋、身穿沙衣等）做各种跳跃练习。

（七）坐位体前屈

1. 项目评价

坐位体前屈是用来反映人体柔韧性的测试项目。柔韧性指人体完成动作时，关节、肌肉、肌腱和韧带的伸展能力。一个人的柔韧性程度越好，表示其关节的活动幅度越大，关节灵活性越强。

柔韧素质与健康的关系极为密切。柔韧性的提高，对增强身体的协调能力，更好地发挥力量、速度等素质，提高技能和技术，防止运动创伤等都有积极的作用。

2. 锻炼方法

(1) 正压腿：一腿直立，另一腿举起放于高度适当的高物上，身体正对高腿，上体向前尽量用胸部贴腿，双膝不得弯曲，复原姿势后连续再做。

(2) 侧压腿：一腿直立，另一腿举起放于高度适当的高物上，身体侧对高腿，上体尽量侧屈，用头的一侧贴腿，不要前倾或后仰，复原姿势后连续再做。

(3) 正踢腿：直立，两臂平举，左脚向前迈出一小步，右腿绷脚面伸直，急速有力地向上踢腿，落下时要有控制。两腿交替练习。

(4) 并腿体前屈：两腿并立，上体前屈，两手触地，上体与腿尽量贴近，复原姿势后连续再做。

(5) 两腿左右开立（大于肩宽），上体前屈，臀部自然后移，双膝伸直，两手先向左腿外侧摸地面，复原姿势后再向右腿外侧摸地面，连续做。

(6) 双腿伸直坐于垫上或床上，上体前屈，两臂向前伸，尽力用双手触脚尖，膝关节不得弯曲，复原姿势后连续做。

（八）握力、握力体重指数

1. 项目评价

握力反映前臂及手部肌肉的力量，测试肌肉静力的耐力状况。一个人的握力与其全身力量成高度相关，握力能间接反映一个人的健康状况，握力增长或维持在较高水平时，健康状况就好；握力下降时健康状况就不好。握力与体重的大小有关，故采用握力体重指数进行评分。

$$握力体重指数 = 握力 \div 体重 \times 100$$

2. 锻炼方法

(1) 负重前臂屈伸：两脚自然分开，两臂下垂反握或正握杠铃杆，做前臂屈伸。

也可以用哑铃、拉力器、砖头等重物进行练习。

（2）负重腕屈伸：前臂放在桌子上或腿上，两手正握（反握）杠铃杆或持小哑铃等重物，做腕关节的上、下屈伸运动。也可以单手持哑铃做练习。

（3）手抓放铅球：单手持铅球（或其他重物），手心朝下，手指松开铅球后又马上合拢并抓住铅球（重物不落地），如此反复进行练习。

（4）引体向上练习：正握或反握单杠做反复的引体向上练习。还可以做压臂悬垂。

（5）两臂伸直握木棍，木棍中间结扎一条捆着重物的绳子，两手交替向前或向后转动木棍。

（6）爬杆或爬绳练习。

（九）仰卧起坐（女）

1. 项目评价

仰卧起坐是测试腹肌力量和耐力的一个项目。测试方法简单易行，多年来在学校体育的锻炼和测试中一直受到重视。女生的腰腹力量对其将来在生育等方面有着十分重要的作用。

2. 锻炼方法

（1）垫上练习

直腿仰卧起坐：仰卧于垫上，双脚并拢伸直，两臂上举。上腹用力，使上体坐起，两臂前伸用手触脚。然后复原姿势连续做。

仰卧团身：两手上举仰卧于垫上，双腿并拢屈膝（大小腿成 90°）。收腹起上身，同时双膝上提，臀部随之离地，双臂抱腿，头尽量碰膝，仅腰部贴地。复原姿势后再连续做。

仰卧起坐：两手抱头仰卧于垫上，双腿屈膝（大于 90°）。左膝上提，同时收臂夹肘起上身，尽力用右肘碰左膝。复原姿势后再将右膝上提，同时收腹夹肘起上身，尽力用左肘碰右膝。复原姿势连续做。

仰卧举腿：直体仰卧于垫上，用两手抓住垫子。连续向上做直腿举腿动作。

（2）垫上负重和其他器械练习。

斜板仰卧起坐：两臂上举，仰卧在稍有高度的斜板上，脚朝上，头朝下，将双脚固定。当上身起坐时，两手尽量往脚尖伸去。复原姿势再做。

支撑举腿：两臂伸直，支撑在双杠或其他物体上，身体保持正直，双腿并拢后，快速收腹举腿，使大腿与上体成 90°，保持几秒钟后复原姿势再做。

悬垂举腿：双手正握单杠或肋木呈悬垂，双腿伸直最大限度地向上举起。放下还原再做。

仰卧双腿举重物:仰卧于垫上,双手抓住固定物体。双脚夹重物或踝关节绑沙袋向上举起后放下。连续做数次或数十次。

负重仰卧起坐:仰卧于垫上,双腿伸直,双手在头后持重物。腹肌迅速收缩使上体坐起并前屈,然后再慢慢躺倒还原。反复练习。

第三节 《学生体质健康标准》测试的操作方法

一、身高

（一）测量仪器

身高测量计。

（二）测试方法

受试者赤足,立正姿势站在调整好的身高计的底板上,上肢自然下垂,足跟并拢,足尖分开成60°,足跟、骶骨部及两肩胛区第三点与立柱相接触,躯干自然挺直,头部正直,两眼平视,耳屏上沿与两眼眶下沿最低点呈水平位,测试人员站在受试者右侧,将水平压板轻轻沿立柱下滑,轻压于受试者头顶。测试人员读数时双眼应与压板水平面等高进行读数,测试结果以厘米为单位,精确到小数点后一位。测试误差不得超过 0.5 cm。

（三）注意事项

（1）严格掌握"三点靠立柱"、"两点呈水平"的测量要求,测试人员读数时两眼一定要与压板等高。
（2）水平压板与头部接触时,松紧要适度。
（3）测量身高前,受试者不应进行体育活动和体力劳动。

二、体重

（一）测量仪器

杠杆秤或电子体重计。

（二）测量方法

测试时，将杠杆称放在平坦地面上，调整"0"点至刻度尺水平位。受试者赤足，男性受试者着短裤，女性受试者身着短裤、短袖衫，站于称台中央。测试人员放置适当砝码并移动游标刻度尺至平衡。读数以千克为单位，精确到小数点后一位。电子体重计显示读数即可。测试误差不超过 0.1 kg。

（三）注意事项

（1）测量体重前，受试者不得进行体育活动或体力劳动。
（2）受试者站在称台中央，上下杠秤动作要轻。
（3）每次使用时均需校正。测试人员每次读数前都应校对砝码重量，避免差错。

三、台阶试验

（一）测量仪器

台阶（男生台高 40 cm，女生台高 35 cm）、节拍器（或录音机及磁带）、秒表、台阶试验仪。

（二）测试方法

受试者站在台阶前方，按节拍器的节律上、下台阶（频率为 30 次/min）。从预备姿势开始，听到第一声节拍响时，一只脚踏在台阶上；第二声节拍响时，踏台腿伸直，另一脚跟上台并立；第三声节拍响时，先踏台的脚落地；第四声节拍响时，另一脚也下地还原成预备姿态。用两秒上、下一次的速度（按节拍器的节律来做）连续做 3 min。做完后，立即坐在椅子上测量运动结束后的 1 min 至 1.5 min、2 min 至 2.5 min、3 min 至 3.5 min 的三次脉搏数，填入相应的方格内。在运动中坚持不下去或跟不上上下台阶的频率三次者，要立即停止运动，并以秒为单位记录运动持续的时间。同样测 3 次脉搏数，也填入相应的方格内。

在使用电子台阶指数测定仪测试时，受试者连续完成 3 min 台阶运动后，静坐在椅子上，立即戴上指脉仪（中指），使手心向上，放置在桌面上，持续 3 min 即显示台阶运动指数，将此结果直接填入表内。

（三）注意事项

（1）受试者在测试前不得从事任何剧烈运动。患有心脏病的人不能测试。

(2) 受试者必须严格按照节拍器的节奏,即每 2 s 完成上、下一次台阶的运动。当受试者跟不上节奏时应及时提醒,如果 3 次跟不上节奏应停止测试,以免发生伤害事故。

　　(3) 受试者每次登上台阶的姿势要正确,腿必须伸直,膝、髋关节不得弯曲。

　　(4) 对测试中不能坚持完成或明显跟不上频率的受试者,应终止其运动,以实际上、下台阶的持续时间进行计算。用下列公式求得评定指数,计算结果包含有小数点,对小数点后的 1 位四舍五入取整数进行评分。

$$评定指数=\frac{踏台上、下运动的持续时间(秒)\times 100}{2\times (3次测定脉搏的和)}$$

四、肺活量

(一) 测量仪器

电子肺活量计或桶式肺活量计

(二) 测试方法

各种肺活量计在每次使用前都必须进行测试检验,仪器误差不得超过 3‰。

使用电子肺活量计时,首先将肺活量计接上电源,按下电源开关,肺活量通电并进入工作状态。测试时先将口嘴放在叉试管的进气口,受试者手握叉试管,保持导压软管在叉试管上方位置(以免口水或杂物堵住气道),面对肺活量计站立,头部略后仰,尽力深吸气,直至再不能吸气为止。然后将嘴对准口嘴,以中等速度和力度深呼气直到不能呼出为止。此时液晶显示器上显示的数字即为肺活量毫升值。测试两次,选取最大值作为测试结果。记录结果以毫升为单位,不保留小数。

使用桶式肺活量计时,注意待浮筒停稳后再进行读数。

(三) 注意事项

(1) 测试前受试者应了解测试方法和工作要领,可做必要练习。

(2) 受试者吸气和呼气均应充分,呼气不可过猛,并防止从嘴与口嘴接触部位漏气,防止用鼻呼气。呼气时允许弯腰,但呼气开始后不得再吸气。测试人员应注意观察,防止因呼吸不充分、漏气或再吸气而影响测试结果。

五、50 m 跑

（一）场地器材

50 m 跑道若干条，地面平坦，地质不限，跑道线径清晰。发令旗一面，口哨一个，秒表若干块（一道一表），使用前需要矫正。

（二）测试方法

受试者至少两人一组测试，站立式起跑。受试者听到"跑"的口令后开始起跑。发令员在发出口令的同时要摆动发令旗。计时员视旗动开表计时。受试者躯干部达到终点线的垂直面停表。记录单位为秒。

（三）注意事项

(1) 受试者测试时最好穿运动鞋或平底鞋，赤足亦可，但不得穿钉鞋、皮鞋和塑料鞋。
(2) 发现有抢跑者，要当即召回重跑。
(3) 如遇风时一律顺风跑。

六、立定跳远

（一）场地器材

沙坑、丈量尺。沙坑应与地面平齐，也可在土质松软的平地上进行。起跳线距沙坑近端不得少于 30 cm。起跳地面要平坦，不得有凹坑。

（二）测试方法

受试者两脚自然分开站立于起跳线后，脚尖不得踩线，然后两脚原地同时起跳，不得有垫步或连跳动作。丈量起跳线至最近着地点后沿的距离。每人试跳三次，记录其中最好一次成绩。记录结果以厘米为单位，不计小数。

（三）注意事项

发现犯规时，此次成绩无效。3 次试跳均无成绩者，再跳至取得成绩为止。

七、坐立体前屈

(一) 测量仪器

坐立体前屈测试计。

(二) 测试方法

受试者上体垂直坐,两腿并拢伸直,两脚平蹬测试纵板,两脚尖分开为 10~15 cm,上体前屈,两臂伸直向前,用两手指尖轻轻向前推动游标,直到不能前推为止,保持这一姿势 3 s。测量 3 次,取最大值,以厘米为单位,数值精确到小数点后一位。

(三) 注意事项

(1) 测试前应做短时间的热身活动。
(2) 测试中动作要缓慢,以避免受伤。
(3) 身体前屈,两臂向前推游标时用力要均匀,两腿不能弯曲。

八、握力

(一) 测量仪器

电子握力计或合格的弹簧式握力器。

(二) 测试方法

将握力计指针调至"0"位,受试者两脚自然分开,身体直立,两臂自然下垂。用有力的手持握力计,以最大力量紧握。记下握力计指针的刻度(或握力器所显示的数字)。测试两次,取最大值,不计小数。

(三) 注意事项

(1) 保持手臂自然下垂姿势,持握力计要手心向内。
(2) 用力时禁止摆臂或接触衣服和身体。
(3) 受试者如果分不出有力手,可两手各测 2 次,取最大值。

九、1000 m 跑(男)、800 m 跑(女)

(一) 场地器材

地面平坦,地质不限,但必须丈量准确;发令旗一面;秒表若干,使用前需矫正。

(二) 测试方法

受试者至少两人一组进行测试,站立式起跑。当听到"跑"的口令后开始起跑。发令员在发出口令的同时要摆动发令旗。计时员视旗动开表计时。受试者躯干到达终点线的垂直面时停表。记录单位为秒。

(三) 注意事项

(1) 受试者测试时最好穿运动鞋或平地布鞋,赤足亦可,但不得穿钉鞋、皮鞋和塑料鞋。
(2) 发现有抢跑者,要当即召回重跑。
(3) 如遇有风时一律顺风跑。

十、仰卧起坐

(一) 场地器材

垫子若干块,并铺放平坦。

(二) 测试方法

受试者全身仰卧于垫上,两腿稍分开,屈膝呈 90°左右,两手指交叉贴于脑后。另一同伴压住其踝关节,固定下肢。受试者起坐时,两肘触及或超过双膝为完成一次。仰卧时两肩胛必须触垫。测试人员发出"开始"口令的同时开表计时,记录 1 min 内完成次数。

1 min 到时,受试者虽已起坐但肘关节未达到膝关节者不计该次数,精确到个位。

(三) 注意事项

(1) 如发现受试者借用肘部或者臀部起落的力量起坐时,该次不计数。

(2) 测试过程中,观测人员应向受试者报数。

(3) 受试者双脚必须放于垫上。

十一、评分标准

使用表 5.2、5.3、5.4、5.5 可减少计算工作量,简单方便,具体使用时,首先将测得的数值与表中数值相对照,查出单项的分值,然后将各单项的分值相加求出总分,按总分进行等级评价,共分为四个等级。优秀:总分 86 分以上;良好:总分 76～85 分;及格:总分 60～75 分;不及格:总分 60 分以下。

表 5.2 大学男生身高标准体重(体重单位:kg)

身高段(cm)	营养不良	较低体重	正常体重	超重	肥胖
	7 分	9 分	15 分	9 分	7 分
140.0～140.9	<32.1	32.1～40.3	40.4～46.3	46.4～48.3	≥48.4
141.0～141.9	<32.4	32.4～40.7	40.8～47.0	47.1～49.1	≥49.2
142.0～142.9	<32.8	32.8～41.2	41.3～47.7	47.8～49.8	≥49.9
143.0～143.9	<33.3	33.3～41.7	41.8～48.2	48.3～50.3	≥50.4
144.0～144.9	<33.6	33.6～42.2	42.3～48.8	48.9～51.0	≥51.1
145.0～145.9	<34.0	34.0～42.7	42.8～49.5	49.6～51.7	≥51.8
146.0～146.9	<34.4	34.4～43.3	43.4～50.1	50.2～52.3	≥52.4
147.0～147.9	<35.0	35.0～43.9	44.0～50.8	50.9～53.1	≥53.2
148.0～148.9	<35.6	35.6～44.5	44.6～51.4	51.5～53.7	≥53.8
149.0～149.9	<36.2	36.2～45.1	45.2～52.2	52.3～54.5	≥54.6
150.0～150.9	<36.7	36.7～45.7	45.8～52.8	52.9～55.1	≥55.2
151.0～151.9	<37.3	37.3～46.2	46.3～53.4	53.5～55.8	≥55.9
152.0～152.9	<37.7	37.7～46.8	46.9～54.0	54.1～56.4	≥56.5
153.0～153.9	<38.2	38.2～47.4	47.5～54.6	54.7～57.0	≥57.1
154.0～154.9	<38.9	38.9～48.1	48.2～55.3	55.4～57.7	≥57.8
155.0～155.9	<39.6	39.6～48.8	48.9～56.0	56.1～58.4	≥58.5
156.0～156.9	<40.4	40.4～49.6	49.7～57.0	57.1～59.4	≥59.5
157.0～157.9	<41.0	41.0～50.3	50.4～57.7	57.8～60.1	≥60.2
158.0～158.9	<41.7	41.7～51.0	51.1～58.5	58.6～61.1	≥61.1

续表

身高段(cm)	营养不良	较低体重	正常体重	超重	肥胖
	7分	9分	15分	9分	7分
159.0~159.9	<42.4	42.4~51.7	51.8~59.2	59.3~61.7	≥61.8
160.0~160.9	<43.1	43.1~52.5	52.6~60.0	60.1~62.5	≥62.6
161.0~161.9	<43.8	43.8~53.3	53.4~60.8	60.9~63.3	≥63.4
162.0~162.9	<44.5	44.5~54.0	54.1~61.5	61.6~64.0	≥64.1
163.0~163.9	<45.3	45.3~54.8	54.9~62.5	62.6~65.0	≥65.1
164.0~164.9	<45.9	45.9~55.5	55.6~63.2	63.3~65.7	≥65.8
165.0~165.9	<46.5	46.5~56.3	56.4~64.0	64.1~66.5	≥66.6
166.0~166.9	<47.1	47.1~57.0	57.1~64.7	64.8~67.2	≥67.3
167.0~167.9	<48.0	48.0~57.8	57.9~65.6	65.7~68.2	≥68.3
168.0~168.9	<48.7	48.7~58.5	58.6~66.3	66.4~68.9	≥69.0
169.0~169.9	<49.3	49.3~59.2	59.3~67.0	67.1~69.6	≥69.7
170.0~170.9	<50.1	50.1~60.0	60.1~67.8	67.9~70.4	≥70.5
171.0~171.9	<50.7	50.7~60.6	60.7~68.8	68.9~71.2	≥71.3
172.0~172.9	<51.4	51.4~61.5	61.6~69.5	69.6~72.1	≥72.2
173.0~173.9	<52.1	52.1~62.2	62.3~70.3	70.4~73.0	≥73.1
174.0~174.9	<52.9	52.9~63.0	63.1~71.3	71.4~74.0	≥74.1
175.0~175.9	<53.7	53.7~63.8	63.9~72.2	72.3~75.0	≥75.1
176.0~176.9	<54.4	54.4~64.5	64.6~73.1	73.2~75.9	≥76.0
177.0~177.9	<55.2	55.2~65.2	65.3~73.9	74.0~76.8	≥76.9
178.0~178.9	<55.7	55.7~66.0	66.1~74.9	75.0~77.8	≥77.9
179.0~179.9	<56.4	56.4~66.7	66.8~75.7	75.8~78.7	≥78.8
180.0~180.9	<57.1	57.1~67.4	67.5~76.4	76.5~79.4	≥79.5
181.0~181.9	<57.7	57.7~68.1	68.2~77.4	77.5~80.6	≥80.7
182.0~182.9	<58.5	58.5~68.9	69.0~78.5	78.6~81.7	≥81.8
183.0~183.9	<59.2	59.2~69.6	69.7~79.4	79.5~82.6	≥82.7
184.0~184.9	<60.0	60.0~70.4	70.5~80.3	80.4~83.6	≥83.7

续表

身高段(cm)	营养不良 7分	较低体重 9分	正常体重 15分	超重 9分	肥胖 7分
185.0~185.9	<60.8	60.8~71.2	71.3~81.3	81.4~84.6	≥84.7
186.0~186.9	<61.5	61.5~72.0	72.1~82.2	82.3~85.6	≥85.7
187.0~187.9	<62.3	62.3~72.9	73.0~83.3	83.4~86.7	≥86.8
188.0~188.9	<63.0	63.0~73.7	73.8~84.2	84.3~87.7	≥87.8
189.0~189.9	<63.9	63.9~74.5	74.6~85.0	85.1~88.5	≥88.6
190.0~190.9	<64.6	64.6~75.4	75.5~86.2	86.3~89.9	≥89.9

注：身高低于表中所列出的最低身高段的下限值时，身高每低1 cm，实测体重需加上0.5 kg，实测身高需加上1 cm，再查表确定分值。

身高高于表中列出的最高身高时，身高每增高1 cm，实测体重需减去0.9 kg，实测身高需减去1 kg，再查表确定分值。

表5.3 大学女生身高标准体重(体重单位:kg)

身高段(cm)	营养不良 7分	较低体重 9分	正常体重 15分	超重 9分	肥胖 7分
140.0~140.9	<36.5	36.5~42.4	42.5~50.6	50.7~53.3	≥53.4
141.0~141.9	<36.6	36.6~42.9	43.0~51.3	51.4~54.1	≥54.2
142.0~142.9	<36.8	36.8~43.2	43.3~51.9	52.0~54.7	≥54.8
143.0~143.9	<37.0	37.0~43.5	43.6~52.3	52.4~55.2	≥55.3
144.0~144.9	<37.2	37.2~43.7	43.8~52.7	52.8~55.6	≥55.7
145.0~145.9	<37.5	37.5~44.0	44.1~53.1	53.2~56.1	≥56.2
146.0~146.9	<37.9	37.9~44.4	44.5~53.7	53.8~56.7	≥56.8
147.0~147.9	<38.5	38.5~45.0	45.1~54.3	54.4~57.3	≥57.4
148.0~148.9	<39.1	39.1~45.7	45.8~55.0	55.1~58.0	≥58.1
149.0~149.9	<39.5	39.5~46.2	46.3~55.6	55.7~58.7	≥58.8
150.0~150.9	<39.9	39.9~46.6	46.7~56.2	56.3~59.3	≥59.4
151.0~151.9	<40.3	40.3~47.1	47.2~56.7	56.8~59.8	≥59.9
152.0~152.9	<40.8	40.8~47.6	47.7~57.4	57.5~60.5	≥60.6
153.0~153.9	<41.4	41.4~48.2	48.3~57.9	58.0~61.1	≥61.2

续表

身高段(cm)	营养不良 7分	较低体重 9分	正常体重 15分	超重 9分	肥胖 7分
154.0~154.9	<41.9	41.9~48.8	48.9~58.6	58.7~61.9	≥62.0
155.0~155.9	<42.3	42.3~49.1	49.2~59.1	59.2~62.4	≥62.5
156.0~156.9	<42.9	42.9~49.7	49.8~59.7	59.8~63.0	≥63.1
157.0~157.9	<43.5	43.5~50.3	50.4~60.4	60.5~63.6	≥63.7
158.0~158.9	<44.0	44.0~50.8	50.9~61.2	61.3~64.5	≥64.6
159.0~159.9	<44.5	44.5~51.4	51.5~61.7	61.8~65.1	≥65.2
160.0~160.9	<45.0	45.0~52.1	52.2~62.3	62.4~65.6	≥65.7
161.0~161.9	<45.4	45.4~52.5	52.6~62.8	62.9~66.2	≥66.3
162.0~162.9	<45.9	45.9~53.1	53.2~63.4	63.5~66.8	≥66.9
163.0~163.9	<46.4	46.4~53.6	53.7~63.9	64.0~67.3	≥67.4
164.0~164.9	<46.8	46.8~54.2	54.3~64.5	64.6~67.9	≥68.0
165.0~165.9	<47.4	47.4~54.8	54.9~65.0	65.1~68.3	≥68.4
166.0~166.9	<48.0	48.0~55.4	55.5~65.5	65.6~68.9	≥69.0
167.0~167.9	<48.5	48.5~56.0	56.1~66.2	66.3~69.5	≥69.6
168.0~168.9	<49.0	49.0~56.4	56.5~66.7	66.8~70.1	≥70.2
169.0~169.9	<49.4	49.4~56.8	56.9~67.3	67.4~70.7	≥70.8
170.0~170.9	<49.9	49.9~57.3	57.4~67.9	68.0~71.4	≥71.5
171.0~171.9	<50.2	50.2~57.8	57.9~68.5	68.6~72.1	≥72.2
172.0~172.9	<50.7	50.7~58.4	58.5~69.1	69.2~72.7	≥72.8
173.0~173.9	<51.0	51.0~58.8	58.9~69.6	69.7~73.1	≥73.2
174.0~174.9	<51.3	51.3~59.3	59.4~70.2	70.3~73.6	≥73.7
175.0~175.9	<51.9	51.9~59.9	60.0~70.8	70.9~74.4	≥74.5
176.0~176.9	<52.4	52.4~60.4	60.5~71.5	71.6~75.1	≥75.2
177.0~177.9	<52.8	52.8~61.0	61.1~72.1	72.2~75.7	≥75.8
178.0~178.9	<53.2	53.2~61.5	61.6~72.6	72.7~76.2	≥76.3
179.0~179.9	<53.6	53.6~62.0	62.1~73.2	73.3~76.7	≥76.8

续表

身高段(cm)	营养不良	较低体重	正常体重	超重	肥胖
	7分	9分	15分	9分	7分
180.0~180.9	<54.1	54.1~62.5	62.6~73.7	73.8~77.0	≥77.1
181.0~181.9	<54.5	54.5~63.1	63.2~74.3	74.4~77.8	≥77.9
182.0~182.9	<55.1	55.1~63.8	63.9~75.0	75.1~79.4	≥79.5
183.0~183.9	<55.6	55.6~64.5	64.6~75.7	75.8~80.4	≥80.5
184.0~184.9	<56.1	56.1~65.3	65.4~76.6	76.7~81.2	≥81.3
185.0~185.9	<56.8	56.8~66.1	66.2~77.5	77.6~82.4	≥82.5
186.0~186.9	<57.3	57.3~66.9	67.0~78.6	78.7~83.3	≥83.4

注：身高低于表中所列出的最低身高段的下限值时，身高每低1 cm，实测体重应加上0.5 kg，实测身高需加上1 cm，再查表确定分值。

身高高于表中所列出最高身高段时，身高每高1 cm，实测体重需减去0.9 kg，实测身高需减去1 cm，再查表确定分值。

表5.4 大学男子评分表

分值项目	优秀				良好				及格				不及格	
	成绩	分值	成绩	分值	成绩	分值	成绩	分值	成绩	分值	成绩	分值	成绩	分值
肺活量体重指数	75以上	15	74~70	13	69~64	12	63~57	11	56~54	10	53~44	9	43以下	8
台阶试验	59以上	20	58~54	17	53~50	16	49~46	15	45~43	13	42~40	12	39以下	10
立定跳远(cm)	255以上	30	254~250	26	249~239	25	238~227	23	226~220	20	219~195	18	194以下	15
握力体重指数	75以上	20	74~70	17	69~63	16	62~56	15	55~51	13	50~41	12	40以下	10
肺活量体重指数	61以上	15	60~57	13	56~51	12	50~46	11	45~42	10	41~32	9	31以下	8

表 5.5　大学女子评分表

分值项目	优秀				良好				及格				不及格	
	成绩	分值	成绩	分值	成绩	分值	成绩	分值	成绩	分值	成绩	分值	成绩	分值
台阶试验	56以上	20	55~52	17	51~48	16	47~44	15	43~42	13	41~25	12	24以下	10
立定跳远（cm）	196以上	30	195~187	26	186~178	25	177~166	23	165~161	20	160~139	18	138以下	15
握力体重指数	57以上	20	56~52	17	51~46	16	45~40	15	39~36	13	35~29	12	28以下	10

思 考 题

1. 《学生体质健康标准》的测试项目包括哪些内容？
2. 提高人体肺活量的有效锻炼方法有哪些？

下 篇

第六章 田径运动

田径运动是历史最悠久的运动项目,也是世界上最普及的运动项目之一,有"体育运动之母"的称谓。本章将对体育运动的来源与发展、定义与分类、特点与健身价值、基本技术与练习方法等进行介绍,使大家更好地了解田径运动的发展历史、特点、健身价值和国内外重大田径赛事与正式比赛项目;掌握田径运动的概念与分类;基本掌握跑类、跳跃类和投掷类项目的技术动作要领与练习方法,并能在体育锻炼的实践中运用。

第一节 田径运动概述

一、田径运动的来源和发展

田径,英语翻译为 Track and Field 或 Athletics。田径运动是从人类长期的社会实践一步步发展起来的。远古时期,人类在与大自然及野兽的斗争中,人类不得不走或跑较远的路程,越过各种障碍,投掷石块和使用各种捕猎工具获取生活资料。由于在劳动中不断重复这些动作,便逐渐形成了走、跑、跳跃和投掷等各种技能。随着社会的发展和进步,人们把走、跑、跳跃、投掷等作为游戏、锻炼和比赛的形式。除此之外,在军事训练中也包含着跑、跳、投等身体技能的练习,这也是促成田径运动产生的一个重要因素。

现代田径运动于 20 世纪初被引入我国,我国国内正式的田径比赛开始于 1910 年新中国成立前举行的第一届全运会,但其组织、比赛规则的制定、裁判员和工作人员等,几乎都由外籍传教士包揽。从 1924 年的第三届全运会开始,田径赛由中国人自己主办,径赛距离和丈量田赛成绩都采用了米制单位。1930 年的第四届全运会设立了女子田径比赛项目。我国短跑运动员刘长春还分别于 1932 年和 1936 年参加了洛杉矶奥运会和柏林奥运会。其 10.7 s 的 100 m 全国纪录保持长达 25

年之久,直到1958年才被新中国运动员梁建勋打破。

新中国成立以后,我国的田径运动得到较快的发展,运动员的技能有了大幅度的提高。1957年,郑凤荣以1.77 m的成绩创造了女子跳高的世界纪录。改革开放以后,我国不少田径运动员如朱建华、王军霞等,在世界田坛享有盛誉,他们为我国田径运动的发展起到了重要的宣传和推动作用。

目前,世界上重要的田径赛事有:夏季奥运会田径比赛、世界杯田径赛、世界田径锦标赛和世界田径赛系列赛(黄金大奖赛)。世界重要的田径协会组织机构为国际田径联合会(IAAF)。亚洲地区重要田径赛事主要有亚运会田径比赛和亚洲田径锦标赛。国内重要田径赛事主要有:全国运动会田径比赛、全国田径运动会、全国田径冠军赛和全国青年锦标赛。

二、田径运动的定义和分类

(一) 田径运动的定义

随着田径运动的不断发展,其定义亦在不断更新。2005,国际业余田径联合会章程将田径运动界定为"径赛和田赛及公路跑、竞走、越野跑和山地跑"。按照国际田联的定义,田径运动的定义应为"跑道和田径场上的运动及公路跑、竞走和越野跑"。我国对于田径运动的定义没有统一的说法,但2003年以前的定义均认为田径运动是由一些竞赛项目组成,而国际田联对于"田径"定义的英文原意并无竞赛的含义。因此,本书对于田径运动的定义采用国际田联的定义。

(二) 田径运动的分类

目前对于现代田径运动有着不同的分类方法,但一般将田径运动分为径赛、田赛和全能三类,或者分为竞走、跑、跳跃、投掷和全能五大类。以时间计算成绩的田径项目称为径赛;以高度或远度计算成绩的田径项目称为田赛;全能运动项目则是以各单项成绩按《田径运动评分表》换算分数计算成绩的。

正式国际田径比赛的项目如下:

1. 竞走

竞走分为场地赛和公路赛。

(1) 场地赛:5000 m、10000 m。

(2) 公路赛:20000 m、50000 m。

2. 跑

在跑这一田径比赛的分类上,男子组与女子组的项目略有不同,具体见表6.1。

表 6.1　田径运动跑类项目一览

	男子组			女子组		
短距离跑	100 m	200 m	400 m	100 m	200 m	400 m
中距离跑	800 m	1500 m	3000 m	800 m	1500 m	
长距离跑	5000 m	10000 m		5000 m	10000 m	
跨栏跑	110 m 栏（栏高 1.06 7 m）	400 m 栏(栏高 0.94 m)		100 m 栏（栏高 0.84 m）	400 m 栏(栏高 0.762 m)	
障碍跑	3000 m					
马拉松	42195 m			42195 m		
接力跑	4×100 m 4×400 m			4×100 m 4×400 m		

3. 跳跃

跳跃的项目具体为：跳高、撑杆跳高、跳远、三级跳远。

4. 投掷

投掷比赛按投掷对象分为铅球、标枪、铁饼和链球四项，此四项器械重量男女有别，具体质量如下：

铅球：男子组器械质量为 7.26 kg，女子组质量为 4 kg。

标枪：男子组器械质量为 800 g，女子组质量为 600 g。

铁饼：男子组器械质量为 1.75 kg，女子组质量为 1 kg。

链球：男子组器械质量为 7.26 kg，女子组质量为 4 kg。

5. 全能

全能比赛分为男子十项全能和女子七项全能两类。所有比赛项目两天内完成，比赛项目的具体安排为：

(1) 男子十项全能

第一天：100 m、跳远、铅球、跳高、400 m；

第二天：110 m 栏、铁饼、撑杆跳高、标枪、1500 m。

(2) 女子七项全能

① 第一天：100 m 栏、铅球、跳高、200 m；

② 第二天：跳高、标枪、800 m。

三、田径运动的特点与健身价值

（一）田径运动的特点

1. 普及性强、参与人数多

田径运动对提高人体健康水平和发展人的身体素质最全面，且其项目众多，人们可以根据自身情况选择不同的单项进行锻炼。在学校体育教学中，田径运动是教学的重点内容；在群众体育中，它较受欢迎且易被接受。

2. 竞争性强

田径运动竞赛是能力、技术和心理的较量，在高水平比赛中这些特征更明显。径赛运动员须在同一起跑线上进行同等距离的较量；田赛运动员则可能依靠某一瞬间的发挥取得比赛胜利；公路赛和越野赛考验人的意志力。因此，田径比赛的竞争性十分强。

3. 以户外运动为主

田径运动的大部分具体项目以在户外进行为主。在与大自然亲近的过程中进行身体练习，对忙碌且缺乏锻炼的现代人而言是非常难得的。

4. 能力要求多样化

田径运动的基本运动形式为走、跑、跳、投，它们反映了人的速度、力量、耐力、灵敏和柔韧等方面的能力。由于田径运动的每一个具体项目都较突出地反映了人某一方面的能力，对人身体素质提出了不同的要求，故优秀田径运动员在联合比赛中基本以一个项目为主。

5. 技术性强

虽然田径运动各项目的动作较为简单，但要求精准，要取得优异的成绩，必须使个人技术既符合人体生物力学的合理性，又与个人特点相结合。在比赛中运动员常常会因为一个小细节而导致成绩下降，甚至失败。因此，田径运动的技术性很强。

（二）田径运动的健身价值

1. 跑类项目的健身价值

跑可提高人体的最大摄氧量，同时有助于提高中枢神经系统的调节能力，从而增强心血管系统、呼吸系统和其他人体系统的工作能力。跑还是有效地发展速度、耐力、力量等身体素质，提高心肺功能及无氧和有氧代谢水平的重要手段。眼下十分流行的健身跑是田径运动跑类项目的变化之一。

2. 跳跃类项目的健身价值

人体在做跳跃类动作时必须进行高强度的神经活动,肌肉须用力克服重力障碍,这些动作可提高身体控制,集中用力能力,是发展弹跳力、爆发性以及协调性、灵敏性的首选手段。

3. 投掷类项目的健身价值

投掷项目的健身价值主要体现在对人体力量的锻炼上。投掷练习可保持并增强肌肉力量,改善人体的灵活性。通过投掷练习能有效发展肩带、躯干、臀部和腿部等肌肉力量,还可以使身体线条更加完美。

实地训练

短跑训练

【目标】通过实训,掌握短跑途中跑技术,领会无氧供能原理。

【内容】短跑途中跑腾空阶段、着地缓冲阶段、弯道跑、终点跑练习。

【场地】田径场

【步骤】

1. 腾空阶段

小腿随着蹬地后的惯性和大腿的摆动,迅速向大腿靠拢,形成大小腿一边折叠一边前摆的动作。与此同时,以摆动腿以及髋关节为轴积极下压,膝关节放松,小腿随摆动腿下压的惯性,自然向前下伸展,准备着地。

2. 着地缓冲阶段

着地动作应是非常积极的,在途中跑时,头部正直,上体稍有前倾。两臂前后摆动要轻快有力。

3. 弯道跑

从直道进入弯道跑时,身体应有意识地向内倾斜,加大右腿的蹬地力量和摆动幅度,右臂亦相应地加大摆动的力量和幅度,这有利于迅速从直道跑进弯道。弯道跑中,身体应向圆心方向倾斜。后蹬时右腿用前脚掌的内侧用力,左腿用前脚掌的外侧用力。弯道跑的蹬地与摆动方向都应与身体向圆心倾斜方向趋于一致。

4. 终点跑

终点跑是全程跑的最后一段,任务是尽力保持途中跑的高速度跑过终点。终点跑的技术,要求在离终点线 15~20 m 处,尽量保持上体前倾角度,加快两臂摆动的速度和力量。在跑到距离终点线一步时,上体急速前倾,用胸部或肩部撞终点线,并跑过终点,然后逐渐减慢跑速。

第二节 径赛类

径赛是田径运动的一类,是在田径场的跑道或规定道路上进行的跑和走的竞赛项目的统称。径赛必须沿逆时针方向(即左手靠近田径场里圈)跑进。根据体育教学和日常锻炼的需要,本节主要介绍短距离跑、跨栏跑和接力跑的技术动作要领、练习方法、易犯错误与纠正方法。

一、短距离跑

短距离跑(Dash),简称短跑,是田径运动的基础项目,对田径运动水平的提高,对其他运动项目的发展都有着重要意义。具体项目包括 60 m(室内田径赛短跑项目)、100 m,200 m 和 400 m,它是在人体短时间大量缺氧情况下持续高速度跑的极限运动。以下将对短跑的技术动作要领、练习方法、易犯错误与纠正方法进行介绍。

短跑的技术动作要领:短距离跑有直道跑和弯道跑之分,60 m 和 100 m 属于直道跑,200 m 和 400 m 属于弯道跑。不管是直道跑还是弯道跑,其技术可分为起跑、起跑后的加速跑、途中跑和冲刺跑四个阶段,只是 200 m 和 400 m 起跑后的加速跑以及弯道跑的技术与直道有所不同。短跑的技术动作要领可以分为起跑、起跑后的加速跑、途中跑、终点跑和弯道跑五个方面进行讲解。

1. 起跑

起跑是为了使身体在最短时间内摆脱静止状态,从而为以后的加速跑创造条件。在正规田径短跑比赛中运动员必须采用蹲踞式起跑,还必须使用起跑器(见图 6.1)。

安装起跑器的目的是使脚有更稳定的支撑并形成良好的用力姿势,有利于起跑获得更大的前冲力,为加速跑创造更有利的条件。起跑器安装分为"普通式"和"拉长式",两种(如图 6.1 所示)方式的区别在于前起跑器与起跑线的距离不同。但不管采用哪种安装方式,均应考虑到运动员个人的身高、体型、身体素质和技术水平等情况。

第六章 田径运动

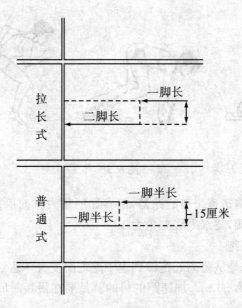

图 6.1 起跑器示意图

起跑包括"各就位"、"预备"和鸣枪三个阶段。听到"各就位"(on your marks)后,运动员可以做几次深呼吸,稍作放松,稳定一下情绪,走在起跑器前,俯身,两手撑地,两脚依次蹬在起跑器的抵足板上,后膝跪地。之后将双臂收回至起跑线后支撑并伸直,两手间距离与肩同宽或比肩稍宽,双手虎口向前,四指并拢或稍分开与大拇指成"人"字形支撑。身体重心稍前移,肩与起跑线基本平行,头与躯干在一条直线上,颈部自然放松,两眼目视前方 0.5 m 处,注意听"预备"口令(见图 6.2)。

图 6.2

听到"预备"(set)口令后,臀部抬起至与肩同高或比肩稍高,重心前移,身体重量落在两臂和前腿上。前腿的大小腿夹角约 90°~100°,后腿的大小腿夹角约 110°~130°,两脚紧贴抵足板,保持整体动作的稳定性,注意力集中,准备听枪声(见图 6.3)。

图 6.3

听到枪声后,两腿迅速蹬离起跑器,两臂屈肘用力作前后摆动,使身体向前上方运动,躯干尽量前倾,与水平线夹角为 15°～20°。

2. 起跑后的加速跑

起跑后的加速跑是从蹬离起跑器到途中跑之间使身体达到最高速度的一个阶段,这个阶段长度约为 30 m。加速跑的目的就是要在最短时间内使身体获得最高速度。

当两腿蹬离起跑器后,躯干除了尽量保持前倾使身体获得更多的加速力量外,为使身体保持平衡并继续加速,须加快手臂的摆动和脚的蹬地动作。身体的前倾角度随着步长和跑速的增加逐渐减小,最后接近于途中跑的姿势。

起跑后的加速跑前几步步长不要过大,第一步约三脚半长,第二步约四脚至四脚半长,随着速度的增加步长逐渐加大。加速跑过程中双脚着地点并非在一条直线上,而是随着速度的增加逐渐合于一条直线上。

3. 途中跑

途中跑是短跑过程中跑动距离较长的一个阶段,其目的是使身体保持最高跑速。加速跑结束后即进入途中跑阶段。

在途中跑时要以脚前掌落地,做出向下、向后的扒地动作,在支撑腿的膝关节缓冲过程中,只发生最小程度的弯曲,支撑腿的髋、膝、踝关节在蹬离地面时,充分伸展,摆动腿迅速将大腿摆至水平位置。腾空阶段可分为前摆阶段和回收阶段。前摆阶段摆动腿的膝向前向上摆动,帮助继续后蹬动作和增加步长;在回收阶段,支撑腿的膝关节明显弯曲,以形成小的摆动半径,摆臂积极,但要放松。支撑腿即将落地时,要主动向后用力,尽最大可能避免落地时发生减速动作。

4. 终点跑

终点跑是短跑的最后阶段,其目的是尽力保持途中跑的高速度跑过终点线。

几种训练终点跑的途径:

(1) 20 m 快跑接 40 m 慢跑,循环若干次。

(2) 50 m 快跑接 50 m 慢跑,循环若干次。

(3) 100 m 快跑接 60 m 慢跑,循环若干次。

(4) 突然加速并保持一段距离转为匀速跑或慢跑。

(5) 由长距离到短距离的快跑和慢跑(或由短到长)。如 400 m→300 m→200 m→100 m→80 m→60 m→40 m→20 m。初学者可将快跑距离设短些,慢跑距离设长些。随着练习者水平的提高,可逐渐加长快跑距离。

注意事项:变速距离的长短、速度的快慢、强度的大小应根据练习的目的、要求和练习者的水平而定。

5. 间歇跑

间歇跑是一种用较大强度跑完规定的距离后,按计划休息一定的时间再跑,以增强心血管系统的机能和无氧代谢能力的常用练习方法。具体有:

(1) 200~400 m 段落的间歇跑,要求速度接近或超过比赛速度。

(2) 400~600 m 段落的间歇跑,要求速度慢于比赛速度。

注意:在间歇跑练习过程中,间歇跑的速度快于比赛速度时,休息时间长一些,当练习者心率接近 120 次/min 时进行下一次练习;间歇跑的速度慢于比赛速度时,休息时间短些,心率没有接近 120 次/min 时,就可以进行下一次练习。

6. 定时跑

定时跑是一种发展人的一般耐力和跑的能力,掌握和改进跑的技术,增强内脏器官机能,培养练习者的速度感觉的常用练习方法。具体有:

(1) 规定跑的时间,不要求跑的距离。田径场地内 5 m、10 min、15 min、20 min 定时跑;公路或田野 30 min 定时跑。要求跑时动作放松,速度快慢自己调整,时间到了即结束。

(2) 规定时间内跑完规定距离。如在 12 min 内跑完 1800 m,20 min 内跑完 3000 m。

7. 反复跑

反复跑是一种用以发展人的速度和耐力的常用练习方法。具体有:

(1) 150 m 跑 1~2 次。要求采用 70% 力量跑,休息 2~3 min。

(2) 600 m 跑 1~2 次。要求采用 70% 力量跑,休息 3~4 min。

注意:具体重复次数应根据练习者的体力来定,恰当地安排休息时间。

8. 利用自然条件做跑的练习

在自然环境中练习上坡跑、下坡跑、沙地跑、林间跑等,可提高练习者的兴奋性,从而提高练习效果。

9. 中长跑易犯错误及纠正方法

(1) 途中跑的呼吸节奏和跑的节奏配合不好。

纠正方法:熟练掌握途中跑的蹬、摆动作的协调配合;熟练掌握呼吸节奏与跑的节奏配合,三步一吸、三步一呼或者两步一吸、两步一呼。

(2) 后蹬不充分,坐着跑。

纠正方法:提高髋关节的灵活性和增强腿部力量的练习。

二、跨栏跑

跨栏跑(Hurdle Race)比赛项目分为男子 110 m 跨栏跑和 400 m 跨栏跑两种,均在 1896 年被列为奥运会的正式比赛项目。奥运会女子跨栏跑的项目分为100 m 跨栏跑和 400 m 跨栏跑两种。

下面将对跨栏跑的技术动作要领、练习方法、易犯错误与纠正方法进行介绍。

(一) 跨栏跑的技术动作要领

跨栏跑的基本技术可分为:起跑至第一栏的技术、过栏技术和栏间跑技术。

1. 起跑至第一栏的技术

起跑的过程与短跑基本相同,起跑至第一栏起跨点时一般采用 8 步起跨,起跑时应把起跨脚放在前起跑器上。起跑后上体抬起要比短跑时来得快。

2. 过栏技术

过栏是跨栏技术的关键部分,它由起跨、腾空过栏和下栏着地等动作组成。

(1) 起跨。起跨前应保持较大的跑速,最后一步比前一步步长小一点,当起跨腿的脚掌着地时,摆动腿由体后向前摆动,大小腿在体后开始折叠,膝关节摆至超过腰部高度。两腿蹬摆配合完成起跨运动过程中上体随之加大前倾,摆动腿异侧臂往前上方摆出,另一臂屈肘摆至体侧,形成"攻栏姿势"。

(2) 腾空过栏。腾空后身体重心沿着起跨所形成的腾空轨迹向前运行。起跨腿蹬离地面后,摆动腿大腿继续向前上方摆至膝关节超过栏架高度,小腿迅速前摆,脚掌接近栏架时,摆动腿几乎伸直,脚尖微微上翘。摆动腿的异侧肩臂一起伸向栏架上方,上体加大前倾使头部接近或超过摆动腿的膝且略高于踝。

(3) 下栏着地。摆动腿积极下压,起跨腿加速向前提位,以髋为轴完成两腿剪绞动作,摆动腿脚掌移过栏架的同时,起跨腿屈膝外展,小腿收紧抬平,脚尖勾起足跟靠臀。以膝领先经腋下加速前拉,脚掌过栏后,膝继续收紧向身体中线高抬,脚掌沿最短线向前摆出,身体成高抬腿跑的姿势,伸直下压的摆动腿在接触地面时,前脚掌做积极扒地动作。

3. 栏间跑技术

110 m 和 100 m 栏间的三步步长不等,每步步速和支撑、腾空时间的关系都有变化,这就构成栏间跑所特有的节奏。

栏间跑第一步的水平速度因过栏有所降低,蹬地起步时膝关节始终伸直,因而第一步短于后面两步。第二步的动作结构和支撑及腾空时间关系大致与短跑的途中跑相同。第三步因准备起跨形成一个快速短步,动作特点与跨第一栏的最后一步相同。

(二) 跨栏跑常用的练习方法及错误纠正

1. 跨栏坐

坐在地上模仿过栏时腿部和手臂动作,以初步建立过栏时手、腿配合的技术概念,发展柔韧性。

2. 攻摆练习

模仿跨栏步上栏动作的练习,以掌握攻栏时起跨腿充分蹬伸和摆动腿屈膝前摆高抬技术,提高积极攻栏意识。

3. 摆动腿过栏模仿练习

又称为鞭打练习,摆动腿前摆高抬,积极下压,小腿前伸着地,以模仿摆动腿过栏的动作。

4. 原地起跨腿提拉过栏练习

学习掌握起跨腿的过栏技术,提高髋关节的柔韧性和灵活性。

5. 跨栏步模仿练习

在走步中模仿两腿的过栏动作,以强化过栏时上、下肢协调配合的完整技术。

6. 栏侧攻摆和提拉过栏练习

在走步中从栏侧完成过栏动作。

7. 栏间节奏跑模仿过栏练习

初步建立三步过栏和跑栏的概念。

8. 摆动腿过栏

学习摆动腿的攻栏、提拉过栏技术。

9. 放松跑过栏

以中等速度跑步从栏侧和栏上做完整跑栏动作,以掌握正确的过栏技术。

10. 起跑 6～8 步过第一栏

学习起跑上第一栏及跨栏技术。

11. 从起跑到过 3～5 栏

强化起跑后上第一栏、过栏及栏间跑相结合技术。

12. 跨栏跑易犯错误及纠正方法

(1) 直腿攻摆

纠正方法:观看优秀运动员的录像。用 DV 拍摄自己的动作并和优秀运动员的录像动作进行比较并找出不足;面对肋木、墙壁多做攻摆练习,一定要有意识做大小腿折叠和向前上方摆动的动作;多做膝关节放松摆伸练习,熟练掌握攻摆动作。

(2) 跳栏

纠正方法:确定适宜的起跨点,使起跨点距栏架不短于自己的七个脚掌长,适当加快栏前跑的速度;利用活动轻便的铝塑管代替栏架的横板做跨栏练习,消除害怕碰栏的顾虑,当有信心时转入正式栏架的练习;加强柔韧的练习,掌握摆动腿屈腿摆动的攻栏技术。

(3) 上栏前拉大步

纠正方法:在第一步落地点划上标志,以加大下栏后第一步的步长,并注意下栏后保持速度,强化过栏后紧接着跑的意识;缩短栏间距离或降低栏架高度,也可适当重复练习栏间 5 步跑的连续跑栏;发展腿部力量,提高弹跳力,注意改善平跑技术。

三、接力跑

接力跑(Relay Race)是田径运动中唯一的集体项目,也是田径运动中观赏性非常强的项目之一。它以队为单位,每队 4 人,每人跑完一定的距离,用接力棒或接力带进行传递,相互配合跑完全程。其起源有多种说法,有的认为起源于古代奥运会祭祀仪式中的火炬传递,也有的认为是从传递文书的邮驿演变而来。

目前,正式的田径比赛的接力跑具体项目有:男、女 4×100 m 接力跑(4×100 the Race Relay to Run)和 4×400 m 接力跑(4×400 the Race Relay to Run)。有时举行 4×200 m 接力跑和 4×800 m 接力跑。还有在公路上举行的接力赛,如公路马拉松接力赛。奥运会比赛项目分男、女 4×100 m 接力跑和 4×400 m 接力跑。1908 年第四届奥运会上首次设立接力项目,但各运动员所跑距离不等。1912 年第五届奥运会改设 4×100 m 接力跑和 4×400 m 接力跑。在接力跑比赛中,接力跑运动员必须持棒跑完各自规定的距离,并且必须在 20 m 的接力区内完成交接棒。以下将介绍接力跑的基本技术、注意事项和练习方法。

(一) 4×100 m 接力跑的技术动作要领

1. 起跑

起跑可分为持棒起跑和接棒起跑两种。

(1) 持棒起跑。持棒起跑的起跑姿势为蹲踞式起跑,通常右手持棒,用右手的中指、无名指和小指握住棒的下端,拇指和食指分开,虎口朝前呈"人"字形撑地,起跑的基本技术与短跑相同。注意不管是 4×100 m 接力跑还是 4×400 m 接力跑，均从弯道起跑开始。第一棒的选手是持棒起跑，而其他三棒选手则是接棒起跑。

(2) 接棒起跑。接棒起跑一般采用半蹲踞式或站立式起跑姿势进行起跑。第二、四棒选手站于跑道外侧，第三棒选手站于跑道内侧。起跑时眼看传递棒选手并进入加速跑状态。

2. 传接棒技术

传接棒技术是接力跑的关键技术之一，传接棒顺利与否直接影响到接力跑的最终成绩。在 2008 年北京奥运会上，短跑实力强劲的美国田径队在男、女 4×100 m 接力赛和男子 4×400 m 接力赛中均因为掉棒而失去进入决赛的机会。因此，传接棒技术是十分重要的。

4×100 m 接力跑传接棒技术可分为三个阶段：预备阶段、加速阶段和传接棒阶段。在预备阶段，传棒人须尽可能保持最大跑速，接棒人则须准确掌握起跑时机。在加速阶段，传棒人须继续保持跑进速度，接棒人则须尽最大能力进行加速，使二人的速度尽量一致。在传接棒阶段，运用专门的技术在最短的时间内完成接力棒的传接。这里主要向大家介绍传接棒方法。传接棒方法可以分为上挑式和下压式两种。

(1) 上挑式。上挑式传接棒技术的动作要领是：接棒运动员手向后伸手出，基本与臀部同高；接棒运动员拇指张开，其余四指并拢，掌心朝上，传棒运动员将接力棒的中下端由下向上挑压在接棒运动员手中；传接棒时两人的距离少于 1 m（见图 6.4）。采用此方法传接棒时，接棒人相对轻松，易发挥速度，但容易掉棒。

图 6.4

(2) 下压式。下压式传接棒技术的动作要领是：接棒运动员手向后伸出，手臂基本与地面平行；接棒运动员拇指张开，其余四指并拢，掌心朝上，传棒运动员将接力棒的上端由上向下压在接棒运动员的手中；传接棒时两人的距离大于 1 m（见图 6.5）。采用此方法传接棒时，传接棒相对安全，但上肢躯干较为紧张，影响接棒人速度的发挥。

图 6.5

此外,还有混合式传接棒,在 4×100 m 接力跑中,第一棒采用上挑式将棒传出,第二棒采用下压式将棒传出,第三棒则继续采用上挑式。不管是采用上挑式还是下压式进行传接棒,接棒运动员在接棒后应迅速将接力棒交换至右手。传接棒的时机亦是非常重要的。若想掌握较理想的传接棒时机须做到以下几点:

第一,传接棒运动员须在 30 m 区间内(包括预跑区和接力区)达到速度的一致,即两人的速度几乎相等。

第二,初学者的交接棒位置一般在 20 m 接力区的中间位置。

第三,达到一定训练水平的运动员则根据各人的速度特点确定交接棒位置。通常传棒运动员速度快于接棒运动员时,传接棒位置应靠近接力区的后三分之一处;如相反,则因靠近接力区的开始三分之一处。

3. 接力人员的棒次安排

4×100 m 接力跑成绩主要取决于各队员的短跑速度和传接棒技术。在棒次安排上,一般第一棒选择善于起跑和弯道跑的选手;第二棒则是传接棒技术熟练且速度耐力较好的选手;第三棒除具备与第二棒相同的长处外,还要善于跑弯道;第四步应选用短跑成绩最好,冲刺能力最强的选手。

(二) 4×400 m 接力跑的技术动作要领

由于 4×400 m 接力跑的速度较慢,故传接棒技术相对简单。概括起来为:接棒运动员背向传棒运动员,左手向后伸等待传棒运动员;接棒运动员根据传棒运动员的跑进速度进行加速跑;传棒运动员右手持棒将接力棒传给接棒运动员;接棒运动员接棒以后迅速将接力棒交换至右手。

在棒次安排上,一般将实力较强的选手放在第一棒,以便在第一棒过后成为领先者。第四棒选择实力最强的选手。第二、三选手棒实力大致相当。

(三) 接力跑常用的练习方法及错误纠正

1. 起跑练习

对跑第一棒的运动员进行持棒弯道起跑练习,以增强起跑时对器械的感觉。

2. 起动练习

(1) 听信号起动练习。练习者在接力区后 10 m 左右做半蹲踞式或站立式起跑姿势,集中注意力听教练员、教师或同伴的信号,听到信号后做加速跑练习。

(2) 模拟交接棒起动练习。练习者在接力区后 10 m 左右做半蹲踞式或站立式起跑姿势,头向侧后方看,当看到陪练队员跑进后面标志线时,做加速跑练习,陪练队员的跑进速度应由慢到快。

3. 弯道跑练习

弯道跑主要是针对 4×100 m 的第一、三棒运动员而言。练习者应反复地持棒进行弯道跑练习,找到适合自己的持棒方式。

4. 传接棒配合练习

(1) 配对分组:在接力跑每棒的人员确定后,第一棒与第二棒队员配对练习,第三棒与第四棒配对练习,在熟练掌握传、接棒技术后,第二棒与第三棒队员再配对练习。

(2) 步骤:画好接力区,50~80 m 分段进行传、接棒练习(主要针对 4×100 m 接力跑),传棒队员跑到标志点后发出口令,接棒人员听到口令后,果断、稳定向后伸臂,不可左右晃动。传棒队员与接棒队员之间必须有一定的距离,以便于看清同伴伸出手后,准确传棒。通过反复练习,两名队员应确定起动标志和传、接棒的方式。

5. 全队练习

分段练习熟练后,应集合全队进行完整练习,并在完整练习过程中发现问题,以便及时改进。

6. 接力跑易犯错误和纠正方法

(1) 接棒人过早超越传、接棒标志线,使传棒人无法向他(她)传棒。

纠正方法:全神贯注地起跑,缩短起跑标志线和接力区的距离,经常在高速跑的情况下练习传、接棒动作;正确判断同伴的跑速和自己的竞技状态。

(2) 接棒人未按应跑的跑道一侧跑进,给传递接棒造成困难。

纠正方法:反复讲解和示范各棒次队员正确的跑进路线和传、接棒技术,在队员形成正确的概念后再反复练习。

(3) 传棒人超过接棒人。

纠正方法:全神贯注地起跑,延长起跑标志线和接力区的距离,经常在高速跑的情况下练习传、接棒动作;正确判断同伴的跑速和自己的竞技状态。

(4) 传棒人持棒臂前送太早,或接棒人接棒臂后伸太早,或起跑时接棒臂就后伸,影响跑速。

纠正方法:在特别强调应注意的动作与意义的情况下,反复进行传接棒动作练习;消除紧张心理。

(5) 掉棒

纠正方法:在中速跑中安全地传接棒,传接棒时严格按照先后次序;传棒人应负主要责任,必须握紧棒,直到安全送到接棒人手中为止;明确传、接棒时手持棒的正确位置。

实地训练

长跑中呼吸与步法的配合

【目标】通过实训，注意长跑中呼吸与步法的配合。

【内容】长跑过程中呼吸与手臂摆动、步伐的配合性训练。

【场地】田径场或空地

【方法与步骤】

（1）学习呼吸的方法和一些练习呼吸的辅助方法，如肺活量练习等，并慢慢过渡到与手臂的摆动配合，要求一次或者两次手臂摆动做一次呼吸配合。注意摆臂的速度，刚开始不要过快，经常性地进行反复练习，呼吸与手臂的配合就会慢慢协调起来。

（2）在进入中长跑练习的初始阶段，应突出强调自然呼吸。心静体松，呼吸与步子紧密配合，呼吸柔和细长。

（3）增强呼吸意识，突出呼吸与步子的紧密配合，克服极点。

第三节　田　赛　类

田径运动中的田赛项目包括跳跃类和投掷类两大类。其中跳跃类项目包括跳远、三级跳远、跳高和撑杆跳高。投掷类项目包括铅球、标枪、铁饼和链球。本节将主要向大家介绍跳远、跳高、推铅球和掷标枪的动作要领、练习方法、易犯错误与纠正方法。

一、跳远

跳远（Long Jump）是田径运动中最古老的项目之一，在公元前708年第18届古代奥运就设有跳远项目的比赛。近代跳远比赛则始于英国，1800年，苏格兰运动会已有跳远比赛；1814年10月19日，德国体操日的竞赛项目亦设有跳远项目；1851年，跳远被列为英国牛津大学的田径比赛项目；此后，它便成了田径家族中的一名成员。跳远在1896年第一届现代奥运会上即为比赛项目之一，直至1948年女子才被允许参加奥运会的跳远比赛。

（一）跳远的技术动作要领

跳远技术可以分为助跑、起跳、腾空和落地四个部分。

1. 助跑

跳远的助跑是一个加速的过程，其目的是获得高的水平速度，为准确、快速、有力地踏板和起跳创造有利条件。

助跑的起跑一般有两种姿势，一是"半蹲式"，即两腿微曲，两脚左右几乎平行站立。第二种是行进间走几步或跑几步后再加速。两种姿势各有利弊。第一种姿势有利于提高助跑的准确性；第二种姿势虽然比较容易提高跑动速度，但对助跑的准确性要求很高。

助跑时的加速方法也分为两种，一种是积极加速；另一种是逐渐加速。由于逐渐加速与一般加速跑类似，跑的动作轻松、自然，踏板准确性较好，故为大多数跳远运动员所选用。助跑刚开始的几步身体前倾较大，脚积极趴地，双臂用力向后摆动。随着速度的增加，到助跑中段时身体前倾角度逐渐变小，腿和臂的幅度均加大，跑动有一定的弹性，步幅和频率不能相差太大，身体重心保持在较高位置。最后几步在保持助跑中段动作的基础上加快步频，为踏板做准备。

2. 起跳

在助跑的最后一步，起跳脚采用像跑时那样的"扒地"动作，积极下落着板，脚跟与脚掌几乎同时触及跳板。脚着板后身体被迫缓冲，此时身体保持较直姿势，使身体重心保持在较高的位置上，以利于身体前移。当身体重心到达支撑脚上方时开始进行蹬伸动作，此时脚快速用力蹬地，同时两臂稍屈由后往前上方摆动，向前上方跳起腾空，并充分展体。

3. 腾空和落地

目前，跳远的腾空姿势包括蹲踞式、挺身式和走步式三种。在这里主要介绍挺身式的动作要领。

挺身式：起跳腾空后放下摆动腿，膝关节放松，大小腿向后摆；展髋挺胸，两腿放松，自然伸展并靠拢；两臂配合摆动腿大腿的放下动作由侧向上绕举，成斜上举，展胸，上体稍后仰，成空中挺身姿态，维持身体平衡。落地前，两臂由上向前下摆，同时收腹屈髋，大腿上举。准备落地时向前伸举小腿，低头，上体前倾同时两臂向体侧后摆，落地时两脚并拢，脚跟触沙后脚掌下压，同时屈髋、屈膝，用力向前回摆，帮助身体重心迅速前移，用前倒或侧倒方法落地。

4. 跳远的步点测量方法

跳远是一项技术性很强的跳跃项目，要想跳出好成绩，踏准步点是非常关键的。这里向大家介绍两种常用的步点测量方法。

(1) 走步法。通常情况下,自己的便步走(即平常走路的步子)的步数称为走步数。助跑步数乘2减2等于走步数。如助跑8步,8×2-2=14(步)。若助跑步数超过10步时,则每多助跑一步增加走两步的距离。如助跑12步,(10×2-2)+2×2=22(步)。经过反复助跑调整,最后确定步数。

(2) 测量法。先把自己要跑的步数告诉同伴,然后从起跑点向起跳区加速助跑;同伴站在起跳区附近一侧,数助跑人一侧(左或右)腿跑至起跳区附近,落脚的步数,看清最后一步的准确落脚处,立即做出标记,最后将步数乘以2即是实际准确落脚处。经过几次练习调整好步点,确定起跳线。

(二) 跳远的常用练习方法及错误纠正

1. 上一步踏跳模仿练习

由摆动腿在前、踏跳腿在后站立开始,摆动腿后蹬、踏跳腿向前迈步作踏跳动作时,摆动腿很快向前上方摆起,提肩拔腰,两臂向前摆,头稍扬起,下颌微抬,身体腾空后摆动腿落地。

2. 助跑3~5步,进行踏跳练习

在进行踏跳练习时,要求踏跳腿充分蹬直,动作快而有力。当身体腾空时,要注意"头"的正确姿态。熟练后进行短距离助跑踏跳练习,最后过渡至完整跳远练习。

3. 蹲踞式跳远腾空与落地技术的练习方法

(1) 原地纵跳屈膝团身,两手触脚,大腿尽量靠近胸部,落下时用前脚掌着地。

(2) 短距离助跑起跳成腾空步后,起跳腿向摆动腿靠拢,双腿越过一定的高度(横拉的皮筋或栏架),然后落入沙坑。

(3) 在低跳箱上向沙坑内做立定跳远,落地时小腿积极前伸,脚跟触沙后迅速屈膝,脚掌下压,双臂配合积极前摆。

(4) 利用弹簧板,做短程助跑起跳,成腾空步后,起跳腿与摆动腿并拢完成空中蹲踞姿势,然后做伸腿落地动作。

4. 挺身式跳跃腾空与落地技术的练习方法

(1) 原地模仿挺身式跳跃的空中动作。支撑腿为起跳腿,摆动腿屈膝前摆,随即放腿并向右摆,髋部前展,同时两臂配合腿的动作向下侧后方绕摆至侧上方,注意体会放腿与展髋的动作。

(2) 起跳腿支撑站立,随口令做摆臂、摆腿、放腿、挺身、展髋的单足立定跳远,着重体会臂和腿的配合动作。

(3) 利用弹簧板做短程助跑起跳成腾空步后,下放摆动腿并落在沙坑内然后跑出。体会摆臂与展体的动作。

5. 跳远的易犯错误与纠正方法

（1）助跑垫步上踏跳板

纠正方法：练习时由教练员、教师或同伴指出垫步现象，并按正确步伐练习。

（2）助跑步点不准

纠正方法：固定开始助跑姿势和加速距离，预先做好标志或固定加速步数，并注意场地、气候和练习者身体状态的变化。

（3）助跑最后几步降速

纠正方法：克服怕犯规的心理因素，提醒练习者在前程助跑时慢一些，放松些，最后不要降速。

（4）起跳腿蹬不直，起跳向前不向上

纠正方法：手扶肋木或栏杆等物侧向站立做起跳腿蹬伸送髋动作；多做短距离助跑，起跳时头触高悬物，并发展腿部力量。

（5）蹲踞式跳远腾空时身体向前旋转

纠正方法：在两臂悬垂或支撑状态下做挺身式模仿动作。要求头部正直，下放摆动腿时应先向下伸展髋部，然后稍向后摆，而起跳腿屈膝稍向前提，形成摆动腿较直、起跳腿稍屈膝的姿势。

二、跳高

跳高（high jump）起源于古代人类在生活和劳动中越过垂直障碍的活动。现代跳高始于欧洲，在1896年第1届现代奥运会上男子跳高就被列为比赛项目，女子跳高则在1928年被列为奥运会比赛项目。目前男子方面由古巴的索托马约尔保持室外世界跳高纪录2.45 m和室内世界跳高纪录2.43 m，女子方面由保加利亚的科斯塔迪诺娃保持室外世界跳高纪录2.09 m，德国的亨克尔保持室内世界跳高纪录2.07 m。1957年，我国女运动员郑凤荣采用剪式跳高姿势以1.77 m的成绩打破了1.76 m的女子跳高世界纪录，成为我国田径史上第一个创造世界纪录的运动员；1981年，我国男运动员朱建华采用背越式跳高越过2.30 m高度，打破了当时的亚洲男子跳高纪录。

跳高技术由助跑、起跳、过杆和落地四个部分组成。这里向大家介绍跨越式和背越式两种形式的动作要领、练习方法、易犯错误与纠正方法。

（一）跨越式跳高

1. 动作要领

（1）助跑。跨越式跳高助跑线路是从横杆的侧面与横杆呈30°～60°夹角的方向直线助跑,一般助跑 6~8 步,逐步加快助跑的节奏,远离横杆的腿做起跳腿。其中,助跑线路的角度和步数,根据运动员的实际情况可以自行调整。

(2) 起跳。助跑的最后一步起跳脚快速有力的蹬地,以髋带动摆动腿积极朝助跑方向摆动,当摆动腿靠近起跳腿时,勾脚尖直腿向前上方高摆,手臂充分向上摆动,顺势地完成起跳动作。其中,起跳脚先用脚跟着地,迅速地滚动到全脚掌;起跳点位置一般在距离横杆垂直面的 60~80 cm,靠近侧跳高架立柱约 1 m 的地方。

(3) 过杆。过杆时摆动腿伸直并向内转下压过杆,同时起跳脚向外旋迅速向上抬,上体适当前倾稍向起跳腿一侧扭转,帮助臀部顺利摆脱横杆,从而完成过杆动作。

(4) 落地。过杆后身体侧对横杆,摆动腿先落入沙坑中,屈膝缓冲。

2. 跨越式跳高的常用练习方法

(1) 短距离助跑练习。加速跑 20~30 m,步幅大,平稳降低重心,最后三步加快节奏。

(2) 手扶固定物摆动腿练习。起跳腿一侧手扶物体侧向站立,支撑腿由脚跟到脚尖滚动,摆动腿由体后向前上高摆,当大腿与地面垂直时,直膝伸小腿勾脚尖快速向前上摆,同时保持上体正直。

(3) 起跳腿蹬伸练习。做走或者慢跑的练习,起跳腿在后向前迈步,经放脚、着地、滚动、缓冲后快速蹬伸。

(4) 原地起跳摆臂的模仿练习。两脚前后开立,起跳腿在前,两臂放在体侧后方,然后用力向前摆臂,当上臂摆至与肩同高时,要做"突停"动作,以提高身体重心。当熟练摆臂动作后,适时结合下肢动作进行练习,逐渐过渡到完整的起跳技术。

(5) 过杆练习。原地或者慢跑起跳跨越橡皮筋,要配合躯干,手臂动作模仿过杆。

3. 易犯错误与纠正方法

(1) 助跑节奏紊乱,助跑与起跳结合不好

纠正方法:改进直线进入弧线的助跑技术,调整适合自身特点的助跑步点,按画好的每步标志反复练习;做跳跃跨栏架的练习,采用栏间跑 3、5、7 步培养节奏感和目测距离的能力。

(2) 跳时向前冲力太大而跳起来

纠正方法:多做短、中程助跑起跳的结合练习,改进起跳脚快速着地,摆动腿和摆臂的有力上摆、提肩、拔腰技术,提高助跑结合起跳的速度。另外,可多做弧线助跑结合起跳后身体落在高垫上的练习,强调身体从内倾迅速转成垂直和正确完成起跳后再做过杆动作。

(3) 跳时制动大,减弱水平速度,做过杆动作时,身体压杆

纠正方法:多做弧线助跑起跳的模仿练习。弧线助跑起跳后用头触高物,强调起跳要积极,上体要正直。

(4) "坐"着过杆,臀部及大腿碰落横杆

纠正方法:利用跳板或跳箱,做立定背越式跳高,注意延长挺髋时间;逐渐增加高度,克服害怕心理,用肩背落垫。

(5) 斜交叉过杆

纠正方法:结合摆臂动作多做原地蹬摆起跳模仿练习;弧线助跑起跳触高物转体90°;短程助跑起跳过杆练习,在垫上画出落垫点,使肩背朝落垫点着垫。

(6) 杆上动作僵直

纠正方法:反复练习迈步起跳模仿练习;加强腿部柔韧性练习;反复做助跑起跳摸高练习。

(7) 腿部动作不协调,臀部不能顺利过杆

纠正方法:锻炼腿部的柔韧性,增强髋部灵活性。

(二) 背越式跳高

1. 动作要领

(1) 助跑。背越式跳高的助跑比较接近于普通跑,一般助跑8~12步,全程呈抛物线或直线接抛物线曲线。直线助跑段,一般跑4~5步,动作轻松、自然、有弹性,重心较高,后蹬、前摆的幅度较大;弧度助跑段,一般也跑4~5步,身体稍内倾,以前脚掌着地,节奏鲜明,摆臂与弯道途中跑相似;倒数第二步,步幅稍大,用全脚掌着地;最后一步稍小,速度要快,两臂配合积极摆动,准备起跳;起跳点距横杆垂直面约70~100 cm。

(2) 起跳。助跑倒数第二步时,支撑腿以全脚掌着地,步幅稍大,重心稍下降,同时摆动腿积极擦地面前迈,向前上方推送髋关节,上体稍后仰,保持内倾。起跳腿踏上起跳点时,摆动腿顺势上摆,同时摆臂向上;起跳腿迅速蹬伸髋、膝、踝关节,起跳腿的异侧臂上伸,躯干充分伸展,整个身体几乎与地面垂直。

(3) 过杆。保持起跳腿蹬伸、摆动腿沿起跳腿异侧臂方向向上摆动、躯干充分伸展的身体姿势,继续向上;离地后,身体转动成背对横杆,起跳腿下垂,摆动腿逐渐放下;当头和肩越过横杆后,迅速沉肩,两臂置于体侧,髋关节向上挺起,形成"背弓",这时,两膝自然弯曲、分开,小腿自然下垂;当髋关节过杆之后,肩继续下沉,稍抬头,收腹,抬大腿,小腿自然上甩,使整个身体过杆。

(4) 落地。落地过杆后以肩和背部先接触海绵包缓冲。

(5) 步点丈量方法。以左脚起跳为例,步点丈量方法分为走步丈量法和等半

径丈量法两种。

方法一：走步丈量法。先确定起跳点。起跳点的位置一般在靠近侧跳高架的立柱 1 m 左右（或横杆长的四分之一），离横杆投影点 50～90 cm。由起跳点沿横杆的平行方向向前自然走 5 步，再向右转成直角向前自然走 6 步做一标志，由此点向起跳点约 5 m 的半径画弧，即成最后四步的助跑弧线；从标记点再往前走 7 步自然步画起跑点，定为前段直线跑 5 步距离。全程共跑 8 步。

方法二：等半径丈量法。助跑距离为 9～13 步。起跑点离横杆 15～20 m，与内侧跳高架向外延伸线之间的距离为 3～5 m。助跑弧线的半径取决于助跑的速度，速度越快，半径越长。初学者变化幅度为 6～8 m。起跳点和横杆之间的距离视横杆的增高高度而向外移。

2. 背越式跳高的常用练习方法

（1）原地蹬摆练习。站立，一手抓支撑物，起跳腿在前，摆动腿在后，摆动腿向异侧肩的前上方摆动，起跳腿充分蹬伸。要求摆腿屈膝折叠并膝内扣，加速摆至最高点，异侧臂配合上摆，同时拔腰、顶肩，髋部前送并扭转。

（2）绕圈走动起跳练习。站立，起跳腿在后，摆动腿在前，起跳腿向前迈步放脚，摆动腿积极向前摆动。要求沿直径为 15～20 m 的圆圈走动，起跳腿积极主动向前迈步放脚，并在摆动腿与手臂的有力配合下迅速完成起跳。

（3）弧线助跑起跳练习。在绕圈走动起跳练习的基础上分别用 1 步、2 步、3 步助跑转体四分之一垂直纵跳，两脚落地。要求蹬摆配合协调一致，动作快速有力，助跑节奏清楚，最后两步和起跳连贯，体会弧线助跑转入起跳时上体由内倾到竖直的垂直用力感觉。双脚落地，是为了使摆动腿努力下沉，有利于按"桥"形完成过杆动作。此练习可在两个跳高架之间吊拉橡皮筋球，高度宜控制在练习者起跳后头顶刚好能够触及。

（4）原地倒肩挺髋练习。背对海绵包站立，倒肩挺髋成"桥"，肩背着垫。要求挺髋收腹，两臂屈肘外展。

（5）原地背越式跳高练习。背对海绵包站立，两腿屈膝半蹲，然后提踵发力向上跳起，形成典型的"桥"腾空姿势。接着屈髋，向上积极甩小腿，用整个背部着垫落地。要求在用力向上起跳之后，两臂配合上摆、提髋、挺胸、肩后倒下沉，两小腿放松下垂，体会空中背弓的肌肉感觉。落地前两小腿积极上甩，动作自然放松。

此练习刚开始时可以不用横杆，动作熟练后再用橡皮筋、横杆。另外，为了增加腾空高度，可站在低跳箱或起跳板上进行。

（6）弧线助跑做背越式跳高练习。可采用先 1 步助跑，然后 3 步助跑，5 步助跑做背越式跳高练习。弧线助跑最后两步起跳要与过杆技术有机衔接。开始练习时，应将重点集中在起跳和腾空动作的正确结合上。初学者可在起跳点放置起跳板,增加腾空高度。另外,也可以增加垫子的高度。在技术上要求做到助跑点准确;起跳充分向上"旋转";过杆时身体舒展成"桥"形,与横杆大致成十字交叉;头、肩、背和小腿依次越过横杆后,肩背领先落垫。

(7) 全程助跑起跳练习。采用7~9步助跑距离,即直线跑3~5步,弧线跑4~5步的方法进行助跑起跳练习。要求助跑速度快,节奏性强,步点固定。注意体会助跑与起跳的结合,尽量保持"旋起"动作至高垫顶上。

(8) 完整技术练习。在熟练掌握全程助跑与起跳节奏的基础上,先做较低高度过杆练习,熟练后逐渐提高横杆的高度。在完成技术练习中,要做到最后4~5步助跑的足迹落在弧线上,起跳脚的着地点要正,起跳力方向要正。起跳结束时,身体由倾斜转入直立姿势向上腾起。过杆时,后引双肩,停髋,小腿放松下垂,完成"桥"的动作。助跑身体重心移动要稳,过杆后肩背落垫要平稳。

3. 易犯错误与纠正方法

(1) 助跑节奏紊乱,助跑与起跳结合不好

纠正方法:改进直线进入弧线的助跑技术,调整适合自身特点的助跑步点,按画好的每步标志反复练习;做跳跃跨栏架的练习,采用栏间跑3、5、7步培养节奏感和目测距离的能力。

(2) 跳时向前冲力太大而跳起步来

纠正方法:多做短、中程助跑起跳的结合练习,改进起跳脚快速着地,摆动腿和摆臂的有力上摆、提肩、拔腰技术,提高助跑结合起跳的速度。另外,可多做弧线助跑结合起跳后身体落在高垫上的练习,强调身体从内倾迅速转成垂直和正确完成起跳后再做过杆动作。

(3) 跳时制动大,减弱水平速度,做过杆动作时,身体压杆

纠正方法:多做弧线助跑起跳的模仿练习。弧线助跑起跳后用头触高物,强调起跳要积极,上体要正直。

(4) "坐"着过杆,臀部及大腿碰落横杆

纠正方法:利用跳板或跳箱,做立定背越式跳高,注意延长挺髋时间;逐渐增加高度,克服害怕心理,用肩背落垫。

(5) 斜交叉过杆

纠正方法:结合摆臂动作多做原地蹬摆起跳模仿练习;弧线助跑起跳触高物转体90°;短程助跑起跳过杆练习,在垫上画出落垫点,使肩背朝落垫点着垫。

(6) 杆上动作僵直

纠正方法:加强柔韧性、灵敏性和协调性的练习,提高动作和放松能力。在跳板或跳箱上做仰卧背弓、顺势屈小腿举小腿练习,立定背越式跳跃橡皮筋练习,体会倒肩、抬臀、挺髋,屈小腿过杆后小腿自然上甩,肩背落垫的动作。还可以做中短

距离助跑起跳过杆练习。降低横杆高度,用橡皮筋代替横杆,消除心理害怕因素。

三、推铅球

推铅球(shot put)是速度力量型项目,要求运动员具有良好的力量素质和爆发力。推铅球的技术主要有:侧向滑步推铅球、背向滑步推铅球和背向旋转推铅球。以下将向大家介绍前两种。

(一)推铅球的技术动作要领

1. 握球

五指自然分开,球在食指、中指和无名指的指跟处,拇指和小指在球的两侧,手腕背屈(见图6.6),这样可以增加握球稳定性,从而使铅球获得最大速度。

2. 持球

以右手持球为例。握好球后,将球放在锁骨窝处,贴于颈部,右臂屈肘,掌心向前,上臂与肩齐平或略低于肩,左肩自然上举。握球和持球动作比较细腻,细节之处可以根据运动员的情况自己找到最舒适的动作,从而更好地发挥肌肉力量。

图6.6

3. 滑步前的预备姿势

(1)侧向滑步预备姿势。侧对投掷方向,左腿弯曲站在投掷圈的后沿的直径线上,右腿外侧靠近投掷圈的后沿。重心在右腿上,左腿前脚掌着地,身体向右倾斜,眼看右下方(见图6.7)。

(2)背向滑步预备姿势。背对投掷方向,两脚前后开立,右脚在前,脚尖贴近投掷线后沿,左腿屈膝,以前脚掌着地,上体稍前倾目视前下方,身体重心在右腿上(见图6.8)。

第六章 田径运动

高姿势

图 6.7 侧向滑步预备姿势　　　　图 6.8 背向滑步预备姿势

4. 滑步

（1）侧向滑步。做好预备姿势后，腿向投掷方向做一到两次预摆，当最后一次预摆左腿回摆时，降低重心，右腿弯曲；左腿回摆到靠近右腿时，右腿用力蹬地，左大腿带动小腿向投掷方向摆出，用蹬地摆腿的力量带动髋前移；右腿充分蹬直后，前脚掌沿地面至圆圈中心附近，快速收小腿，左腿迅速地以前脚掌内侧着地，完成滑步（见图 6.9）。

图 6.9

（2）背向滑步。做好背向预备动作之后，先做预摆，左腿自然弯曲，大腿用力向后上方平稳摆起，右腿伸直，前脚掌支撑体重，上体前倾；左腿摆到一定高度时回收，右腿逐渐弯曲。当左腿回收贴近右腿时，身体重心向后移，紧接着左腿大腿向投掷方向摆出，同时右腿用力蹬伸，身体重心随着惯性向推球方向移动。当右腿蹬直后，迅速收回小腿，右腿、右膝在收回的过程中向左转，右脚掌沿地面滑至投掷圈重心附近,左脚积极用前脚掌内侧着地,完成滑步(见图 6.10)。

图 6.10

5. 最后用力

最后用力是推铅球的关键环节,动作正确与否直接影响着铅球出手的速度、角度和高度。当滑步结束后,右髋积极向投掷方向转动,形成肩髋与髋轴的扭紧姿势,上体逐渐抬起并向推球方向移动,当身体左侧移至与地面垂直的一瞬间,左肩固定,右腿快速蹬直,形成以身体左侧为支撑的支撑轴。上体、头转向推球方向,右肩前送,抬头挺胸,以胸带肩,右臂迅速积极地将球推出,当球要离手时,右手屈腕,手指有弹性地拨球,加快球出手速度,球将从右肩上方沿 35°~45°的角度推出去。推铅球的重点是最后用力,难点是滑步和最后用力相结合的技术。

(二) 推铅球的常用练习方法及错误纠正

1. 原地推球练习方法

(1) 正面推球。用轻铅球或垒球等体会动作,正对推球方向,右手持球,贴于颈部,两脚前后开立比肩稍宽,左腿在前,脚尖略内扣,右腿在后,脚尖正对投掷方向,随后上体向右扭转,左肩和左臂向内稍扣,利用躯干和手臂的力量将球向前推出。

(2) 侧面原地推球。同样使用轻铅球或垒球等体会动作,左侧对推球方向,两脚左右开立,右脚与投掷方向呈 90°,左脚与投掷方向呈 45°。右脚跟与左脚尖几乎在同一直线,两脚打开约一肩半宽,身体向右倾斜,左脚前脚掌内侧着地并自然伸直。重心压在右腿上,然后右腿蹬转,结合躯干和手臂力量将球推出。

(3) 背向原地推球。同样使用轻铅球或垒球等体会动作,在侧向原地推球的基础上,两脚成外八字开立,加大躯干向右转的幅度,上体背对推球方向。

2. 侧向与背向滑步推铅球练习方法

(1) 徒手预摆练习。侧向推球方向,两脚左右开立(背对推球方向两脚前后站立,右脚在前)。上体前屈,右臂成持球姿势,重心落在右腿上,左手拉住同伴的手或拉住同肩高度的物体,左腿屈膝预摆回收至贴近右腿时,用力向推球方向摆出,带动身体向推球方向移动。

(2) 徒手连续滑步练习。在上述练习的基础上进行完整的滑步练习,要求动作协调,有较长的滑步距离,并且在滑步结束前,重心要保持在右腿上。

3. 学习滑步与最后用力的结合技术

滑步与最后用力的结合技术为上一步推铅球练习。右脚在前,左脚在后,上一步推铅球,体会最后用力;手持球(轻铅球或垒球等)完成侧向或背向滑步推球技术的完整练习;手持球(轻铅球或垒球等)在投掷圈内完成侧向或背向滑步推球技术的完整练习。

4. 易犯错误及纠正方法

(1) 持球时将球用手指包裹起来(尤其是女生),手指与铅球完全是包与被包的关系,从侧面看就形成了拿铅球的手形。

纠正方法:辅导投掷者多做些发展手指力量的练习,如指卧撑,连续抓提放铅球(抓提放动作都在空中完成);要求投掷者持球时手指紧张并竖直分开。

(2) 滑步距离太短。滑步重心上下起伏过大;滑步时没有摆腿只有蹬伸,变成跳滑;滑步后不能保持正确的姿势,上体过早抬起,重心在两腿之间。

纠正方法:在地面上画出两地落脚标志进行针对性练习;徒手或持球连续滑步练习,体会蹬伸;要求学生在滑步前重心先后移。加强摆动腿的联系,在摆动方向设置标志物;多做摆、蹬、收、压的练习;徒手或持铅球连续做滑步收腿练习;教师或同伴在练习者的右侧偏后拉住左手,进行滑步练习。

(3) 推球时手腕、手指用不上力,或挫伤手指;推球时身体向后倒;推球时出手角度过低。

纠正方法:通过器械练习来加强手腕、手指的力量;手腕、手指适当紧张,做向下推球练习;多体会自下而上的用力顺序,滑步后保持上体正确姿势和左臂用力方向;投之前在一定距离和高度处悬挂标志物,要求推出的球触及标志物,推球时体会两腿充分蹬直。

(4) 最后用力时左肩后撤

纠正方法:推球时强调身体左侧的支撑轴,同伴在后面用手抵住左肩。

四、投掷枪

标枪是一个比较复杂的多轴性旋转项目,全称应该是"投掷枪"(Javelin Throw)。投掷枪运动具有悠久的历史。在公元前708年的第18届古代奥运会上,投掷枪被列为比赛项目。以下将向大家介绍投掷枪的技术动作要领、练习方法、易犯错误与纠正方法。

（一）投掷枪技术

投掷枪技术基本可分为握枪和持枪、助跑、最后用力和维持身体平衡四个部分。

1. 握枪和持枪

（1）握枪。将标枪斜放在掌心上，大拇指和中指在标枪把手末端第一圈上沿，食指自然弯曲斜握在标枪上，无名指和小指握在把手上。也可将拇指和食指握在标枪把手末端第一圈上沿，其余手指按顺序握在把手上。

（2）持枪。屈臂举枪于肩上，大小臂夹角约为90°，稍高于头，枪尖稍低于枪尾。

2. 助跑

助跑的距离应根据投掷者助跑速度的快慢而定，一般在25～35 m之间，可分为两个阶段，即预跑阶段和投掷步阶段。

（1）预跑阶段。预跑阶段主要是加速度，在跑进中上体稍前倾，用前脚掌着地，大腿抬得较高，后蹬力量强，动作较快而富有弹性，持枪臂随着跑的节奏与左臂配合，自然前后摆动，并与下肢动作协调一致，在加速中投步。

（2）投掷步阶段。五步投掷步的前四步一般步长是：第一步大，第二步小，第三步大，第四步小。具体如下：

第一步：左脚踏上第二标志线，右脚积极前迈，同时，右肩后撤开始向后引枪，左肩逐渐向标枪靠近，左臂自然摆置胸前，眼向前看，髋部正对投掷方向，持枪臂尚未伸直。

第二步：右脚落地，左脚离地前迈开始了投掷步的第二步。左脚前迈时髋稍向右转，右肩继续后撤并完成引枪动作，右手接近于肩的高度，枪身与前臂夹角较小，枪尖靠近右眉，保证标枪纵轴与投掷方向一样。

第三步：由左脚落地开始，左脚一落地右脚膝关节自然弯曲，大腿带动小腿积极有力地向前摆动，当右腿靠近左腿时，左腿快速有力的蹬伸，促使右腿就快速前迈。此时髋轴转向投掷方向，并与肩轴形成交叉状态。左臂自然摆置胸前，有助于左肩继续向右转动，加大躯干向右扭转幅度。右脚尖外转，用脚跟外侧先落地，然后过渡到全脚掌，与投掷方向呈45°角左右。躯干和右腿成一条直线，整个身体向后倾斜于地面形成一定的夹角。

第四步：在交叉步右脚落地之前，左脚就要积极前迈。右脚落地，重心落在弯曲的右腿上，接着，右腿积极蹬地，加快髋部向水平方向移动，同时也加快了左脚的前迈。左脚前迈时，大腿不宜抬得过高，左脚内侧或脚跟先着地，做出强有力的制动和支撑,左脚落地的位置应在右脚落地位置前投掷方向线的左侧 20～30 cm 处。

3. 最后用力

投掷步的第三步右脚着地后,由于惯性,髋部迅速向前运动,在超越了右脚支撑点之后(左脚未着地),右脚就开始最后用力。当左脚着地,便形成了以左脚到左肩的左侧支撑,为右脚继续蹬地转髋创造条件。右脚继续蹬地,推动右髋加速向投掷方向运动,使髋轴超过肩轴,同时髋部牵引着肩轴向投掷方向转动,在肩轴向投掷方向转动的同时,投掷臂向上转动,带动前臂、手腕向上翻转,当上体转为正对投掷方向时,形成了"满弓"姿势。此时投掷臂处于身体后,约于肩等高,与躯干几乎成直角。弯曲的左腿做迅速有弹性的蹬伸,同时胸部尽量前送,并带动小臂向前做爆发性"鞭打"动作,使全身的力量通过手臂和手指作用于标枪纵轴。标枪离手一刹那,手腕和手指的积极动作,使标枪沿着纵轴按顺时针方向自转,这可以保持标枪在空中飞行的稳定性,提高标枪的滑翔效果。标枪出手的适宜角度为 30°～35°。

4. 身体平衡

标枪出手后,右腿应及时向前跨出一大步,降低身体重心,保持平衡。

(二)掷标枪的常用训练方法及错误纠正

1. 单手投轻器械

采用投掷标枪的动作,原地投、上步投、各种距离的助跑投、对投掷墙或投掷网投掷各种器械,如垒球、胶球、石子、胶管子等。

2. 单手投重器械

练习方法同投轻器械,只是改为投小铁球、小铅球和橡皮砂心球等重器械。

3. 原地和上步投掷枪

在原地练习插枪,待熟练后进行原地侧向投枪,最后练习上步投枪。

4. 投掷步与投掷动作结合

将投掷步与投掷动作结合,进行完整技术动作训练,注意动作应放松、自然,并保持标枪的稳定性。

5. 易犯错误及纠正方法

(1) 引枪时标枪离身体太远

纠正方法:多做发展肩关节柔韧性的专门训练;多做第三、四步时左臂摆至胸前,左肩转对投掷方向的练习。

(2) 第三、四步投掷步明显减速

纠正方法:多做慢跑和加速跑中引枪动作,保持上体正直;反复练习第三、四步动作,强调动作节奏;在第三步右脚着地前左腿应积极向前迈出。

(3) 超越机械不充分

纠正方法:反复练习交叉步动作,要求有较大步幅;在跑道上连续做投掷步练习,第四步动作要快;原地做髋关节左右练习。

(4) 满弓动作不充分

纠正方法:原地做"满弓"动作;左脚上前一步后并做"满弓"动作。

(5) 只用投掷臂的力量掷枪,没有利用下肢和躯干力量

纠正方法:多采用徒手和持器械的专门练习,如单手投掷实心球、沙袋等,体会用力顺序;多做上前两步、三步掷枪练习;呈投掷前的预备姿势,右臂后伸拉住皮筋,反复做最后用力动作;慢速短距离助跑,接投掷步,重点体会超越器械;而后掷出标枪。

(6) 最后用力时臂部下坐或收腹

纠正方法:多做第三、四步的练习(或作出各步记号),改正两脚着地的位置;多做右腿蹬送右髋的动作。

(7) 最后用力不能通过标枪纵轴

纠正方法:多做原地引枪和慢跑中引枪练习,持枪臂保持伸直并向上抬起约与肩高;多做徒手挥臂练习,或做打击前上方目标动作,保持肘略高于肩;反复进行"插枪"练习;发展肩关节柔韧性。

思 考 题

1. 田径运动的内涵是什么?
2. 影响铅球距离远近的要素是什么?
3. 大学生的田径运动对增强身体有哪些重要影响?

第七章 球类运动

球类运动运动量较大，对抗性、竞争性、娱乐性强，可全面增强体质，培养勇敢、机智、果断等品质和团队精神。经常参加球类运动可使人反应灵敏、判断准确，提高大脑和身体的反应与控制能力，还可增强心肺功能，使骨骼粗壮、肌肉结实、关节灵活。本章介绍了在体育锻炼中最常见的六个球类项目：篮球、足球、排球、乒乓球、羽毛球和网球。使大家了解篮球、足球、排球、乒乓球、羽毛球和网球的发展历程；基本掌握本章介绍的篮球、足球、排球、乒乓球、羽毛球和网球的基本技术动作与练习方法；较灵活地运用本章介绍的技术进行体育锻炼；能看懂篮球、足球、排球、乒乓球、羽毛球和网球比赛。

第一节 篮 球

一、篮球运动简介

美国人詹姆斯·奈史密斯（James Naismith）于1891年发明了篮球运动。起初用足球做比赛工具，向篮投掷，篮是竹篮，后改为活动的铁篮，再改为铁圈下面挂网，经过长时间的斟酌，篮球之父奈史密斯和他的同事们才将这种游戏定名为"篮球"（Basketball）。

篮球运动直至1936年柏林奥运会上才引起人们的重视。如今篮球是世界上最普及的球类之一，深受大众尤其是青少年的喜爱。

知识介绍

1892年，奈史密斯制定了篮球的13条比赛规则，同时对场地大小也作了规定。

1893年,形成了近似现代的篮板、篮圈和篮网。

1908年,美国制订了全国统一的篮球规则,并有多种文字版本,发行于全世界,篮球逐渐成为一项世界性运动项目。

1936年,第11届奥运会将男子篮球列为正式比赛项目,并统一了世界竞赛规则。之后的数十年间,规则和场地在不断变化。如今执行的篮球规则是2008年重新修订的。

1950年和1953年分别举行了第1届男篮和女篮锦标赛。

1976年,第21届奥运会将女子篮球列为正式比赛项目。

篮球运动于1896年前后由天津中华基督教青年会传入中国,后得到普及和发展。

目前国际上的重大篮球竞赛活动主要有:奥运会篮球赛、世界篮球锦标赛、各大洲(欧洲、亚洲、非洲、南美洲等)篮球赛、世界大学生和中学生运动会篮球赛、世界军队和世界俱乐部篮球锦标赛。

二、篮球运动特点

篮球具有对抗性、观赏性强,参与人数多,强调身智合一、与他人配合默契等特点,同时要求参与者具有良好的身体素质、心理素质和坚强的意志力。因此,经常参与篮球运动可使人的身体素质平衡发展,还能提高人体感觉器官的功能,中枢神经的灵活性及协调、支配各器官的能力。篮球运动能为参与者提供良好的心理体验,培养人的意志力与团队精神,促进个体社会化。

三、篮球的基本技术

(一)球感练习

球感(又称手感)是运动员在训练和比赛中发展起来的专门化直觉,其特点在于能对球的形状、重量、空间运动的速度和方向等有较为精确的感知。可以说,球感练习是各球类运动训练的敲门砖,篮球运动也不例外。下面是一些最常见的篮球球感练习方法:

1. 两手体前相互拨球

两脚开立约与肩宽,双手持球,前臂上举,上臂与地面平行,用两手的手指向两侧拨球。练习时可按口令节奏,也可自己调整速度,熟练后可边拨球边变换手臂的位置。

2. 颈、腰、腿部绕球

两脚并立,双手持球置于面前,围绕颈、腰和腿部绕球,方向从上到下,再从下至上,环绕数次后交换方向。注意在绕球过程中球不能掉,速度越快越好。

3. 原地胯下"8"字换手交接球

原地两脚左右张开,弓身,目视前方。如球在左手,则左臂由体前向右腿胯下直臂摆动,于右小腿后方交于右手,右手得球后,右臂绕过右腿前方向左腿胯下摆动,于左小腿后方交于左手,如此左右循环连续地做。熟练后可换方向,由体后向前绕。

4. 直臂对墙拍球

右手持球于头上右前方,利用指腕力量对墙拍按球,可先慢后快,或在墙面上画图形按轨迹拍球,熟练后可换左手进行练习。

5. 原地双手交替拍按球

两脚开立略比肩宽,屈膝,双手交替拍按球的外侧上方,使球向两侧弹起,反复练习,熟练后可加快拍按球的速度。

(二)基本移动步法

移动是篮球运动的基础,没有快速敏捷的移动步法,将无法很好地施展单项技术。篮球移动步法可分为进攻步法和防守步法。下面将介绍篮球运动中的主要移动步法:

1. 起动

起动是队员在球场上由静止状态变为运动状态的一种脚步动作,在进攻中突然快速的起动,是摆脱防守的有效手段;防守时迅速的起动是保持或抢占有利位置,防住对手的首要环节。

动作要领:从基本站立姿势开始,起动时,以后脚或异侧脚掌短促有力蹬地,同时上体迅速前倾或侧转,向跑动方向移动重心,手臂协调摆动,两脚连续交替蹬地,充分利用蹬地的反作用力,在最短的距离内把速度充分发挥出来。

2. 跑

篮球比赛中的跑,不仅要求跑的速度快,而且要求经常变换速度,改变方向,做出急停、转身、起跳动作,在跑的过程中完成控制球的动作。

动作要领:跑动时,两膝要自然弯曲,重心稍微下降,用前脚掌或全脚掌着地,上体微向前倾,两臂自然摆动,眼睛注意观察场上情况,随时准备接球。在篮球比赛中,使用频率最高的跑有变速跑、变向跑、侧身跑和后退跑。

(1)变速跑。加速时,蹬地突然而短促有力,上体前倾。减速时,上体直立,步幅放大并缓冲抵地。

(2) 变向跑。右脚蹬地、屈膝内扣,转移重心,左脚快迈,上体前倾,加速跑动。

(3) 侧身跑。上体侧身转肩,脚尖向前,看球跑动。

(4) 后退跑。用两脚的前脚掌交替蹬地,小腿积极后收,向后跑动,同时提踵,两臂屈肘相应摆动,保持身体平衡,并抬头注意场上情况,慢跑时稍向后倾,随着速度的加大而加大后倾度。

3. 转身

转身是篮球比赛中运用较广泛,经常与其他技术动作组合运用的改变身体方向的一种动作,包括前转身和后转身。

(1) 前转身。由移动脚向中枢脚前方跨出以改变身体位置与方向。

(2) 后转身。由移动脚向中枢脚后方撤步以改变身体位置与方向。

4. 滑步

滑步可分为侧滑步、前滑步和后滑步三种,它属于防守的基本步法。

(1) 侧滑步。两脚平行站立,向左侧滑步时,左脚向左(移动方向)迈出的同时,右脚蹬地滑动,跟随左脚移动,并保持屈膝降低重心的姿势,上体微向前倾,两臂张开(根据进攻者的情况),抬头注视对手。注意身体不要上下起伏,两脚不要交叉,重心要保持在两脚之间。

(2) 前滑步。由前后站立姿势开始,向前滑步时,前脚向前迈出一步,着地的同时,后脚紧随着向前滑动,保持开立姿势,注意屈膝以降低身体重心。

(3) 后滑步。后滑步动作方法与侧滑步相同,只是向后滑动。在滑步练习时应谨记脚的蹬跨要协同有力,滑动时身体要平稳,两臂尽量伸展。

5. 急停

急停是队员在跑动中突然制动速度的一种动作方法,也是各种脚步动作衔接和变化的过渡动作。急停包括跨步急停和跳步急停。

(1) 跨步急停,又称两步急停。在快速跑动中采用急停时,先向前跨出一大步,用全脚掌抵住地面,迅速屈膝,同时身体稍后倾,转移重心,减缓向前冲力,然后连贯地跨出第二步。脚着地时,脚尖稍向内转,用前脚掌内侧蹬地,两膝弯曲,身体侧转(右脚跨出第一步,身体右转),微向前倾,重心落在两脚之间,两臂自然张开,协助维持身体平衡。

(2) 跳步急停,又称一步急停。在跑动中,用单脚或双脚起跳(离地不高),上体稍后仰,两臂自然摆动,两脚同时平行(略比肩宽)落地。落地时用全脚掌着地(或先用脚跟着地,然后迅速过渡到全脚掌着地),两膝弯曲,两臂屈肘微张,保持身体平衡。

(三) 传接球

传球技术是篮球比赛中进攻队员之间有目的地转移球的方法。接球则是获得球的动作,亦是抢篮板球和抢断球的基础。传球技术和接球技术又可细分为多种,本书简要介绍几种主要的接传球方法。

1. 传球

传球动作有双手传球和单手传球两种主要的动作方法。双手传球以双手胸前传球为基本的动作方法,而单手传球则以单手肩上传球为基本动作方法,此处向大家介绍双手胸前传球和单手肩上传球的动作要领与练习方法。

(1)双手胸前传球。持球时,两手五指自然分开,拇指相对成八字形,用指根以上部位握球的侧后方,掌心空出,两肘自然弯屈于体侧,将球置于胸前。肩、臂、腕肌肉放松,两眼注视传球目标,身体成基本姿势。传球时,后脚蹬地,身体重心前移,同时两臂前伸,手腕由下向上翻转,同时拇指用力下压,食、中指用力弹拨,将球传出,出球后,手心和拇指向下(见图 7.1)。以上动作要领可概括为:蹬(地)、伸(臂)、翻(腕)、抖(腕)和拨(指)。注意动作应协调连贯,双手用力均匀(见图 7.1)。

图 7.1

(2)单手肩上传球(以右手持球为例)。持球方法同双手胸前传球,两脚平行开立,右手传球时,左脚向传球方向跨出半步,同时双手将球引至右肩侧上方,右手上臂与地面近似平行,前臂与地面近似垂直,手腕后屈,右手持球的后下方,身体重心落在右脚尖上。出球时,右脚蹬地的同时转体带动上臂,前臂迅速前甩,手腕前扣,最后通过食、中、无名指的弹拨下压动作将球传出(见图 7.2)。

图 7.2

2. 接球

接球是篮球运动中转移球的主要方法之一，主要分为双手接球和单手接球两种接球方法。

(1) 双手接球。双手接球是篮球运动中最基本和最常用的接球方法。双手接球时，双眼注视来球，两臂伸出迎球，手指自然分开，拇指相对成"八"字形，手指向前上方，两手成一个半圆形；手指触球后，两臂顺势屈肘随球后引，缓冲来球力量，双手握球于胸腹间，成基本站立姿势。注意动作应协调连贯，伸出手主动迎球，收臂后引缓冲。双手前伸的高度亦与来球高度相应有所变化。

(2) 单手接球。单手接球控制的范围较大，可接不同方向的来球，但稳定性不如双手接球。以右手接球为例，当使用右手接球时，右脚向来球方向迈出，双眼注视来球；接球时，手掌成勺形，手指自然分开，右臂向来球方向伸出；当手指触球时，手臂顺势将球向后引，左手立即握住球，双手将球握于胸腹间，成基本站立姿势。

3. 传接球常用练习方法

下面向大家简单介绍一些常用的传接球练习方法，大家可根据自身的实际情况灵活选用。

(1) 两人面对面原地传接球练习。两人一组一球，相距 3～5 m，进行单手、双手传接球练习，传球高度可自行调整。要求保持基本站立姿势，持、传、接球的手法正确，配合下肢力量协调练习；传接球速度由慢到快，距离由近至远，练习单手传球时应左右手交替进行。

(2) 多人原地接不同方向来球，向不同方向传球练习。多人一组站成多边形，向不同方向传球，同时接不同方向的来球。要求传接球速度由慢到快，用眼的余光观察传球目标和来球，相互之间配合默契。

(3) 迎面上步传接球练习。练习者排成纵队，一人持球（代号"A"）面向纵队站立，相距 5～7 m。纵队排头者接 A 传来的球，做急停后将球再次传回给 A，然后跑至纵队队伍的后面，接着第二人上步接传球，依次反复练习，传一定次数后，轮流替换 A。在练习过程中，要求上步接球手法正确，接球平稳，A 传球的力量适中。

(4) 横向移动传接球练习。两人一组，相距 3～5 m 站立，一人持球向左右方向传球，另一人则接球，接球后迅速将球再传回同伴，循环进行练习，传接一定次数后，两人交换。在练习过程中，要求传接球手法正确，反应迅速，移动敏捷。

(5) 对墙传接球练习。距墙 3 m 左右持球站立。练习时，用双手或单手对墙做胸前传球，球反弹回后迅速接球，传球速度由慢到快，距离由近至远，熟练后可在球传出后原地转身 360°后再接球。

4. 传接球易犯错误与纠正方法

(1) 双手胸前传球易犯错误。用手掌握球，指端未贴住球；肩、腕关节紧张，传球时两肘外展；伸臂和翻腕动作脱节，形成挤球；两臂用力不均匀；全身动作配合不协调。

纠正方法：练习者做好持球准备姿势后，由同伴或教练的两手上下握球，让练习者传球时做腕翻转和指拨球的动作，使练习者体会动作方法。

（2）单手肩上传球易犯错误。传球时手臂、肘外展，或传球时不以肘带动前臂摆甩和扣腕，无名指拨动作传球，形成推铅球式传球；腕、指控制球能力较差，传球落点不准。

纠正方法：教练或教师重复示范单手肩上传球的动作顺序，并配合教学视频进行讲解，强调传球时肘关节领先。针对传球时前臂和腕、指动作的错误，可采用各种单手传球的徒手练习，利用小球练习体会动作，进行其他腕、指专门性练习，提高腕、指灵活性和力量，增强控制球的能力。

（3）双手接球易犯错误。接球手型不正确，手指朝前，拇指向上，形成由两侧或上下去捂球或夹球；伸臂迎球时臂、腕、指紧张，引球动作不及时，两手掌心触球。

纠正方法：多做自抛自接球练习，养成张手、伸臂迎球和及时屈肘引臂的习惯。

（四）运球

运球是篮球运动中非常重要的个人进攻术之一，也是篮球比赛中携带球在场上移动的方法。它是持球队员在原地或行进中，用单手连续按拍由地面反弹起来的球的一类动作。运球有高运球、低运球、运球急停急起、体前变速变向运球、背后运球。通过运用不同运球动作的交替组合与变化，可使运球具有突然性、攻击性和实效性，从而为得分创造良好的条件。下面主要介绍高运球、低运球、运球转身和体前变向换手运球。

1. 高运球

抬头，目视前方，上体稍前倾，以肘关节为轴，用手按拍球的后侧上方，球的落点在身体侧前方，球反弹的高度在胸、腰之间，一般拍一次球跑两步（见图 7.3）。

图 7.3

2. 低运球

抬头,目视前方,两腿迅速弯曲,降低身体重心,上体前倾,靠近防守队员的一侧,用身体和腿保护球。同时,用手短促地按拍球,控制球从地面反弹的高度在膝部以下,以便摆脱防守继续前进(见图 7.4)。

图 7.4

3. 运球转身

以右手运球为例,当对手堵截运球路线时,运球队员将球控制在身体右侧,左脚向前跨出一步为中枢脚,置于对手两脚之间,然后右脚用力蹬地后撤,顺势做后转身动作;在转身的同时,右手按拍球的右前方,将球拉引至身体的侧后方落地,转身后换用左手推拍球,从对手的身体右侧突破。为减小球的转动半径,须使上臂紧贴躯干,同时使运球手臂提拉球的动作和脚的蹬地、跨步、转身动作紧密结合。转身时应加力运球,以加大球的反作用力,延长手触球的时间,有利于拉引球动作的顺利完成。

4. 体前变向换手运球

运球队员要从对手右侧突破时,先向对手左侧快速运球,当对手向左侧转移身体重心准备堵截时,运球队员突然变换运球的方向,用右手按拍球的右侧上方,并靠近身体向左侧拍球,使球的落点靠近左脚,向身体左侧反弹,同时,右脚向左前方跨步,上体左转侧肩,以臂、腿、上体保护球,换左手按拍于左侧上方,从对手右侧运球突破。若要从对手左侧突破,则方向相反。

5. 运球常用练习方法

(1)原地运球。原地运球的练习可以按四个步骤进行:①原地运球模仿练习,体会手臂、手腕动作;②原地高运球或低运球练习,体会手指手腕上吸下按的动作以及手触球的部位,熟练后可将高运球和低运球混合进行练习,进一步提高运球能力和控制球的能力;③原地体前左、右交替运球,体会换手时推拨球的动作和按拍球的部位;④原地体侧前后运球,体会前推、后拉运球时,手按拍球的部位和用力。

在原地运球练习过程中应始终保持正确的身体姿态,体会手按拍和迎引球的动作,抬头,用眼余光看球。

(2) 行进间运球。行进间运球包括的内容有三个方面：

第一，直线运球。一人持球沿直线行进间的高运球练习，熟练后可加快跑动速度，或者多人进行直线运球接力练习。开始时可练单手运球，以后逐渐变为体前左、右交替运球。

第二，弧线运球。沿罚球圈、中圈做弧形运球到对面的端线，再换手变向将球运回。注意要用远离圆圈的手运球，做左右手换手运球练习。弧线运球时，内侧腿深屈膝，外侧脚用力蹬地，身体向内倾，幅度越大越好，球要始终控制在体侧。

第三，运球急起急停。每个队员一球，根据教练或同伴的信号练习急起急停或变速运球。注意急起急停时，要停得稳，起动快。变速运球时，要掌握好高、低运球的节奏，加速应突然。

6. 运球易犯错误和纠正方法

(1) 用手掌拍击球。

纠正方法：强调运球手法，徒手做模仿练习，反复练习手、臂迎送动作；单手举球到头前侧上方，用手腕前屈、后仰和手指拨球动作连续做对墙运球练习。

(2) 控制不好球。

纠正方法：教师或教练多讲解和示范正确动作，反复进行按拍球的动作练习。

(3) 行进间高运球时按拍球与行进配合不协调。

纠正方法：多做原地碎步跑运球和慢速行进运球的练习，熟练后再提高移动速度。

(4) 低头运球。

纠正方法：可目视同伴或教师、教练进行运球，还可戴遮视线的"眼镜"进行运球练习。

（五）投篮

投篮时将球投进篮圈的一种专门动作，它是篮球比赛中唯一的得分手段，是所有进攻技战术的最终目的和攻守矛盾的焦点所在。没有精准的投篮技术，便无法得分，也无法获得比赛的最终胜利。投篮的基本方法有原地单手投篮、双手胸前投篮、行进间单手投篮、跳起单手投篮、反手投篮和勾手投篮等。以下将向大家介绍原地单手投篮、原地双手胸前投篮、行进间单手投篮和跳起单手投篮。

1. 原地单手投篮

以右手持球为例，右脚在前，左脚稍后，两膝微屈，重心落两脚掌上；右手五指自然分开，翻腕持球的后部稍下部位，左手扶在球的侧下面，将球举到头部右侧上方位置，目视球篮，大臂与肩关节平行，大、小臂约呈 90°角，肘关节内收。投篮时，由下肢蹬腿发力，身体随之向前上方伸展，同时抬肘向投篮方向伸臂，用手腕前屈和手指拨球动作,使球柔和地从食、中指端投出。球离手时,手臂要随球自然跟送,脚跟提起。具体动作见图7.5。

图 7.5

2. 双手胸前投篮

投篮的准备姿势与双手胸前传球的准备姿势基本一致,投篮前将球置于胸前,目视篮圈,两肘自然下垂,两脚前后或左右开立,两膝微屈,重心落在两脚掌上。投篮时,两脚蹬地,腰腹伸展,两臂向前上方伸出,两手腕同时外翻,拇指稍用力压球,使球通过拇指、食指、中指指端投出。球出手后,脚跟提起,腿、腰、臂随出球方向自然伸展。具体动作见图7.6。

图 7.6

3. 行进间单手投篮

行进间单手投篮又称三步上篮,是篮球比赛中常采用的投篮方法之一,它可分为行进间单手肩上投篮和行进间单手低手投篮。

(1) 行进间单手肩上投篮。以右手持球为例,右脚向前跨出时接球,接着迅速上左脚起跳,右腿屈膝上抬,同时举球至头右侧,腾空后,上体稍后仰,当身体跳到最高点时,右手臂伸直,用手腕前屈和手指力量将球投出(见图7.7)。此动作有一口诀:一跨大步接球牢,二跨小步用力跳,三要翻腕托球举球高,四要指腕柔和用力巧。

图 7.7

(2) 行进间单手低手投篮。以右手持球为例,行进间单手低手投篮的跑动步法与行进间单手肩上投篮基本相同,只是在接球后的第二步要继续加快速度,用力蹬地向前上方起跳,腾空时间要短。投篮手的五指自然分开,托球的下部,手心朝上,手臂向上伸展,接近篮圈时,用指腕上挑的力量,使球向前旋转投向篮圈。注意第二步投篮出手前保持单手低手托球稳定性。具体动作见图7.8。

图 7.8

4. 跳起单手投篮

以右手持球为例，双手持球于胸腹之间，两脚左右（或前后）开立，两膝微屈，身体重心落在两脚间，上体放松，眼睛注视篮圈；起跳时两膝适当弯曲，接着脚掌蹬地发力，提腹伸腰，向上迅速摆臂举球并起跳，球高度为肩上或头上，持球方法同原地单手肩上投篮；当身体升至最高点或接近最高点时，用暴发性力量屈腕、压指，将球投出，球离手后身体自然落地，屈膝缓冲。具体动作见图7.9。

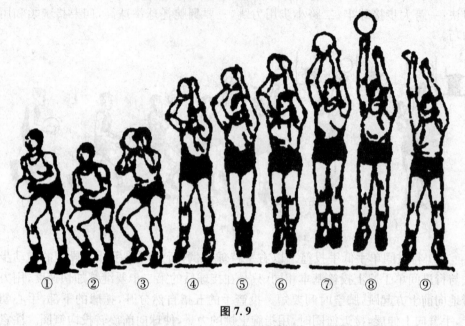

图 7.9

5. 投篮常用练习方法

（1）原地练习持球投篮的准备姿势和出手动作。

（2）徒手做原地投篮动作的模仿练习，体会全身的协调配合和出手时的指腕动作。

（3）面对墙、篮板或同伴，相距2～3 m，持球做投篮动作练习。

（4）站在篮圈下面，原地练习投篮出手，体会投篮出手时的指腕动作。

（5）两人一组，相对站立，相距3～4 m，用原地单手、双手投篮方法有弧度地传球，熟练后逐渐拉长距离。投篮手法基本掌握后，可采用固定投篮角度和变换投篮距离等方法进行投篮练习。

（6）定点投篮练习，即两人一组，规定投篮点，一人连投，一人传递，达到规定次数后两人互换。

（7）在对抗的条件下，加大投篮练习的难度和强度，提高投篮的应变能力，以适应实战的要求。

6. 原地投篮易犯的错误及纠正方法

(1) 持球手型不正确,掌心未离球体,手指端未贴在球体上,持球不稳。

纠正方法:练习者持球,由同伴或教师、教练检查动作是否正确,并帮忙纠正,使练习者建立正确的投篮持球动作基本概念。

(2) 肘关节外展。

纠正方法:练习者以投篮的手臂侧靠墙,徒手做投篮模仿练习。

(3) 投篮时,肘关节过早前伸,导致抛物线过低。

纠正方法:练习者坐在地上持球做投篮动作,同伴或教师、教练在练习者对面用手压在球的上方,使练习者体会投篮时先抬肘,后伸臂、压腕、指拨出球的动作顺序。

(5) 行进间投篮时跑动与跨步衔接不好或步法混乱。

纠正方法:先徒手进行跨步的练习,熟练后进行行进间慢速运球接跨步上篮的动作,之后行进间运球速度可逐渐加快,使练习者循序渐进地掌握行进间投篮的衔接技术。

四、篮球的基本战术

篮球战术是篮球比赛中队员所运用的攻守方法的总称,是队员个人技术的合理运用和队员之间协调配合的组织形式。战术的目的是为了更好的发挥队员的技术与特长制约对方,力争掌握比赛的主动权,争取比赛的胜利。

(一) 战术基础配合

战术基础配合,是两三个人之间有目的、有组织、合作行动的方法。它包括进攻与防守两个部分,是组成全队攻守战术的基础,也是培养运动员篮球意识的重要手段。只有熟练地掌握与运用战术基础配合,才能使全队战术配合更加灵活多变,更加有效地发挥作用。

1. 进攻基础配合

(1) 传切配合

这是进攻队员之间利用传球和切入技术所组成的简单配合。切入队员要根据情况掌握切入时机,果断、快速摆脱对手切入篮下,并注意接同伴的传球。传球队员要利用瞄篮、突破、运球或假动作吸引、牵制对手,当切入队员摆脱对手处于有利位置时,应及时、准确地将球传给切入队员。

(2) 突分配合

这是有球队员持球突破后,主动地或应变地利用传球与同伴配合的方法。突破动作要突然、快速,在突破过程中要随时观察场上攻、守队员行动和位置的变化,既要做好投篮的准备,又要及时、准确地传球给同伴。

(3) 掩护配合

这是掩护队员采用的合理动作。用自己的身体挡住同伴的防守者的移动路线,使同伴借以摆脱防守,或利用同伴的身体和位置使自己摆脱防守。给同伴做掩护时,掩护队员要突然跑到同伴的防守者的移动路线上,保持适当的距离,两脚开立,双膝微屈,两臂屈肘于胸前,上体稍前倾,扩大掩护面积。当同伴利用掩护摆脱防守时,掩护队员应随着防守者的移动,转身切入准备抢篮板球或接球。

2. 防守基础配合

(1) "关门"配合

"关门"是两个防守队员靠拢协同防守突破的配合方法。防守队员应积极封堵进攻者的突破路线,临近突破一侧的防守队员要及时向同伴靠拢进行"关门",不给突破者留有通过的空隙。

(2) 交换配合

为了破坏进攻队员的掩护配合,防守队员之间及时地交换自己所防守的对手的一种配合方法。交换防守时,防守掩护者的队员要主动发出换人信号,双方准备换防。两防守队员要到位交换,及时换防。运用交换防守后,应在适当的时机再换防,以免在个人防守力量对比上失利。

(二) 常用的篮球战术

1. 快攻与防守快攻

(1) 快攻

这是由防守转入进攻时,以最快的速度、最短的时间,在对方部署防守之前,创造人数上、位置上的优势,果断而合理地进行攻击的一种进攻战术。

① 快攻的要求:全队要有积极的快攻意识,并需掌握快攻的发动时机;由守转攻时,每个队员都要积极行动,发动接应,快下要协同一致,并保持纵深分散队形,以展开迅速的快攻;获球队员和掷界外球队员,要敏锐地观察同伴的行动,要先远后近,传好第一传。在快攻中,应以传球为主,结合运球突破,加快进攻速度;快攻结束时,不要降低速度,要果断进行攻篮和跟进抢篮板球。

② 快攻的形式:长传快攻;短传结合运球推进快攻;运球突破快攻。

(2) 防守快攻

防快攻的发动与接应;防快攻的推进;防快攻的结束。

2. 半场人盯人防守与进攻半场人盯人防守战术

(1) 半场人盯人防守

人盯人防守是每个防守队员盯住一个进攻队员,并要协助同伴进行集体防守的全队防守战术。它的基本原则是:以盯人为主,经常保持在对手与球篮之间的有利位置上,及时协助同伴形成集体防守。

① 基本要求:由攻转守时,每个队员都要迅速退回后场,找到对手,组成集体防守;根据对手、球、球篮选择有利位置,有球紧,无球松;近球紧,远球松;近篮紧,远篮松;积极移动,控制对手;做到球、人、区兼顾,与同伴协防,破坏对方进攻配合,加强防守的集体性。

② 防守特点:按防守范围,半场人盯人防守可分为半场缩小(离篮 7 m 左右)人盯人防守和半场扩大(离篮 8～10 m)人盯人防守,他们不仅在防守区控制范围上有差异,而且在防守的重点上也不同。半场缩小人盯人防守用于对付中、远距离投篮不太准,而突破和篮下攻击能力较强的对手。半场扩大人盯人防守则用于对付外围投篮较准,突破与篮下进攻能力较弱和后卫控制、支配球能力较弱的球队。

③ 练习方法:明确半场人盯人防守的概念和基本原则,讲清半场人盯人防守的基本要求和方法,然后再转入防守方法练习,先练半场缩小人盯人防守,后练半场扩大人盯人防守;加强个人防守的责任感,不断改进防守战术及运用,提高个人防守能力;重视防守合作意识的培养,充分运用防守基本配合方法,提高全队集体的防守能力;在消极进攻的情况下,根据缩小或扩大人盯人防守的要求,随着进攻队的人、球移动,练习选择有利的防守位置;在教学比赛中,提高集体防守质量,发现问题及时分析,及时总结,保证不断提高。

(2) 进攻半场人盯人防守战术

进攻半场人盯人防守战术是由各种传切、突分、掩护、策应等基础配合组成的全队战术。

① 基本要求:进入进攻半场后,应合理地组织进攻队形,迅速地落位;要充分利用基础配合及其变化来创造进攻机会,要正面进攻与侧面进攻、内线进攻与外围进攻、主动进攻与辅助进攻相结合,扩大攻击面,增多攻击点;组织进攻中,要根据防守情况,攻其薄弱环节,有目的地穿插、换位,造成防守漏防,同时注重速度,讲究节奏,快慢结合,动静结合,在动中配合;组织拼抢前场篮板球,注意攻守平衡,保证攻守转换的速度。

② 练习方法:在无防守或消极防守的情况下进行战术分解练习,掌握配合方法;通过两个或两个以上进攻基础配合的组合练习,进行全队无防守或消极防守情况下的战术练习;在半场积极防守情况下练习。对进攻和防守队都应提出一定的任务和要求;通过教学比赛,检查和提高全队进攻战术运用的质量。

3. 区域联防与进攻区域联防

(1) 区域联防

区域联防是指由进攻转入防守时,防守队员退回后场,每个队员分工负责防守一定的区域,严密防守进入该区域的球和进攻队员,并与同伴协同防守,用一定的队形,把每个防守区域有机地连接起来。

① 区域联防的基本要求:各位队员必须认真负责自己的防区,积极阻挠进入防区的进攻队员的行动,并联合进行防守;要以防守为重点,随球的转移而经常调整位置。做到人球兼顾,不让对方持球队员突破和传球给内线防区;对进入罚球区附近或穿过罚球区的进攻队员,必须严加防守,切断其接球路线,不让其轻易接球、传球或投球,加强篮下区域防守;每个防守队员要彼此呼应,随时准备协防、换位、越区、"护送"等,互相帮助,加强防守的集体性。

② 区域联防的形式:区域联防常用的形式有"2-1-2"、"3-2"、"2-3"、"1-3-1"等。

(2) 进攻区域联防

进攻区域联防是针对区域联防的特点、队形、方法和变化所采用的进攻战术。

① 进攻区域联防的基本要求:由防守转入进攻时,应首先争取快攻。乘对方立足未稳、尚未组织好防守进行攻击;根据对方区域联防队形,采用针对性落位队形,组织对薄弱地区的进攻;运用传球移动、中远距离投篮等进攻技术,通过"人动"、"球动"打乱对方防守队形。运用声东击西、内外结合、以多打少等方法,创造投篮机会进行攻击;要组织拼抢篮板球争夺二次进攻机会,同时还要保持攻守平衡,准备及时退防。

② 进攻区域联防的队形:进攻区域联防的常用阵式有"1-3-1"、"2-1-2"、"2-2-1"、"1-2-2"、"1-4"等。

4. 区域紧逼与进攻区域紧逼

(1) 区域紧逼

区域紧逼是防守队员按预定的战术阵式分区落位,守区盯人,连续组织封堵夹击,力争获得控球权的防守战术。它具有区域联防和人盯人的优点,体现了在区域中紧逼盯人,在紧逼盯人中守区,是具有攻击性的一种整体防守的方法,也是两大防守战术体系综合发展而形成的防守战术系统。

区域紧逼的基本阵式与方法:根据区域紧逼防守范围和落位队形的不同组合,构成防守重点不同的战术阵式,主要有"1-2-1-1"、"1-2-2"、"2-2-1"和"2-1-2"等。

(2) 进攻区域紧逼

进攻区域紧逼是针对区域紧逼的特点所采用的一种进攻战术。随着区域紧逼防守的出现,进攻区域紧逼经过多年的实践、改进和发展,已由主要依靠个人运球突破推进的方法逐步形成了快速三角推进、回传跟进、弱侧反跑、中区策应和突分接应等配合打法,并逐渐形成一套完整有效的进攻区域紧闭的方法。

进攻区域紧逼的基本阵式与方法:进攻区域紧逼战术按进攻区域的大小不同,可分为进攻全场区域紧逼、进攻四分之三区域紧逼和进攻半场紧逼三种类型的战术,针对防守的各种阵式,可采用"1—2—1—1"、"1—2—2"、"1—1—2—1"和"2—1—2"等不同落位阵式的进攻方法。进攻区域紧逼常用快速转移球展开进攻的方法,即在对方尚未形成区域紧逼阵式前,以快速的越区传球来攻破。

5. 综合防守与进攻综合防守

(1) 综合防守

综合防守战术是在一场篮球比赛中把人盯人防守和区域防守等防守战术综合为一体并应变运用的一种特殊的防守战术。综合防守具有两个明显的特点:一是针对性强,表现为分工明确,防守重点突出,能较合理地组织全队的防守力量,能有效地控制对方核心队员和有技术特长的队员,争取比赛的主动;二是变化多样,不易被进攻方识破,迫使对方改变进攻战术,打乱其习惯部署,能有效地控制比赛速度和节奏,使对方陷于被动,时效性较强。

(2) 进攻综合防守方法

在比赛中,进攻综合防守要针对综合防守战术的特点,抓住攻守转换阶段对方的漏洞,采取"以静制动"、"以动制动"、"交换位置"等策略来进攻综合防守。

进攻综合防守的类型:有对位进攻法,掩护进攻法,大范围穿插移动进攻法等。进攻综合防守的战术配合方法很多,应该在运动员全面掌握各种进攻战术和提高战术意识的前提下,逐步打破锋、卫队员的界限后运用,使他们在比赛中一方面能履行自己基本位置上的特殊职责,另一方面战术需要时又能相互替代和弥补不足,以增强进攻综合防守战术的机动灵活性与进攻的攻击性。

第二节 足 球

一、足球运动简介

足球是足球运动的简称,同时还可指足球运动的比赛用球,被誉为"世界第一大运动"。足球运动是以脚支配球为主,两个队在同一场内进行攻守的体育运动项目。足球比赛一般为22人同场竞技,场地通常为室外场。但随着足球运动的不断发展,衍生出五人制足球,场地通常为室内场。

二、足球运动的特点

足球具有整体性(多人配合)、对抗性(有身体直接接触,竞争激烈)、多变性(技术和战术变化多端,胜负难以预测)和易行性(对器材场地要求不高)的特点。经常从事足球运动,可提高人体的力量、速度、灵敏、耐力和柔韧等身体素质,改善人的高级神经活动,增强人的心血管系统、呼吸系统等内脏器官的功能,足球运动还可以培养良好的心理品质及团队合作精神。

三、足球的基本技术

足球技术指由特定动作组成,并贯穿于整个足球活动中的一种基本形式。足球技术包括有球技术(踢球、颠球、停球、头顶球、运球、抢截球、假动作和掷界外球)、无球技术(起动、快跑、跳跃、急停、转身、移动步和假动作)和守门员技术(接球、扑球、拳击球、托球、掷球和抛踢球)。本章节主要介绍足球的颠球技术、踢球技术、运球技术、射门技术、接球技术。

(一)颠球技术

颠球是指运动员用身体的各个有效部位连续地触击球,并加以控制,尽量使球不落地的技术运动。主要有双脚脚背颠球、双脚内或外侧颠球、大腿颠球和头部颠球。它是足球运动最基本的技术之一。

1. 脚背颠球

脚向前上方摆动,用脚背击球,击球时踝关节固定,击球的下部。两脚可交替接球,也可一只脚支撑,另一只脚连续击球。注意击球时用力均匀,使球始终控制在身体周围。

2. 脚内侧或外侧颠球

抬脚屈膝,用脚的内侧或外侧向上摆动,击球的下部,两脚内侧或外侧交替接球,注意事项同脚背颠球。

3. 大腿颠球

抬腿屈膝,用大腿的中前部位向上击球的下部,两腿可交替击球,也可一只脚做支撑,用另一侧的大腿连续击球,注意事项同脚背颠球。

4. 头部颠球

两脚开立,膝盖微屈,用前额部位连续顶球的下部。顶球时,两眼注视球,两臂自然张开以维持身体平衡。

5. 颠球常用练习方法

（1）原地颠自己手坠的下落球。

（2）原地拉挑球接着进行颠球，熟练后可两脚交替颠球，触球部位可先脚背再脚侧。脚下颠球熟练后再练习大腿颠球和头部颠球。

（3）原地进行高、低交替颠球练习。

（4）走动颠球练习。

（5）两人一组，一人颠球给对方，对方接着颠；或者两人面对面进行对颠，可规定颠球的次数和触球部位。

6. 易犯错误与纠正方法

（1）脚背颠球

① 脚击球时踝关节松弛。

纠正方法：适当保持踝关节紧张，击球下中部，以膝关节为轴屈伸小腿。

② 击球时脚尖向下或向上勾，球难以控制。

纠正方法：练习时脚背须与地面平行，脚尖微翘。初学者可先颠一次让球落地反弹后再颠，体会触球时与球摩擦使球带有回旋的感觉，熟练后再过渡至连续颠球。

（2）脚内侧或外侧颠球

① 击球时脚内翻或向上摆动不够，不能使球垂直向上运动。

纠正方法：加强柔韧性练习。两人一组，一人坐在地上两腿屈膝，脚掌相对，成盘腿状，两腿尽量靠近大腿，另一人在身后两手扶膝关节用力下压持续几秒钟后，交换进行练习，可提高脚内翻和小腿向上摆的幅度。

② 支撑腿膝关节弯曲不够，导致脚外侧颠球时球无法靠近身体，失去控制。

纠正方法：练习时支撑腿膝关节有意识弯曲，上体向支撑腿一侧稍倾斜，屈膝关节，脚外翻使脚外侧成水平状态的姿势，持续几秒后交换支撑脚的练习。

（3）头部颠球时击球时间和部位不准，导致难以控制球的方向和高度。

纠正方法：练习时要求颈部稍紧张用力，控制好顶球点，加强收腹和屈膝、伸腿、蹬地协调用力的练习。

（二）踢球技术

踢球时运动员有目的地用脚把球击向预定目标的技术。踢球是足球技术中最重要的技术之一，也是足球运动的特征之一，主要用于传球和射门。踢球方法众多，主要有脚内侧踢球、脚背正面踢球、脚背内侧踢球、脚背外侧踢球、脚尖踢球和脚跟踢球。不管使用哪个部位踢球，其动作结构相同，均由助跑、支撑腿站位、踢球腿前摆、脚触球和踢球随球五个动作环节组成。

1. 脚背正面踢球

踢定位球时,直线助跑,支撑腿踏在与球平行且距球一脚距离的左右侧方,脚尖正对出球方向,膝稍屈;同时踢球腿向后摆起,膝弯曲。踢球腿前摆时,应用大腿带动小腿,当大腿前摆至垂直地面位置时,小腿加速前摆,在脚触球刹那,脚背绷直,并稍收腹,以正脚背部位触球的后中部。踢球后,身体继续向前跨出一两步。具体动作见图 7.10。

图 7.10

2. 脚背里侧踢球

沿着与球呈 45°的斜线助跑,支撑腿踏在侧后方约两脚左右处,膝弯曲,以脚掌外侧着地支撑身体中心,上体稍向支撑腿一侧倾斜,踢球腿自然后摆。踢球时,以大腿带动小腿,呈弧形迅速前摆,脚稍向外转,脚面绷直,脚趾扣紧,脚尖斜指前下方,以里脚背触球的后中部,踢球后,腿随球摆出。具体动作见图 7.11。

图 7.11

3. 脚背外侧踢球

动作要领与脚背正面踢球基本相同,只是用脚背外侧触球,在踢球的一刹那,脚背要绷直,脚趾用力下扣,脚尖内转,踢球的后中部。具体动作见图 7.12。

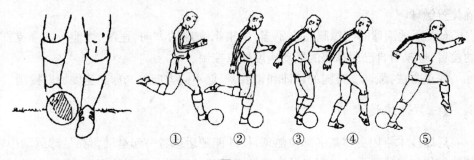

图 7.12

4. 踢球常见练习方法

(1) 原地做各种踢球动作的模仿练习。

(2) 两人一组一球,一人用脚挡球(挡球脚脚尖翘起,脚掌对球,离球约 10 cm),另一人做助跑踢球练习。

(3) 对足球墙踢球练习。开始时离墙 3~5 m。用力要小,然后逐渐加长离墙的距离,增大踢球力量。

(4) 踢准练习。两人一球,相距 15 m 左右,中间放一个低的跨栏架,要求踢出的球从栏间踢过;向划有标志的足球墙踢准。

(5) 踢远练习。在角球区向罚球区用力踢球;在罚球区线上向站在中线附近的同伴用力踢球;对着足球墙运球中踢球,距离可逐渐拉大。

(6) 接力踢球。队员分成两组,相距 15 m 左右,成纵队相对站立,由其中某一组第一人开始跑动中踢球,踢球后跑到对方排尾,依次循环。

5. 踢球易犯错误与纠正方法

(1) 支撑脚位置偏后,踢球时身体或臀部后坐,脚触击球的后下部等;踢出的球偏高。

纠正方法:调整支撑腿的位置,在脚触球的同时蹬地送髋保持水平方向移动。

(2) 踢球腿的后摆较小或没有后摆,而仅是将球踢出以致前摆过分,造成踢球无力或出球较高。

纠正方法:加大最后一步助跑,使支撑腿立足与踢球腿形成相应的距离以提高后摆的幅度。

(3) 踢球腿的摆动部稳定,触球点不准确,使球产生不应有的旋转,准确性较低,并且影响出球力量。

纠正方法:在脚触球前看准球的部位,重复练习。

(4) 脚趾屈得不够,以致无法用脚的正确位置触球,出球力量和方向均受到影响,且易损伤脚趾。

纠正方法:加强脚趾柔韧性练习,多压脚趾,同时在练习中提醒自己用脚的正确位置触球。

(5) 踢地滚球时支撑腿站立不当,未根据来球的方向、速度、性能等选择支撑的位置,也未对自己踢球腿的摆动速度加以控制。

纠正方法:强调支撑腿的超前和错后,根据不同方向的来球和速度加以控制。

(三) 运球技术

运球技术指用身体某一部位触球,使球能随运球者一起运动。在足球运动中,还涉及如何正确灵活地运用各种运球技术带球越过对方防守的问题,因此,必须较为熟练地掌握运球技术。常用的运球技术包括脚内侧运球、脚背正面运球、脚背外侧运球和脚背内侧运球。

1. 脚内侧运球

运球前进时支撑腿始终领先于球,位于球的侧前方,肩部指向运球方向,支撑腿膝关节微屈,重心落在支撑腿上,另一条腿提起屈膝,用脚内侧推球前进,然后运球腿着地,这种技术多用于寻找配合传球或有对方阻拦需用身体掩护时。

2. 脚背正面运球

运球时身体为正常跑动姿势,上体稍前倾,步幅较小,运球腿提起,膝关节稍屈,髋关节前送,提踵,脚尖下指,在着地前用脚背正面部位触球后中部推送球前进。

3. 脚背外侧运球

运球时身体保持正常跑动姿态,上体稍前倾,步幅较小,运球腿提起,膝关节稍屈,髋关节前送,提踵,脚尖绕矢状轴向内侧旋,使脚背外侧正对运球方向,在运球腿落地前用脚背外侧推拨球的后中部。

4. 脚背内侧运球

身体稍侧转并自然协调放松,步幅小,上体前倾,运球腿提起外展,膝微屈外转,提踵,脚尖外转,使脚背内侧正对运球方向,在运球腿落地前用脚背内侧推拨球,使球随身体前进。

5. 运球常用练习方法

(1) 用较慢的速度进行单脚推或拨球练习,较熟练地掌握后再进行两只脚交替推、拨球练习。

(2) 接力运球练习。将练习者分成两组,相距 20 m 左右呈"一"字形相对站立,一组第一人运球到对面的运球起点线,将球传给另一组的第一人,然后跑到排尾,依次循环,可规定运球的具体方式和循环次数。

(3) 过障碍运球练习。练习者排成一路纵队,由排头开始从起点线运球绕过立的标杆,每两个练习者之间相隔一定距离一个接一个运球过杆,标杆可排成直线或折线。

(4) 弧形运球。练习者分别站在中圈外的左侧和右侧,顺中圈的弧线进行运球。熟练后可将练习者分成两组,一组运球,另一组散站在圈内或在圈内自由走动,运球者应尽量使球不触及站着的或走动着的人,一定次数后两组人进行交换。

6. 易犯错误与纠正方法

易犯错误:(1) 眼睛只盯着球,无法随时观察周围情况,以致不能根据临场情况及早采取措施。

(2) 运球时不是推球或拨球而是击球,致使球远离自己而失去控制。

纠正方法:以上两种常见错误的纠正方法均为多做慢速的运球练习,使练习者形成正确的运球动作概念。熟练后进行一对一过人练习。

(四) 射门技术

射门技术时足球运动中最主要的得分技术,能否在最后将球射进对方球门,是比赛胜负的关键,下面向大家介绍几种最基本的射门技术。

1. 正脚背射门

起跑点、足球和射门目标成一直线,向目标处轻松助跑几步后支撑脚站在足球侧后方,自然向后提起踢球腿小腿,双目注视足球顶部,锁紧支撑腿脚跟,挥动踢球腿小腿抽向足球中央点,击球后身体顺势追前完成整个射门动作。

2. 脚外侧射门之外弯香蕉球

斜线碎步跑向足球,当支撑腿站在足球侧近时,踢腿扭摆身体,锁紧支撑腿脚跟,用脚外侧抽击足球偏外三分之一处,射门后顺势收膝以完成射门动作。

3. 脚内侧射门之撞射

轻松跑向足球,射球前保持身体平衡,朝足球顺势踢腿,当支撑腿站在足球侧近的时候,轻松身体膝向外转,锁紧支撑腿脚跟,用脚内侧撞击足球中央,将球射出。

4. 脚内侧射门之内弯香蕉球

斜线碎步跑向足球,当支撑腿站在足球侧近时,踢腿扭摆身体,锁紧支撑腿脚跟,用脚内侧触及足球片外三分之一处,击球过程中顺势扭动身体,使所射足球自然形成内弯香蕉球。

5. 射门常用练习方法

(1) 对足球墙进行射门练习,可瞄准某一点集中练习,待熟练后再瞄准另一点集中练习。

(2) 对球门进行射门练习。

（五）接球技术

接球技术即停球技术，是指有意识地将球停接下来，控制在自己的活动范围内，以便更好地处理球。按接球的身体部位不同，可将接球方法分为：脚掌接球、脚弓接球、外脚背接球、正脚背接球、大腿接球、胸部接球和头部接球。根据球的活动状态可分为接地滚球、接反弹球和接空中球。

1. 胸部接球

胸部接球分挺胸接球和收胸接球两种方式。挺胸接球时身体正对来球，两脚前后开立，两膝弯曲，上体稍后仰，当球到头部前上方时，两臂自然向两侧张开，在球触及胸部时，要挺胸憋气，使球触胸后向前上方弹起，然后用头或用脚将球控制好。收胸接球时，准备姿势同挺胸接球，接球时，胸部对准来球，并稍前挺迎球，球一接触胸部，两臂前引，迅速收胸、收腹缓冲来球力量，将来球接在身前。具体动作见图 7.13。

图 7.13

2. 脚掌接球

此种接球方法常用于接正面地滚球和反弹球。接地滚球时，身体正对来球方向，支撑腿微屈，上体稍前倾，保持身体平衡，接球脚提起，高度不超过球的高度，屈膝，脚尖跷起高过脚跟；当球滚到脚前侧时，脚掌轻轻下压，以脚前掌将球接在脚下。具体动作见图 7.14。

图 7.14

3. 脚弓接球

以接地滚球为例,接球时,支撑脚正对来球方向,膝稍屈,当接触时,接球脚向前下轻压移重心。向前挤时,上体应正直,挤的动作与弓腿相一致。

四、足球战术

(一)基本进攻战术

足球比赛的目标是进球得分,但某些变数比如比分变化将会影响球队的心态。以下的比赛风格列举了一些控制比赛或发动进攻的方式。

1. 控制型足球

多年来,世界各地的教练所奉行的金牌规则就是"传球并且移动",这一信条在控制型足球中仍然被奉为圣典。非常简单,球队试图尽可能多地获得对于球的控制权,在所有情形下选择最容易的传球方式(因此,很多时候你会看见后卫们在后防线上互相传球)。尽管这一风格看上去陈腐,却不乏其逻辑性。通过控制球,对手将会变得沮丧,某些队员将会离开他们所处的位置,从而使得原本难以实施的致命的直塞传球成为可能。而且,通过保持控球权,你的对手将更可能采取紧逼,从而使得他们的体力迅速下降,使得进一步控制比赛的节奏。

2. 反击型足球

当有 11 名对方队员在你面前时,想要进球就变得像要变戏法一样困难。然而,反击型足球的美妙之处就在于利用对手竭尽全力想要进攻的心态。回收至本方半场,然后保留一两个人在前场,目标就是把球打到对方队员因进攻而失位的地方。一旦你在本方半场获球,一般有空间将球通过直塞传递给前锋,该前锋应该正潜伏在中线附近,且其身边的防守队员不会太多。这一战术是非常具有冒险性的,极大地依赖于牢固的防守,但也能获得惊人的结果。通常比分领先的球队或使用 4-5-1 阵型(意味着一名孤独的前锋将可能被四名站位良好的后卫孤立)的球队将会使用这一战术。

3. 长传/直传型足球

长传风格的踢法通常用来嘲讽"令人乏味"的球队,这是真正的一条龙足球。长传球被用来进行机会主义式的进攻,而不是花时间进行传切配合以及在对手的防线上寻找空挡或利用边路,从中后场开始往前场吊球,希望前锋能够获得控球权或者利用后卫的失误。因为长传球通常在高空中飞舞,任何使用这一战术的球队必须有一个强壮的进攻核心。

4. 利用宽度以及交换边翼球员型足球

自从史坦利·马修和杰米·约翰斯通时代开始,边翼一直是进攻足球的关键组成部分。

通过将球分到边路,获得了不同的进攻角度,并为边翼球员创造了机会,拖住对方的边后卫,并使中后卫离开他们的位置,边翼球员可以内切并以一个角度向球门前进,或下底起球传中,为前锋创造机会。边翼进攻的进一步发展是让边翼队员在左右两路交换位置。假如一位边翼球员面对对方边后卫时力不从心,可以将两位边翼球员进行交换,或许会给球队带来突破。在2004年欧洲锦标赛上,葡萄牙队在通往决赛的路上有效地使用了这一战术,路易斯·菲戈和克里斯蒂亚诺·罗纳尔多频繁地交换位置。

5. 定位球型足球

对于技术上居于劣势的球队,使用定位球战术意味着利用所有的任意球、界外球和角球来寻找机会,可以利用定位球时的比赛中断时间,全队压上到对手罚球区内,并进行定位球的争夺。

(二)基本防守战术

各种防守战术的区别在于个人和球队的职责问题,反映在区域防守和人盯人防守的流行上。

1. 区域防守

区域防守时,为了弥补球队(队员)缺乏速度或技术的弱点,当对手拿球时,每个防守队员和中场队员都有特定的防守区域。在防守定位球时,这就显得特别重要。但这一战术极大地依赖于每个队员都尽到了各自的责任,同时必须时刻集中注意力。理想状况下,对手将会在半场内面对两条由四名防守队员组成的防线。防线的沟通和同步移动是非常重要的,这样可以利用越位规则,以及防止对手成功的长传或直塞。通常,区域防守非常基础,却可以应付对手的各种进攻。然而,如果有任何一名防守队员未能守住他所在的区域,防线将岌岌可危。

2. 人盯人防守

人盯人这一术语经常与欧洲大陆的足球(特别是意大利足球)相联系。其核心同样非常简单。后卫队员和中场队员负责区域防守的各个区域,而特定的队员负责防守特定的对方队员。人盯人防守在设立具有自由人权限的清道夫时特别有效,使得该队可以支援任何防守有困难的队友,来减少直塞球和过顶球的威胁。然而,人盯人防守需要盯人队员有异常高的纪律性,并且要求教练有良好的判断力。如果速度较慢的防守队员盯防速度快的前锋,结果可想而知。

第三节 排 球

一、排球运动简介

1895年,排球运动是由美国马萨诸塞州霍利约克市,一位叫威廉斯·盖·摩尔根的体育工作人员发明的。当时,他将球网挂在篮球场上,用篮球隔网像打网球一样打来打去进行游戏。但室内篮球场面积较小,网球容易出界,于是他作了某些改进:一是把网球允许球落地后回击的规则改为不许落地;二是把网球的体积扩大;三是篮球太大、太重,不能按预想的方式进行游戏,便改用篮球胆,于是这个新的运动项目最初起名叫 mintonette(小网子)。1896年,斯普林菲尔德市立学院的艾·特·哈尔斯戴特博士将此球命名为"华利波"(volleyBall),意为"空中廷球",这个名字沿用至今。但经过试用效果很好,就决定用这种球。

1896年斯普林菲尔德市斯普林菲尔德青年会十字培养学院召开体育理事会时,该校学生进行排球表演,博得了观众的喜爱和赞赏。同年,在马萨诸塞州的斯普林菲尔德市举行了第一次排球公开赛。这是世界上第一场排球比赛。当时比赛采用五人对五人。从那以后这个新的运动项目在各学校迅速普及开来。与此同时,也引起了美国军队的兴趣,并把排球列入军事体育项目,在军队中广泛开展,在空军中一度达到狂热的程度。

二、排球运动的特点

1. 广泛的群众性

排球场地设备简单,比赛规则容易掌握。既可在球场上比赛和训练,亦可以在一般空地上活动,运动量可大可小,适合于不同年龄、不同性别、不同体质、不同训练程度的人。

2. 技术的全面性

规则规定,每个队员都要进行位置轮转,既要到前排扣球与拦网,又要轮到后排防守与接应。每个队员必须全面地掌握各项技术,能在各个位置上比赛。

3. 高度的技巧性

规则规定,比赛中球不能落地,不得持球、连击。击球时间的短暂,击球空间的多变,决定了排球的高度技巧性。

4. 激烈的对抗性

排球比赛中,双方的攻防转换始终是在激烈的对抗中进行的。高水平比赛中,对抗的焦点在网上的扣拦上。在一场比赛中,夺取一分往往需要经过六、七个回合的交锋。水平越高的比赛,对抗争夺也越激烈。

5. 攻防技术的两重性

排球是多种技术都可以得分,也可能失分的项目,这种情况在决胜局比赛中更加突出,所以说每项技术都具有攻防的两重性,因此,要求技术既要有攻击性,又要有准确性。

6. 严密的集体性

排球比赛是集体比赛项目,除发球外,都是在集体配合中进行的。没有严密的集体配合,再好的个人技术也难以发挥,更无法发挥战术的作用。水平越高的队,集体配合就越严密。

三、排球运动基本技术

排球运动基本技术分为六大项:准备姿势和移动、传球、垫球、发球、扣球、拦网。

(一)准备姿势和移动

1. 准备姿势

队员在起动、移动和击球前所采取的合理的身体姿势与动作,称为"准备姿势"。其目的是为了快速起动、移动去接近球,以便完成击球动作,同时也为了及时起跳、倒地和做各种击球动作。准备姿势分:稍蹲、半蹲、低蹲。半蹲准备姿势的动作要领:两脚前后站立略宽于肩,两脚掌呈内"八"字,双膝弯曲并内扣,上体含胸收腹,重心前移,肩超膝,膝超脚尖,两臂自然弯曲置于胸腹前,目视来球,静中待动。如图 7.15 所示。

2. 移动

队员从起动到制动之间的位移和动作称为"移动"。其目的是为了迅速接近来球,使人与球保持合理位置,以便更好地完成击球动作。移动包含三个相互衔接的环节:起动、步法和制动。临场常用的移动步法如下:

(1)并步与滑步。当球距身体 1 m 左右时,可采用并步,如向前移动时,后脚蹬地,前脚向前跨一步,后脚再迅速跟上,做好相应准备姿势,以便击球。若连续做出并步,则为滑步移动。

图 7.15

(2) 跨步与跨跳步。当来球较低,距身体 2 m 左右时,可采用这两种步法。跨步时,一脚用力蹬地,另一脚向来球方向跨出一大步,屈膝下蹲,上体前倾,重心在跨腿上。跨跳步是在跨步基础上,当跨出腿落地时,后腿迅速跟上,这中间要有一个腾空阶段。然后,双膝弯曲,重心下降,上体前倾。

(3) 交叉步。当来球距身体 3 m 左右时,可采用交叉步移动步法。若向左移动时,重心偏向左脚,身体稍向左转,右脚从左脚前面向左交叉迈一步,然后左脚向左跨出一大步,并落在右脚左侧,身体面对来球,做出准备姿势,以便击球。

(二) 发球

发球由队员自己抛球,用一只手将球从网上空两标志杆内击入对方场区的技术动作。发球是比赛和进攻的开始。是排球技术中唯一不受别人制约的技术动作。攻击性强的发球不仅可以直接得分,还能破坏和削弱对方的进攻,打乱对方的部署,在心理上给对方造成威胁。

发球技术种类多,一般有:正面下手发球、侧面下手发球、正面上手发球、正面上手发飘球、勾手大力发球、勾手发飘球、跳发球等。其中侧面下手发球、正面上手发球是最基本的发球方法(以右手击球为例)。

1. 侧面下手发球

侧面下手发球,是发球队员侧面对网站立,以转体带动手臂,在体腹前击球过网的一种发球方法。其特点是:可借助腰部转动的力量击球,便于用力。其性能比正面下手发球略强。它适合于初学者,特别是女生。

动作要领:左肩对网,两脚开立略比肩宽,双膝弯曲,上体稍前倾,重心落在两脚间,左手或双手持球于腹前。抛球时,用左手将球抛至腹前约一臂处,高度约 30 cm,右臂同时直摆至右侧后下方。击球时,用蹬腿转体的力量,带动右臂向前上方挥击。击球后身体面向球网,顺势进场。如图 7.16 所示。

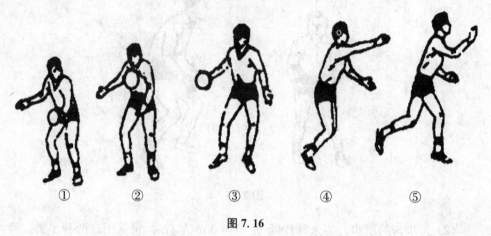

图 7.16

2. 正面上手发球

正面上手发球,是发球队员面对球网站立,利用蹬地转体收腹动作带动手臂加速挥摆,在右肩前上方最高处以全手掌击球过网的一种发球方法。这种发球力量大、速度快、弧度平、旋转强。身体高大和爆发力较好的队员采用这种发球方法,威胁很大。

动作要领:正面对网,左脚在前,右脚在后,左手持球于腹前。抛球时,用左手将球抛至右肩前上方,高度离头约 1 m,同时右臂屈肘上抬后引,身体稍向右侧转动,挺胸、抬头、展腹,手掌自然呈勺状并稍后仰。击球时,利用蹬腿转体、收腹收胸的动作,带动手臂向前上方快速划弧挥击,在右肩前上方约一臂处击球的后中下部,手触球时,满掌与球吻合,并有向前的推压动作,使球呈上旋击出。击球后,随着重心的前移,迅速进场。如图 7.17 所示。

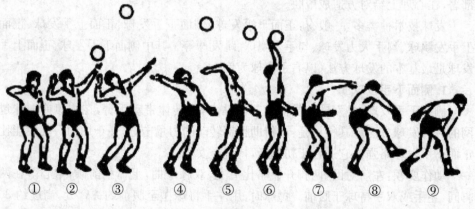

图 7.17

常见错误及纠正方法：

（1）抛球不稳,击球点太后或太低。

纠正方法：原因是抛球动作不正确,应进一步强调抛球的重要性,明确动作要领,反复多做抛球的专门练习。

（2）挥臂动作不正确。

纠正方法：各种发球技术有不同的挥臂动作,应掌握动作要领,反复多次用固定目标做挥臂击球练习。

（3）击球部位不正确。

纠正方法：原因是抛球不稳,应在抛球的基础上用正确的击球手法反复多做对墙练习。

练习方法：

（1）学生面对面站成 2~4 列横队,间距 2 m 左右,原地进行徒手模仿完整发球动作的练习。可集体练习,也可分组练习,教师逐一检查。

（2）抛球的专门练习。可按上述队形原地进行抛球练习,也可安排学生在墙边、网边、篮筐下练习抛球动作。

（3）近距离对墙、网进行发球练习,体会手法和击球部位。

（4）两人一组,两边线相对进行发球练习。

（5）先进行距网 3~4 m 发球过网练习,然后进行退至 5~6 m 处发球过网练习,最后进行全程发球过网练习。

（6）采用比赛形式的发球练习,将学生分成两组,各组拿球在端线后站好,两组按顺序交替进行发球对抗赛。

（7）结合教学比赛,规定发球方法、线路和落点,进行发球练习。

（三）垫球

垫球是在距腹前一臂距离处借助蹬地、抬臂动作,用双手前臂的前部,利用来球的反弹力将球击出的技术动作。垫球在比赛中多用于接发球、接扣球和接拦回球,是比赛中争取多得分、少失分,由被动变主动的重要技术。

垫球技术种类较多,一般有：正面垫球,体侧垫球,背垫球,单臂垫球,挡球,大腿、脚背垫球及滚翻、鱼跃垫球等。其中,正面垫球、体侧垫球最为基础。

1. 正面双手垫球

正面双手垫球是指队员正面对准来球并将球垫起的一种击球动作。这种垫球是各项垫球技术的基础,也是最常用的一种垫球技术。因此,必须重点学习和掌握。

动作要领：面对来球做好半蹲准备姿势,当球接近腹前时,两臂伸直插入球下,同时手掌靠拢,手指互握,拇指平行,手腕下压,前臂外旋成一平面。垫击时,利用蹲地抬臂动作,向前上方迎击来球,并在腹前一臂距离处,用两臂腕关节以上10 cm内侧面部位击球的后下部。根据垫球技术的动作特点,应做到"一插、二夹、三蹬抬"。如图7.18所示。

图 7.18

2. 体侧垫球

体侧垫球是指队员在来球飞向体侧,球速较快,来不及移动面对来球而在体侧垫球的一种击球方法。其特点为可扩大防守范围,但不易控制球的方向、弧线和落点。

动作要领:当来球飞向左侧时,左脚向左跨出一步,重心随即移至左脚,屈膝,同时两臂夹紧向左侧伸出,左臂高于右臂。击球时,向右转腰和收腹,用两臂的击球平面在左侧截击来球,并将球平稳垫起。如图7.19所示。

图 7.19

常见错误及纠正方法:

(1) 击球时屈肘,两臂并不拢。原因是未掌握好动作要领。

纠正方法:反复做徒手模仿练习或自垫练习。

(2) 击球点不正确。原因是手臂没有向下插入。

纠正方法：对墙自垫或向上自垫，掌握正确的击球点，控制好球。

练习方法：

（1）原地徒手模仿完整垫球动作，教师检查或学生相互观摩。

（2）结合移动步法，徒手做垫球技术动作的专门练习。

（3）两人一组，相距 4～5 m，进行一抛一垫的练习。

（4）队形同上进行对垫练习或隔网对垫练习。

（5）进行连续垫球和对墙连续垫球的练习。对墙垫球时，可在墙上划出一定范围的标记，以提高垫球的准确性和控制能力。

（6）结合发球、扣球的垫球练习。可一对一进行练习，也可多对一进行练习。

（四）传球

传球是在额前上方用双手（或单手）借助蹬地、伸臂动作，通过手腕手指的弹击力量来完成的击球技术动作。传球的主要作用是把接起的球传给前排队员进攻。一个队的进攻能力能否充分发挥，在很大程度上取决于该队的传球水平。为了争夺网上优势，使进攻战术快速多变，二传手起着核心作用。传球技术种类较多，主要有正面双手传球、背传、侧传、跳传和单手传等。其中正面双手传球、背传球运用较多，是最基本的传球方法。

1. 正面双手传球

正面对准传球目标，用双手在额前将球传出的动作方法，称为"正面双手传球"。它是各传球技术的基础，只有准确、熟练地掌握了正面双手传球，才能进一步掌握和运用其他各种传球技术。

动作要领：传球前采用稍蹲姿势，当来球接近额前时，两手微张从脸前向前上方迎球，在额前上方 10 cm 处用双手手指（即大拇指、食指 3 个关节，中指 2 个关节，无名指 1 个关节，小指 0.5 个关节）触球的后侧下部，并用手指、手腕的弹力将球传出，要求全身各部位发力协调一致。如图 7.20 所示。

图 7.20

2. 背对传球

背对传球目标的传球，称"背传球"。在排球比赛中，如能熟练、准确地运用背传技术，不仅能组织有效的进攻战术，并且具有一定的隐蔽性和突然性。

动作要领：背对传球方向，抬头挺胸，双手上举，手腕后仰，掌心朝上，击球点保持在额上方。击球时，利用向后上方蹬腿、展腹、抬大臂、送小臂的动作和手指、手腕的弹力，将球向后传出。如图7.21所示。

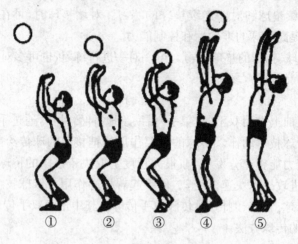

图 7.21

常见错误及纠正方法：

（1）手型不正确，触球部位离身体太远，大拇指朝前。原因是对正确手型缺乏明确的概念。

纠正方法：进行徒手模仿练习，对墙近距离传球，进行自抛自传练习。

（2）手指、手腕缺乏弹击力，传球时不是用弹击动作，而是推球或拍打球。原因是手指和手腕力量不足或手指和手腕过分紧张。

纠正方法：首先加强手指和手腕力量。两人近距离传实心球、篮球或做远距离平传球练习，也可以做自抛远距离平传球练习，增强手指和手腕的弹力。

练习方法：

（1）学生站成2列横队，进行原地徒手模仿手型或传球动作的练习，教师检查或学生一组练习，另一组观摩。

（2）一抛一接练习。接球时，用正确手型在额前将球接住，学生自己检查手型后，再抛向对方，如此往返练习。

（3）两人原地进行对传球或隔网对传球练习。

（4）三角传球练习或三人发、垫、传练习。

（5）两人固定抛球，另一人做左右移动后的传球，每人连续传（男生30次，女生 20 次)后交换练习。

(6) 结合一传,在网前 1 号位或 2 号位向各个进攻点进行的传球练习。

(五) 扣球

跳起在空中用一只手臂作弧形挥动,用手将本方场区上空的球,从两标志杆内的球网上空击入对方场区的技术动作。扣球在比赛中是进攻最积极、最有效的武器,因此是得分的主要手段。扣球技术的种类较多,根据扣球者的站位、动作及临场运用,一般可分为正面扣球、勾手扣球、扣快球、扣调整球和扣后排球等。其中正面屈体扣球是各种扣球技术的基础,在比赛中运用较多。

1. 正面扣球

正面扣球由准备姿势、判断二传、助跑起跳、空中击球、落地等几个紧密相连的部分组成。

动作要领:采用稍蹲准备姿势站在进攻线后,同时对二传的来球迅速做出判断;助跑采用二步或三步助跑,起跳时双脚同时着地,左脚稍在右脚前,屈膝内扣,降低重心,并利用蹬地、摆臂和抬上体的动作向上跳起;起跳后身体略向右扭转,挺胸、抬头呈反弓型,同时右臂自然弯曲,上举后引,肘略高于肩,五指微张呈勺状;挥臂时,以迅速收腹收胸的动作带动手臂向前上方用力抽打,带动手腕的甩鞭动作挥击;击球时,伸直手臂,以全掌包住球的后上部,手腕猛力迅速下甩,主动屈指推压,使球向前下方加速上旋飞行,落入对方场区,如图 7.22 所示。

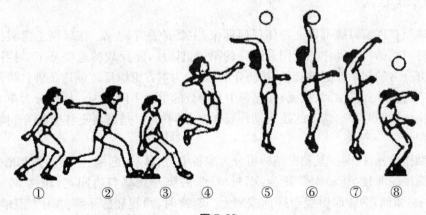

图 7.22

常见错误及纠正方法:

(1) 起跳位置不准,人与球的关系保持不好,击球点太前或太后。原因是助跑起跳不熟练,判断不准确。

纠正方法:练习空中击固定球或固定目标。

(2) 起跳过早或过晚。原因是上步起跳时间未掌握好。

纠正方法：自抛自扣，多练习。

(3) 击球时，手臂未充分伸直，用不上挥臂甩腕的力量。原因是没用上收腹提肩的力量带动手臂挥击。

纠正方法：手持小杠铃片练习挥臂扣球动作或对墙扣平远球。

练习方法：

(1) 原地进行徒手挥臂练习。为了加强挥臂动作的正确性，可先练习拿小足球或乒乓球等以纠正挥臂动作。

(2) 原地进行挥臂击球练习。用左手持球举在头的前上方，右臂以正确挥臂动作击球的后上部，连续进行练习。开始不要将球击出，待熟练后可将球击出。

(3) 原地进行自抛自扣练习。可对墙壁、球网练习，也可两人一组相距 9 m 左右，相互扣反弹球练习。

(4) 原地进行徒手助跑起跳练习。可先做助跑、起跳的分解练习，待熟练以后再连贯起来练习。

(5) 徒手进行助跑起跳、空中击球动作的结合练习。可集体或分组练习，也可结合球网练习。

(6) 结合球网进行扣球练习。先练习扣网上定位球，再练习扣抛球，最后结合一传扣球。

（六）拦网

队员在网前以腰部以上身体任何部位，主要是手臂、手掌，在球网上沿阻挡对方击球过网的技术动作。拦网是防守的第一道防线，是反攻的重要环节。拦网可将对方有力的扣杀拦起，减轻后排防守的压力，为本方组织反攻创造条件。拦网能把对方的扣球直接拦回、拦死，在比赛中是得分的重要手段之一。拦网分为单人拦网和集体拦网两种。两者的技术动作要领是相同的，只是后者更注重相互间的协调与配合。

动作要领：拦网按其动作结构可分为准备姿势、移动、起跳、空中动作和落地 5 个相衔接的部分，其动作要领为：面对球网，两脚开立略与肩同宽，距网 30～40 cm，两膝微屈，两臂屈肘置于胸前或肩上。起跳时，两腿屈膝下蹲并用力蹬地，两臂以肩发力，在体侧做划弧摆动，迅速向上跳；起跳后，两手从额前向上方伸起，两臂伸直，两肩上提；拦击时，两臂伸过球网并接近球，两手自然张开呈半球状，当手触球时，两手要突然紧张，手腕下压盖住球的前上方，落地时，屈膝缓冲，同时两手屈肘向下收臂。如图 7.23 所示。

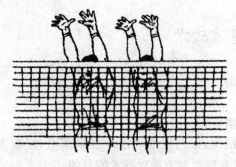

图 7.23

常见错误及纠正方法:
(1) 起跳过早。原因是不了解扣球的全过程。
纠正方法:加强判断,在练习中体会拦网的正确起跳时间。
(2) 双手扑球,造成触网犯规。原因是伸臂压腕时,有压肩动作。
纠正方法:反复练习起跳后伸臂压腕动作。

练习方法:
(1) 结合排球进行手型练习
① 一人持球,一人用正确的手型拦击球。
② 两人一组,持球者主动将球向前移动,拦网者做拦击动作。
(2) 结合球网进行移动与起跳练习
① 网前原地起跳进行拦网练习。
② 在 3 号位向 2、4 号位移动起跳后进行拦击动作的练习。
(3) 结合扣球进行拦网练习
① 两人一组,隔网相对,持球者自抛自扣,拦击者主动拦网,若干次后相互交换。
② 结合对方 2、4 号位扣球进行拦网练习。先练单人拦网,再练集体拦网;先练原地拦网,再练移动拦网。
(4) 结合比赛进行拦网练习
通过教学比赛,使学生掌握技术后,能在临场中运用,教师要求学生进行单人拦网或集体拦网练习。

三、排球的基本战术

（一）个人战术

1. 发球的个人战术

根据临场比赛的情况，采用发准确性球控制落点，发攻击性球和不同性能的球，从而达到直接得分和削弱对方进攻战术的目的。

（1）加强攻击性发球。尽量准确地发出弧度低、速度快、力量狠、旋转强或飘度大的攻击性球，以破坏对方一传并争取直接得分。

（2）控制落点的发球。可将球准确地发到对方两个队员之间的连接区、前区、后区死角、三角地带或对方交换位置活动区，以破坏对方一传。

（3）发给对方一传差、信心不足、连续失误、情绪不稳、精力分散的队员。

2. 扣球的个人技术

根据对方情况，灵活运用个人扣球技术。如避开拦网队员的手，利用拦网队员的手，找人、找点扣球。临场时根据对方的弱点实施进攻，力求主动，达到得分和削弱对方的目的。

（1）扣球时避开拦网队员的手

① 扣球时运用线路的变化，灵活采用扣直线、斜线和小斜线等。

② 运用转体、转腕的扣球技术，达到突然改变扣球线路的目的。

③ 运用扣球或吊球技术，从拦网队员的手上方进行突破。

④ 运用时间差扣球使对方达不到拦网目的。

（2）扣球时利用拦网队员的手

① 利用打手出界来破坏对方严密拦网。

② 轻扣拦网队员的手，造成球随拦网队员一起落下。

（3）根据拦网情况采用的扣球战术

① 运用二次球扣球，或佯传突转扣使对方来不及拦网。

② 找人、找点扣球，找对方技术差者或空挡进行扣球。

3. 一传的个人战术

本队集体战术成功的基础就是一传。多变的集体战术必须以多变的个人一传战术为基础，具体战术用法表现为组织快攻、两次球战术、交叉战术和短平快战术。

4. 二传的个人战术

二传队员是组织全队战术的核心，二传个人战术主要是利用时间差、位置差、空间差和动作的变化为进攻创造有利形势。

二传队员可根据本队的特长使用集中与拉开,近网、中网与远网,弧度高与弧度低等传球技术,组织进攻技术。

(1) 可根据对方拦网部署,选择拦网薄弱环节强攻。

(2) 掌握对方心里特点,利用多种战术变化,打乱对方的防守步骤。

(3) 根据临场情况处理球或调整球。

5. 拦网的个人战术

拦网是被动技术,要变被动为主动,关键在于隐藏,造成对方扣球队员判断错误而使己方拦网成功。

(1) 拦网队员可站直拦斜、站斜拦直、正拦侧堵、侧堵正拦,并可以运用取位和空中变化的假动作迷惑对方。

(2) 有时可制造假象,使对方受骗。如假装露出中路空当,引诱对方队员扣中路,待对方扣中路之后突然拦关门球。

(3) 发现对方要打手出界或平扣时,则可以空中及时将手撤回,造成对方扣球出界。

(二) 接发球及其进攻战术

接发球进攻由一攻、二传、扣球三部分组成。接发球进攻战术有三种形式。

1. "中一二"进攻战术

这是进攻战术中最简单、最基本的形式,由3号位队员做二传球给2号位或4号位扣球。

(1) "中一二"进攻战术的特点

战术容易组成,但变化少,只能有两点进攻;战术意图容易被对方识破,突然性和攻击性弱。

(2) "中一二"进攻战术的应用

① 集中与拉开

二传队员根据临场情况向2号位或4号位队员用忽而集中、忽而拉开的传球迷惑对方拦网。

② 跑动掩护进攻

为了增加战术的突然性,可以通过主、副攻手的跑动、换位和相互掩护,变定点进攻为活点进攻,设法摆脱对方的集体拦网,造成一对一的局面。

2. "边一二"进攻战术

接发球时,把球垫给前排2号队员,由2号队员传给3、4号队员扣球。

(1) "边一二"进攻战术的特点

其特点是两个进攻队员可以相互配合,起一定掩护作用,而且可以有较多的战术配合变化,它的进攻性比"中一二"战术强。

(2)"边一二"进攻战术的应用

"边一二"战术形式除组织两人定位、定点扣以外,还可以组织"快球掩护拉开"、"前交叉"、"围绕"、"快球掩护夹塞"、"梯次"、"短平快掩护拉开"、"掩护活点进攻"等战术变化,特别是3号队员的进攻面大、路线多。

① "快球掩护拉开"战术:3号位队员上前扣快球或佯攻,掩护4号位打拉开球。

② "前交叉"战术:4号位队员扣快球,3号位队员从4号位身后交叉。

③ "围绕"战术:4号位队员扣拉开球,3号位队员绕到2号位二传队员的身后进攻。运用"围绕"战术时,2号位的二传队员稍靠3号区站位,做被传球时不宜太开。

④ "掩护夹击"战术:3号位队员扣短平快球(或佯装进攻掩护),4号位主攻队员向内直插跳起扣半高球(俗称夹塞)。

⑤ "梯次"进攻战术:3号位队员扣球或佯装进攻,掩护4号位主攻队员扣半快球;或4号位队员佯扣,3号位队员扣半快球。

⑥ "短平快掩护拉开"进攻战术:4号位队员扣短平快球,3号位队员掩护;或4号位队员掩护,3号位队员扣球。

3. "插上"进攻战术

"插上"进攻战术是指己方一个后排队员在对方发球时,迅速跑到前排担任二传,使前排成为三个人进攻的形式。

(1)"插上"进攻战术特点

它的特点是可组成快速多变的战术配合,造成对方拦网判断困难。

(2)"插上"进攻战术的应用

"插上"战术形式中的几种战术变化如下:

① 中间快球,两边拉开

3号位队员打快球或快球掩护,2、4号位队员两边拉开进攻,这是"插上"进攻的最基本打法,在实战中运用较多。这种打法能充分利用球网的全长组织进攻,可以破坏对方集体拦网,但对方可以组成盯人的一对一的单人拦网。两边拉开进攻时,4号位可运用一般拉开或平拉开快球,2号位可运用背快球或背平快球。

② 交叉进攻

这是在快球掩护的基础上形成的战术的变化。

(a)"前交叉"进攻战术:4号位内切快球掩护,3号位与4号位队员交叉跑动扣球,完成战术配合后自然换位,成死球后各返原位。

(b)"后交叉"进攻战术:3号位队员快球掩护,2号位队员与3号位队员交叉跑动,绕至二传队员前扣半快球或半高球。

③ 梯次进攻

这也是在快球掩护的基础上形成的一种战术。进攻时利用3号位扣快球或作掩护,另一队员在3号位队员的背后起跳扣球。

(a)由4号位队员跑动至二传队员面前扣快球,运用快球掩护造成对方拦网起跳,而二传队员改为平高球,供跟上来的3号位队员进攻。

(b)由3号位队员扣快球,2号位队员在其身后扣梯次战术的半高球。

第四节 乒 乓 球

一、乒乓球运动简介

乒乓球运动19世纪末起源于英国。1890年左右,英国著名越野跑运动员詹姆斯·占布,从美国带了一些作为玩具的球回英国,由于这种球在当时普遍使用羊纸贴面的空心球拍或木制的球拍上,发出"乒乓"之声,随后有人将这项运动称为"乒乓球"。1902~1903年,在英国留学的日本学者坪井玄道,将乒乓球的整套用具带回日本,从此乒乓球运动传到亚洲。大约在1904年,中国上海一家文具店经理从日本买了10套乒乓球器材带回上海,他为了推销这些器材,介绍了在日本看到的打乒乓球的情况,并亲自做了表演。从此以后,中国便开始有了乒乓球运动。

1926年,国际乒乓球联合会(简称"国际乒联")在伦敦正式成立,并决定把同年在英国举办的第一届欧洲乒乓球锦标赛改为"第一届世界乒乓球锦标赛"(简称"世乒赛")。20世纪60~70年代,我国的直板快攻型打法影响很大。邀请美国乒乓球队访华,打开了中美建交的大门,被称为"小球转动大球",为我国的外交关系做出了重大贡献。在1999年举行的世乒赛上,以蔡振华为总教练的中国队,一举囊括了全部五项冠军,使我国的乒乓球运动达到了全盛时期。乒乓球技术的发展,可以概括为以下几个阶段:

第一阶段(1926~1951年):欧洲全盛期,以削球打法为主。

第二阶段(1952~1959年):优势转向亚洲,日本长抽打法称霸乒坛。

第三阶段(1960~1969年):中国直拍近台快攻打法崛起。

第四阶段(1970~1987年):欧洲复兴与欧亚对抗。

第五阶段(1988年到现在):进入奥运时代,欧亚竞争更激烈。

当然，随着科学研究的不断深入，球台、球拍和比赛用球的质量和颜色也在不断改进，这也对乒乓球运动的发展，起到了一定的推动作用。

二、乒乓球运动的特点

（1）乒乓球运动设备简单，容易开展，运动量可大可小，参加者不受年龄、性别等条件的限制，同时它还具有很强的竞争性，可以培养人的心理素质。

（2）乒乓球小而轻，击球时要求有较高的技巧性。

（3）比赛时乒乓球运动速度快，变化多，所以要求参加者具有较强的应变能力。

三、乒乓球运动基本技术

（一）握拍法

握拍法是指手握乒乓球拍的方法。正确的握拍法对调整击球时的引拍位置、拍形角度、拍面方向、发力方向等有重要作用。常见握拍法主要有直拍握法和横拍握法两种，选用何种握法，因人而异。可根据个人的身体条件、兴趣爱好、技术特点选择合适的握拍法。

1. 直拍握法

直拍握法有快攻型、弧圈型和削球三种握法，其标准握法是用拇指和食指握住球拍柄与拍面的结合部位。拍柄右侧贴在食指的第三关节内侧，食指的第一关节轻压在球拍的右肩，第一关节稍弯曲。拇指的第一关节压在球拍的左肩，其他两指自然弯曲并重叠，以中指的第一关节顶于球拍背后，形成一个便于用力的支点。直拍握法手腕与手指比较灵活，易于调节拍形角度和拍面方向；正、反手击球时摆臂速度快，发球和攻台内球时多变、灵活，如图 7.24 所示。

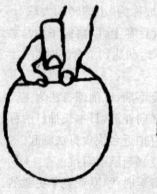

图 7.24

2. 横拍握法

横拍握法又称"大刀",在发球时也有不同变化。标准握法是虎口正对着球拍拍肩的正中间。用拇指和食指在球拍的两面夹住球拍;用小拇指握住球拍柄;中指和食指轻握球拍柄,如图7.25所示。横拍握法拍柄延伸距离长,左右照顾范围大;反手进攻时,因拍形固定且不受身体阻挡,易于发力;另外,攻球和削球时手法变化不大,易于从进攻转为防守,或由相持转入进攻。

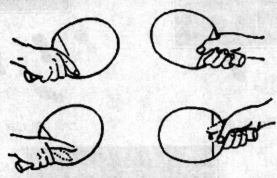

图 7.25

(二) 基本站位与基本步法

1. 基本站位

站位是指运动员与球台之间所处的位置。基本站位是指一个范围,而不是某个固定点。站位正确,有利于保持稳定的击球姿势和向任何一个方向迅速移动,如图7.26所示。

(1) 近台站位:指站位在离台端线 50 cm 以内的范围。
(2) 中台站位:指站位在离台端线 50～100 cm 的范围。
(3) 远台站位:指站位在离台端线 100 cm 以外的范围。

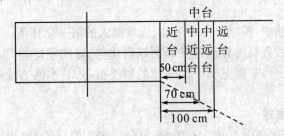

图 7.26 基本站位

2. 基本步法

乒乓球运动的步法在比赛中变化是比较多的,根据不同的打法有不同的步法。只有练好步法,在比赛中才不会出现脚底"拌蒜"的情况,才能做到眼到、脚到、手到。下面介绍几种常用步法,如图 7.27、图 7.28 和图 7.29 所示。

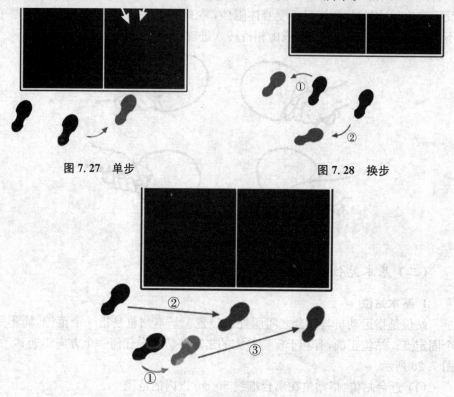

图 7.27 单步　　　　　　　　　图 7.28 换步

图 7.29 交叉步

（三）发球技术

在乒乓球运动中,发球是力争主动、先发制人的第一个环节。发球技术的好坏将直接关系到能否直接得分或打开局面获得优势,好的发球能打乱对方的战略意图,为进攻创造机会,掌握主动权。发球的种类很多,基本的方法有平击发球和正反手发下旋球等。

1. 发正手平击球

左脚在前,身体稍向右转。左手掌心托球,置于身体右侧,右手持拍也置于身体右侧。持球手将球垂直抛起的同时右臂向后引拍,拍面稍前倾,在球的下降期击球的中部,如图 7.30 所示。

图 7.30　发正手平击球

2. 发正手下旋球

发球时身体向右转,抛球的同时持拍手向后上方挥动,击球时球拍稍后仰,从球的中下部向下摩擦,如图 7.31 所示。

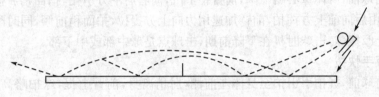

图 7.31　发正手下旋球

（四）推挡球技术

推挡球技术是初学者首先应学习的一项技术。由于推挡站位近、动作小、球速快,所以在比赛中常用推挡的速度和落点变化压制对方攻势。运用得好可以充分发挥近台快攻的作用,也可直接得分。其技术要点是:当球从台面弹起时,小臂主动发力向前推击,手腕略向外旋,拍稍微竖起,使拍型前倾。在球的上升期,击球中上部。击球后,手臂顺势前送。

（五）搓球技术

搓球是近台还击下旋球的一种基本技术。搓球也可以用于接发球,其旋转和落点变化比较多。搓球又分正手搓球和反手搓球、快搓和慢搓、搓转和不转等。下面以直拍正手搓球为例。当来球跳至上升期,利用上臂前送的力量,借助对方来球前进力,前臂、手腕向左前下方用力,拍面稍后仰击球中下部。击球后,手臂继续向下方随势摆动,然后迅速还原成击球前的准备姿势,如图 7.32 所示。

图 7.32

（六）攻球技术

1. 正手快攻

正手快攻是近台攻击型打法制胜的主要技术。攻球时，两脚开立比肩稍宽，左脚稍前（右手握拍者）。引拍时，上臂与前臂夹角约 $100°\sim110°$，击球时，前臂有旋内动作，配合拇指压拍，同时加速屈前臂，拍触球刹那，上臂与前臂夹角约 $90°$。击球后，球拍继续向左前上方挥动至头部。

2. 正手快拉

在击球前，身体重心略下降，前臂稍下沉，向右后下方引拍，拍面稍后仰。击球时，上臂由后向前上方挥拍，前臂加速用力向上方提拉，拍面稍前倾，同时配合手腕动作向上摩擦球，击球时机在下降前期，击球点是球中部或中下部。

3. 反手快拨

在击球前，握拍手引拍至身体左前侧，肘稍离身，前臂上提，球拍略高于来球，前臂与上臂的夹角约为 $45°$。击球时，手腕自然放松，拍面前倾，以肘为轴，前臂带动手腕向右前上方快速发力，在上升期击球的中上部。

4. 反手快拉

在击球前，身体重心稍下降，握拍手前臂稍下沉，向左后下方引拍，拍面稍后仰。击球时，前臂前迎加速挥动并稍向前发力，手腕随势转动拍面，辅助用力，拍面稍前倾，在下降前期或高点期击球中下部。

四、乒乓球基本战术

（一）发球抢攻战术

发球抢攻是我国直板快攻打法的"杀手锏"，是力争主动、先发制人的主要战术。各种类型打法的运动员都普遍采用发球抢攻来抢占每个回合的上风。发球战术运用的效果主要取决于发球的质量和第三板进攻的能力。发球抢攻战术因打法的类型不同而有所差异，但常用的发球抢攻战术有以下几种：

（1）正手发转与不转球；

（2）侧身正手（高抛或低抛）发左侧上（下）旋球；

（3）反手发右侧上（下）旋球；

（4）反手发急球或急下旋球；

（5）下蹲式发球。

(二) 接发球战术

接发球战术与发球抢攻战术同样重要,在某种意义上讲,接发球水平的高低可以反映运动员的实战能力以及各项基本技术的应用程度。事实上,接发球者只是暂时处在被控制状态,如果你破坏了发球者的抢攻意图或者为他制造了障碍,减弱了对方抢攻的质量,也就意味着已经脱离被控制状态,变被动为主动了。常用的接发球战术有:

(1) 稳健保守法;
(2) 接发球抢攻;
(3) 盯住对方的弱点处,寻找突破口;
(4) 控制接发球的落点;
(5) 正手侧身接发球。

(三) 搓攻技术

搓攻战术是进攻型打法的辅助战术之一,主要利用搓球旋转的变化和落点的变化为抢攻创造机会。这一战术在基层比赛中被普遍采用。搓攻战术也是削球型打法争取主动的主要战术之一。

常用的搓球战术有:
(1) 慢搓与快搓结合;
(2) 转与不转结合;
(3) 搓球变线;
(4) 搓球控制落点;
(5) 搓中突击;
(6) 搓中变推或抢攻。

(四) 对攻战术

对攻战术是进攻型打法在相持阶段常用的一项重要战术。快攻类打法主要依靠反手推挡(或反手攻球)和正手攻球(或正手拉弧圈球)的技术,充分发挥快速多变的特点来调动对方。

常用的对攻战术有以下几种:
(1) 紧逼对方反手,伺机抢攻或侧身抢攻、抢拉;
(2) 压左突右;
(3) 调右压左;
(4) 攻两大角;

(5) 攻追身球;

(6) 变化击球节奏,加力推和减力挡结合,发力攻、拉与轻打轻拉结合,也可造成对手的被动局面;

(7) 改变球的旋转性质,如加力推后、推下旋;正手攻球后,退至中远台削一板对方往往来不及反应,可直接得分或创造机会球。

(五) 拉攻战术

拉攻战术是以攻为主的选手对付削球的主要战术。为了发挥拉攻的战术效果,首先要具备连续拉的能力,并有线路、落点、旋转、轻重等变化,其次要有拉中突击和连续扣杀的能力。

常用的拉攻战术主要有:

(1) 拉反手后,侧身突击斜线或中路追身球;

(2) 拉中路杀两角或拉两角杀中路;

(3) 拉一角或杀另一角;

(4) 拉吊结合,伺机突击;

(5) 拉搓结合;

(6) 稳拉为主,伺机突击。

(六) 削中反攻战术

我国乒坛名将陈新华以及第 43 届世乒赛男单冠军丁松成功地运用削中反攻的战术,创造了辉煌,令欧洲选手手足失措,无以应对。这种战术主要靠稳健的削球,限制对方的进攻能力,为自己的反攻创造有利条件。它不仅增强了削球技术的生命力,也促进了攻防之间的积极转化。

常用的削中反攻战术主要有:

(1) 削转与不转球,伺机反攻;

(2) 削长短球,伺机反攻;

(3) 逼两大角,伺机反攻;

(4) 交叉削两大角,突击对方弱点;

(5) 削、挡、攻结合,伺机强攻。

(七) 弧圈球战术

由于弧圈球战术把速度和旋转有效地结合起来,稳健性好,适应性强,许多著名选手已用它去替代攻球或扣杀。

常用的战术如下:

(1) 发球抢攻；
(2) 接发球果断上手；
(3) 相持中的战术运用。

第五节 羽 毛 球

一、羽毛球运动简介

现代羽毛球运动诞生于英国，是由网球派生而来的。比赛项目有：男、女单打；男、女双打；混合双打；男、女团体七项。1934年，国际羽毛球运动联合会（简称国际羽联）在伦敦成立；1978年，世界羽毛球运动联合会（简称世界羽联）成立；1985年，国际羽联和世界羽联宣布合并，统称为"国际羽毛球联合会"。1948年举办了第一届男子团体锦标赛（汤姆斯杯），1956年又举办了第一届女子团体锦标赛（尤伯杯），在第25届奥运会上羽毛球被列为正式比赛项目。羽毛球运动约于1918年传入我国。新中国成立后，我国羽毛球运动和其他体育项目一样得到了蓬勃的发展。1953年，在天津举行了首次全国规模的带有表演性质的羽毛球比赛。1954年，归国的华侨工文教、陈福寿等组建了我国第一支羽毛球国家队，1978年以后我国男女羽毛球队多次获得汤姆斯杯、尤伯杯和奥运会冠军。

二、羽毛球运动的特点

1. 不受场地限制

羽毛球对场地、设备要求不高，只要一块不大的平地就可以。

2. 可调节运动量

若作为保健康复的方法锻炼，运动量应较小，活动20～30 min即可，心率为100～130次/min；若作为促进生长发育、提高身体机能的方法锻炼，运动量应为中强度，40～50 min，心率为140～150次/min；若要高强度活动，可使心率达到160～180次/min。

3. 全身性运动项目

羽毛球运动在场上必须不停地移动、跳跃、转体和挥臂，从而增强了上、下肢及腰腹肌肉的力量，加快了血液循环，增强了心血管和呼吸系统的功能。同时在短时间内对瞬息万变的球路做出判断,对提高人体神经系统的灵敏性和协调性也有重要作用。

三、羽毛球运动基本技术

羽毛球运动的基本技术,主要由手法和步法两大部分组成。手法包括握拍、发球和击球;步法由起跳腾空、前场上网、中场左右移动和后场后退等步法组成。

（一）击球

击球是羽毛球运动的一项重要技术,只有熟练地掌握击球技术,才能积极主动地控制球速和落点,充分发挥击球的威力。

1. 高手击球

（1）头顶击高远球的击球点在左肩上方,击球时,侧身对网并后仰,球拍绕过头顶从左上方向前挥动。主要靠前臂带动手腕的快速闪动力量。

（2）吊球时用力较轻,球速较慢,落点离网较近。

（3）正手扣杀球时身体稍向后倾,选择最高击球点。击球的刹那间,要充分伸直手臂紧握球拍,用前臂带动手腕向下猛扣。

（4）推球应将球快速推到对方的底线,球的飞行路线较低较平(图 7.33)。

图 7.33　推球法

（5）钩球应在击球的刹那,拍面斜向对方的网前(图 7.34)。

（6）扑球是在球刚越网顶便迅速上网向斜下压(图 7.35)。

（7）击球点要高,步法要快,搓、推、钩的动作一致性要强。

图 7.34 钩球法

图 7.35 扑球法

2. 低手击球

(1) 抽球击球点在肩以下,以躯干为轴发力,做半圆式的挥拍击球动作(图 7.36)。

图 7.36 抽球击球法

(2) 挡直线球时,拍面朝正前方;挡对角线球时,拍面朝对角方向(图 7.37)。

图 7.37　挡直线球法

（二）基本步法

1. 前场上网步法

前场上网步法,可分为跨步上网、垫步上网和蹬步上网等移动步法。一脚向任何方向跨出一步,或面向移动方向两脚交替跨步,而最后跨出的为握拍手同侧的一只脚。若在网前,应先出一小步,最后一大步,若在后场,则先出一大步,后用小步调整。上体前倾,重心落在前脚上。

2. 后场后退步法

动作要领:后场后退步法,可分为正手后退、反手后退和交叉步后退移动步法等。以反手后退步法为例,重心调整后,右脚先后撤一步,接着向左转体,左脚同时向左后退一步,右脚再跨出一步,背对球网做反手击球。

3. 中场左右移动步法

动作要领:以向右侧移动为例,取场上中心位置站位,当来球击向右场区时,若距离身体较近,左脚用力蹬地,右脚向右侧跨出,重心落在右脚上;若来球距身体较远,左脚可向右脚垫一步或后交叉于右脚,再用力蹬地,右脚同时向右侧跨步。

4. 起跳腾空步法

动作要领:可原地或移动后用单脚或双脚起跳。腾空后,持拍选择在最高点用力扣杀。

练习方法:

按各种击球动作要领,反复作持拍的模仿练习;一人对网站于两底线附近,原地或跑动中相互做各种击球练习。

(1) 徒手或持拍在场地上做各种移动步法的练习。

(2) 两人一组,一人抛弧线、落点变化球,另一人采用各种移动步法击球练习。

(3) 学生原地做各种握拍练习,教师逐一检查,或两人一组,一个练习,另一个观摩、学习、纠正,相互交换进行。

(4) 学生原地握拍站立,并做各个方位的击球动作,体会握拍是否正确、是否便于用力。

(5) 用绳拴住球，固定吊好，反复做发球与接发球挥拍击球动作练习。
(6) 在场内连续发各种球，弧线好、落点刁。
(7) 持拍结合移动步法做各种击球练习。
(8) 两人对抗赛。要求正确运用各种击球动作。

四、羽毛球的基本战术

一般来说羽毛球战术分单打战术和双打战术两大类。

（一）单打战术

1. 发球抢攻战术

从发球的第一拍起，争取控制对方，以攻杀得分。这种战术，一般为发网前低球结合平快球、平高球，争取第三拍的主动进攻。用这种战术对付应变能力较差的对手，或实施于比赛的关键时刻，效果往往很好。实施这一战术时，应有高质量的发球予以保证，否则很难成功。

2. 攻后场战术

此战术是通过击高球、重复压对方的底线两角，造成对方的被动，然后寻找机会进攻。用它来对付初学者，或后场还击能力较差，或后退步子较慢以及急于上网的对手是很有效的。

3. 攻前场战术

对网前技术较差的对手，可运用此战术先将其吸引到网前，然后再攻击其后场。采用此战术，自己首先要有较好的网前击球技术。

4. 打四方球战术

若对手步子较慢、体力较差、技术不全面，可以用快速准确的落点攻击对方场区的四个角落，寻找机会向空当进攻。此战术的主要目的是通过打落点，逼迫对方前后奔跑、被动应付，并在其回球质量下降或露出破绽时乘虚而入。

5. 杀、吊上网战术

对对手打来的后场高球，本方先以杀球配合吊球把球下压，落点选在场区的两条边线附近，致使对手被动回球。若对手回网前球时，本方迅速上网搓球、勾对角球或平推球，创造在中场大力扣杀的机会。这种战术必须能很好控制杀、吊球的落点，在对方被动回球时，主动迅速上网。

6. 打对角线战术

对付身体灵活性差、转体较慢的对手，不论是进攻还是防守，均应以打对角线球为主。这样，对方会因移动困难而被动，为我方创造进攻机会。

7. 防守反击战术

在对方主动进攻、我方被动防守时,我方可高质量地接杀挡网;或抓住对方攻杀力量减弱,或落点不好的机会,以平抽底线球还击对方后场,扭转被动局面,并进行反击。

(二) 双打战术

双打比赛不仅仅是竞赛双方在技术、战术、体力上的较量,同时也是双打同伴相互配合程度的较量。因此,在学习双打战术之前,首先要了解两人站位。

一般情况下,有两人一前一后站位和两人分边(左、右)站位两种形式。一前一后站位即在后场的人分管后半场的球,站在前场的人则负责前半场的球。这种站位形式有利于进攻,而不利于防守。所以,一般在本方进攻时多采用此站法。分边站位多在防守时采用,这样,各人分管半边场地,在防守时就没有什么空当了。

站位形式不是固定不变的,它在比赛中随着进攻与防守之间的不断转换而变化。现举两例,简单加以说明:

例一:进攻转防守时两人之间的配合。

甲方 A 队员在后场杀对角线,乙方一队员将球挡至网前;甲方 B 队员由于封网不及,被动上网挑高球,然后退至左半场,A 队员迅速从后场移至右半场,呈分边站位准备防守。

例二:防守转进攻时两人之间的配合。

甲方 A 队员将对方杀球挡至网前,对方被动挑后场;甲方 B 队员迅速从中场移至后场进攻,而 A 队员则移至网前准备封网,呈前后站位。

双打轮转站位多在配对选手水平相差不大时采用。如果技术水平悬殊较大,则水平好者固定站在后场,他除了负责后半场的来球,还兼顾中场附近或前场的球。在混双比赛中,这种前后固定站位形式是较普遍的(男队员站后场,女队员站前场)。

总之,双打比赛对队员各方面的要求较高,配合的方法也较多,初学者要通过实战的练习,逐步掌握其规律。

下面简单介绍双打的战术:

1. 攻人战术

集中攻击对方中有明显弱点的人,并伺机攻击另一人忽而露出的空当,或对此人偷袭。双打比赛中的配对选手的技术,一般总有一人好,另一人稍差些。即便两人水平相差不多,但若能集中力量攻击其中一人,也可给其造成很大的心理压力,从而使其出现失误。

2. 攻中路战术

当对方分边站位防守时,将球攻击对方两人的中间;当对方前后站位时,可将球下压或平推两边半场。这样可使对方防守时互相争抢或互让而出现失误。

3. 攻后场战术

对方扣杀能力差,本方可采用平高球、推平球、接杀挑底线,把对方一人紧逼在底线两角移动。当对方被动还击时,则抓住机会大力扣杀。如另一对手后退支援时,即可攻网前空当。

4. 后攻前封战术

当本方处于主动进攻前后站位时,站在后场的队员见高球就杀或吊网前球,迫使对方接杀挡网前,这为本方前场队员创造了封网扑杀机会。前场队员要积极封锁网前,迫使对方被动挑高球。一旦对手挑高球达不到后场,就为本方创造了再进攻的机会。

5. 防守反攻战术

在防守中寻找反攻的机会,以便摆脱困境,转被动为主动。例如:挑底线高球,即不论对方从哪里进攻,本方都应设法把球排到进攻者的另一边底线。如对方正手后场攻直线,就挑对角线,如对方攻对角就挑直线。这是一种较容易争得主动的防守战术,在女子双打中运用更为有效。时机有利,即可运用反抽或挡网前回击对方的杀球,从守中反攻,争得主动权。运用此战术时,要注意挑高球一定要挑到底线,否则将会出现对方连续攻杀而本方无力反击的局面。

第六节 网 球

一、网球运动简介

19世纪70年代,现代草地网球正式出现。目前,网球运动水平较高的国家有美国、澳大利亚、法国、意大利、阿根廷、罗马尼亚、南非等,其中美国最强,尤其是女子网球。世界最高水平的网球比赛每年有4次,即英国温布尔顿国际草地网球锦标赛,美国网球公开赛,法国网球公开赛,澳大利亚草地网球公开赛。近二十多年以来,我国网球运动水平提高速度较快。1986年第10届汉城亚洲运动会网球比赛,我国李心意获女子单打冠军。2004年雅典奥运会上中国网球选手李婷、孙甜甜,以一场让国人意想不到的精彩比赛拿到了奥运会女双的金牌。这些成绩说明我国网球运动有了长足的进步,令人鼓舞。

网球运动在场地上分为草地、沙地、泥地和涂塑合成硬地等。运动员各占半个专制场区,用球拍将一绒面弹性小球来回拍击。可在空中还击球,也可落地一次后还击。比赛分男女团体、男女单打、男女双打及混合双打7种。以4分为一局,6局为一盘。男子采用5盘3胜,女子为3盘2胜。国际网球比赛现均采用"平局决胜制",以控制比赛时间。

二、网球运动的特点

1. 具有独特的健身价值

一场比赛,来回奔跑路程在 5000～10000 m,同时还要对来球做出及时、准确的判断,并不时进行前进、后退、左右移动、急停、猛扣等技术和战术的配合反应,对运动员的力量、速度、耐力、柔韧性和灵活性提出了较高的要求。

2. 老少皆宜的运动

隔网运动,与对手没有身体接触,老少都可以根据个人情况从事网球运动的锻炼。经常打网球,可明显地加强心肺功能。该运动能促进青少年骨骼的生长,可以使青年人健身美体、陶冶情操,可以使老年人推迟衰老、保持精力旺盛。

3. 高雅的社交活动

球友之间可以交流球艺,增进友谊;打球过程还是外交场合上的一种高雅的社交方式。许多国内外友人都把网球运动作为一项业余爱好,既能锻炼身体,又能用来作为社交手段。

4. 具有独特的欣赏价值

现代网球具有"快、狠、准、变"的特点,运动员的满场奔跑、凌空跳跃等精彩的场面,令人回味无穷;此外,欣赏价值还体现在场地的设施、器械的使用、运动环境的布局、网球服装的实用和美观等方面。

三、网球运动基本技术

(一)握拍法(右手为例)

1. 东方式握法

如同与球拍握手一样,故亦称"握手式"握拍法。正手握拍的虎口对准拍柄的正上边,手心置于拍柄的右边;反手握拍的虎口略偏左侧,位于左平面和上平面的左上斜面,见图7.38。这种握拍方法非常适用于正、反手接球,故有利于初学者掌握最基本的技术。

2. 大陆式握法

正手握拍的虎口对准拍柄正上边的左方,手心置于正上边;反手握拍的虎口位置与正手握拍相同,但拇指应略放松,不要紧扣拍柄。

3. 西方式握法

正手握拍的虎口对准拍柄右方,手心置于拍柄的右下边;反手握拍的虎口位于拍柄的上平面和左上斜面交接处,使得拇指第一关节贴紧拍柄左平面(图7.39)。

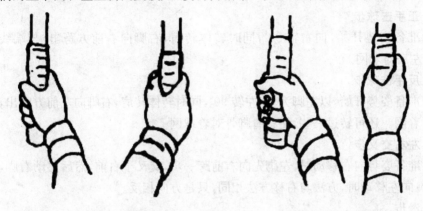

图7.38 东方式握法　　　　图7.39 西方式握法

西方式握法是目前广泛采用的一种握法。此种握法击球时用力方便,灵活机动,攻击性强。

（二）击球感知

为了尽快地培养良好的球感,掌握击球技术,首先对初学者进行一些基本的球感练习,当拍击球时,球拍没有震动,手感最舒服,这就是拍面上的最佳击球位置,此点一般在拍面中心点的下方(图7.40)。

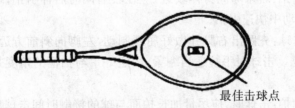

最佳击球点

图7.40 最佳击球点

练习方法:

(1) 接反弹球。抛向地面,使球弹起,然后用相同手接住。熟练后,换手练习。

(2) 接对手反弹球。当一人以反弹球的方式传向另一人时,另一人用单手接住,左右手轮换接球。

(3) 托垫球。手持球拍原地托球,高度可由低到高,达到左右手或双手用拍正面、反面托,熟悉后,转换做移动托垫,正、反拍移动托垫。

(4)击反弹球。使球落到地面反弹起之后,用球拍击向练习式墙面。

(三)脚步移动

1. 正手击球步

由准备姿势开始,向右转 90°,同时转体转肩,右脚向右前方跨出,与端线呈 45°,使左肩对着网。

2. 反手击球步

由准备姿势开始,以左脚为轴,左转 90°,同时转体转肩,右脚向左前方跨出,使右肩对着网。还可转过一些,使右肩脚骨对着球网。

3. 左右交叉步

由准备姿势向右移动时,左脚先向右前跨一步,交叉于右前,然后移动右脚,交替进行;向左移动时,方法与右移方法相同,只是方向相反。

4. 滑步

由准备姿势向左移动时,应先移动左脚,后即跟右脚;向右移动时,方法相同,只是方向相反。

(四)击球

1. 正手击球

(1)准备姿势:两脚分开约与肩宽,双膝弯曲,上体前倾,重心置于前脚掌。左手扶托拍颈将拍置于体前,集中注意力观察来球。

(2)后伸引拍:若来球离身体较近,应在转肩同时后伸引拍;球离身体较远则应先跑动,在移动中快速引拍。

(3)挥拍击球:先跨出右脚并做好屈膝制动,左脚向斜前方迈出跟上,同时开始迎球挥拍击球。击球时手腕适当绷紧,固定好手与拍柄的角度并控制好球的受力情况。

(4)随球挥拍:击球时,应尽量加长拍面与球的接触时间击球后须继续沿弧线挥拍向上,把球拍带到身体左侧肩上部。

2. 反手击球

(1)准备姿势:同正手。

(2)后伸引拍:参照正手击球,但身体转动和出脚顺序相反。握拍法为东方式反握拍法。

(3)挥拍击球:参照正手击球,注意方向相反。挥拍时左手应做快速而又简短的推送球拍动作。击球时右肩应充分向外伸展向上挥拍。

（4）随球挥拍：挥拍时拍面稍后仰，沿击球路线尽可能地加长拍面与球的接触时间，以便控制球的方向，并在旁侧高处结束随挥动作（图7.41）。

图7.41　反手击球法

3. 变换打法

（1）上旋球。球的弧度高、下降快。上旋球是由于拍面向上摩擦整个球体而产生的，具有很强的攻击性。

（2）下旋球。拍面后仰，球拍自上而下挥动，拍击球的后下部而产生一种下旋转，主要用于拦截或打乱对方的节奏。

（3）侧旋球。拍击球的侧部，做横向移动，击出侧旋球。此球运动路线是弧线，难以判断其路线。

（4）双手反击球。左手为正握法，右手为反握法，挥拍击球时，身体右转同时左手推动右手一起向前挥拍击球（图7.42）。

图7.42　双手反击球

（五）截击球

截击球是在落地之前便将球在网前击回对方场区。它通常速度快、力量大，具有较大的威胁性，在高水平的比赛中，常以主动上网截击控制对手。网前截击分为以下几种：

1. 正手截击

上网机会出现后即刻上步,判断方向后迅速转肩并跨出左脚向右侧移动,转肩时带动手臂向后作简短的引拍,握拍法可采用东方式。引拍完成时要保持拍头、拍面稍向后斜仰;绷紧手腕在身体前面15～30 cm处迎击来球;后脚蹬伸,重心前移,伸臂微向下推送球(图7.43)。

图7.43 正手截击法

2. 反手截击

除转肩、侧移和封堵路线方向相反,练习方法、技术要点、练习要求、方法变换均与正手截击相同(图7.44)。

图7.44 反手截击法

(六) 发球

发球是比赛的开始动作,也是唯一由自己控制而不受对方干扰的击球技术,高质量的发球可直接得分。根据速度、旋转、落点变化不同,可分为平击发球、大力发球、切削发球和旋转发球。下面简单介绍平击发球。

(1) 侧对球网站立,左手指末梢部持球,抛球时球拍沿膝关节向后下方挥动,左臂和左肩上举将球抛起后,右肘弯曲使球拍在背后下垂。

(2) 充分伸展手臂,拍头朝前挥动,在右后上方扣腕把球击出,然后跨步上网或调整身体平衡。

四、网球的基本战术

（一）单打战术

1. 发球

发球要考虑落点、力量和旋转等因素的变化才能有良好效果。如果发出的球有角度而使球反弹至边线，就能迫使对手离开基本位置，则发球效果好。若对手站位离中线较远，可发球至接发球人的中线附近，以牵制对方。第一次发球应尽量利用大力发球以加强攻击性给对手造成压力。第二次发球应具有稳健性以保持较高的命中率。

2. 接发球

在第一回合较量中，对手发角度大而出边线的球时，若球速慢，可用进攻方法回击，亦可回击大角度发球以牵制对手发球后抢攻。接大角度球时，不要向后跑，而应向前迎球，用拉球回击。接发球时应选择合适位置，其标志是使正手和反手各有二分之一的机会接球。切忌在中场等球，应将中场视为接球时不站人的区域。

3. 把球打深

把球打深是指打出的球落点要靠近球场端线附近。在单打比赛中，把球打深能将对手压在底线附近，这样可以防止对手上网，还能使自己有更充裕的时间为下次击球做好准备。另外，还能使对手回击的角度减小。对准备随球上网的队员来说，将球打深也有重要作用。这里应当注意，在底线击球想要把球打深，就应使球在网的上空较高处通过，在网上空至少 1.5 m 处。

4. 调动对手

调动对手就是把对手调离其能较好发力击球的位置，使其在场上出现空当，这样就能争取比赛的主动权。一般通过打斜线球和打直线球达到调动对手的目的。

打斜线球可以有较高的安全系数，因为斜线球要通过球网上空的中间位置，球网中间的网高要比两侧立柱的高度低 15 cm，故容易击球过网，及对提高命中率有较大作用，这是球网特点所形成的，应充分利用。

打直线球对调动对手也有特殊意义，因为直线球距离比斜线球相对来说要短一些，故它能适当加快回击速度。当对手打来斜线球时，以直线球回击，可以左右调动对手。在对手出现空当时，用直线球回击，可增大击球的威胁性。

5. 网前截击

当队员处于较有利的网前位置时，可充分发挥网前快速截击的威力。截击时采用变线打法，能够向空当回击，取得良好效果。所谓变线打法就是对手打斜线球,用直线球回击;或对手打直线球,用斜线球回击。

(二)双打战术

1. 基本站位

双打时除发球和接发球队员在端线附近外,一般都站在网前位置。发球的队员站在规定发球区内,接发球的队员则站在规定发球区的另一端的端线附近准备接发球。发球队员的同伴一般站在网前,有时也可以站在端线附近,位于发球队员的另一侧。接发球队员的同伴一般站在网前,有时也不直接站在网前,而是站在发球线附近,当对手打球后再向左前或右前扑截球。

2. 发球

双打发球落点要深,如果发球有足够深度,就能控制对手冲到网前进行截击。第一次发球应采用大力发球,发球后随球上网,这时动作要迅速,先冲前三四步,然后停下来,准备进行第一次截击。

3. 接发球

对方发球时,接发球的同伴一般站在发球线附近,接发球队员回球的情况能直接影响其同伴的动作。如果接球队员能有效地接过发球,并且能够上网,两个人应同时上网;如果接发球回击的球力量较弱,接球队员的同伴就应立即退到端线附近,不要停在原地。对发过来的球不能做有力的回击,就要想到在端线附近进行防御。如果两人同在后场站位时,应使球落在中间地带,以减小对手回球的角度。

4. 及时补位

双打比赛中两个人及时补位很重要,它可以补救场上出现的薄弱地区。例如发球队员的同伴由于冲力过大而冲过中线,这时发球队员就应及时向空当补位。如果遇到两个对手同时上网时,同伴向中路回球较低,被对手截击,这时处在截击队员对面的网前队员应及时截抢。如果接球队员将球打给网前队员,这时接球队员的同伴应迅速后退到中场。

5. 双上网和双底线

双打时两个人互相配合进行的比赛,两个人应当发挥出整体水平。优秀运动员双打时,采用的理想阵势是两人在前或是两人在后。如果两个人处于双上网的位置,而同时对方也是双上网,这种情况下双方都会向有球的一侧移动。很多球是在中场来回击打,因此球场另一部分就会出现很大的空区。这一空区往往是对手进攻偷袭的地区,比赛中应当有意识地注意这一地区。如果两个人处于双底线位置,那么回击时就应当使球堕落在中间地区,以减小对方回球角度。另外,双打比赛应重视防御中间地带,因为这一地带是被攻击的主要目标,所以要求两人配合默契。

思 考 题

1. 篮球进攻和防守基础配合有哪些?
2. 简述排球运动的特点及其锻炼价值。
3. 乒乓球的拉弧圈球的动作技术要领是什么?

第八章 武术运动

本章介绍武术运动的基本功及几类常见武术套路。重点介绍太极拳及其套路。通过本章学习掌握几种常见的武术套路,认识武术健身的意义。重点掌握二十四式太极拳及其套路。

第一节 武术运动基本概念

武术是以技击动作为主要内容,以套路和格斗为主要运动形式,注重内外兼修的中国传统体育项目。常见的表现形式有:

一、套路

武术运动的主要形式,是以技击动作为素材,按攻守进退、动静虚实、刚柔疾徐的运动变化规律编成的整套练习形式。它一般由4段或6段组成,有起势与收势。现行的套路类型有规定套路、自选套路、传统套路及对练套路等。

二、格斗

格式是两人在一定条件下,按照一定的规则斗智、斗勇、较技、较力的对抗性练习形式。

三、散打

又称"散手",是两人按照一定规则使用踢、打、摔等方法战胜对方的竞技项目。

四、长拳

长拳是查拳、华拳、洪拳、炮拳、戳脚等拳术的总称。其特点是：舒展大方，快速有力，节奏分明，蹿蹦跳跃，闪展腾挪，起伏转折，动作灵活多变。

五、太极拳

太极拳是一种柔和、缓慢、轻灵的拳术。其特点是：心静体松，呼吸自然，轻灵沉着，圆活连贯，上下相随，虚实分明，柔中寓刚，以意导动等。其主要流派有陈式、杨式、吴式、武式、孙式等。

六、掌

掌的部位包括掌心、掌背、掌指、掌根、掌外沿。通常拇指弯曲扣于虎口处，其余四指并拢伸直。这种掌型亦称为柳叶掌。

七、马步

两脚平行开立，相距约为脚长的 3 倍，全脚着地，脚尖正朝前，屈膝半蹲，大腿成水平。武谚云："左右并立三足宽，双腿水平如从鞍，挺胸塌腰向前看，稳如泰山人难撼。"

第二节　武术基本动作与套路演练

一、武术基本动作

1. 冲拳

拳从腰间（臂由屈到伸）直向某一方向冲击，力达拳面。依臂型分有旋臂冲拳和直臂冲拳；依拳型分有平拳和立拳；依方向分有前冲拳、侧冲拳、上冲拳和下冲拳。此拳法主要用于正面击打对方之面、胸等部位。

2. 贯拳

拳从侧下方向斜上方弧形击打,臂微屈,拳眼斜向下,屈腕,力达拳面,分上贯、下贯及单贯、双贯。主要用于击打对方头部太阳穴、耳等部位。

3. 劈拳

臂伸直自上向下劈击,力达拳轮。劈拳分前劈、侧劈和抡劈。主要用于劈击对方之头、面、颈、肩、胸等部位。

4. 推掌

由腰间向前旋臂或直臂立掌推击,速度要快,力达掌根或掌外沿。推掌分单推掌、双推掌等。

5. 拍掌

俯掌,直腕,快速有力下拍,力达掌心。

6. 蹬腿

由屈到伸猛力蹬出。蹬出后膝部挺直,脚高过腰、低于胸;支撑腿稍屈,站稳。后蹬腿:脚尖勾起,脚跟用力向后由屈到伸猛力蹬出。蹬出后膝部挺直,脚尖朝下,脚与胯同高;支撑腿挺膝伸直、站稳。

7. 正踢腿

支撑腿伸直,全脚着地;另一腿膝部挺直,脚尖勾起,向前额处猛踢。动作轻快有力,上身保持正直。

8. 分腿腾跃

快速助跑,上板积极,踏跳快速有力,充分蹬直踝膝,同时领臂含胸,上体稍前倾,髋稍屈,向前上方腾起;两臂主动前伸撑器械,两腿后摆,空中紧腰、固髋,两臂伸直用力向下方顶肩推手;推手同时,两腿分开,稍提臀屈髋,立即制动腿,同时上体急振上抬,展髋挺身落地。

9. 屈腿腾越

助跑、上板、起跳、第一腾空和推手的技术与分腿腾越相同;推手时,稍提臀,迅速团身,推手后,两腿迅速下伸,抬上体,两臂侧上摆,充分挺身落地。

二、基本套路要点

(一)长拳套路演练要点

1. 四击合法

"四击"是指在长拳套路中出现的踢、打、摔、拿四种技击动作内容。要求在套路演练时应严格、准确地将它们的含意表达出来。

2. 形神兼备

要求在套路演练时,把外在的形体动作与内在的精神意向充分表现出来,两者还要高度统一。

3. 劲力顺达

要求在套路演练时所使用的劲力协调和顺、刚柔相济。

4. 节奏分明

在套路演练时,要处理好动作的动、静、疾、徐。

(二)太极拳套路演练要点

1. 立身中正

演练时应头正、顶平、项直,不可前俯后仰、左右歪斜。

2. 轻松柔和

演练时要求身体和精神均须放松、动作柔和。

3. 连贯均匀

在完整套路演练时,中间不应有停顿,须连绵不断;而且动作速度应均匀一致(陈式太极拳除外)。

4. 圆活自然

太极拳动作要求处处带有弧形,避免直来直往;动作不拘不僵,平稳舒展,协调自然。

(三)刀术套路演练要点

1. 刀手配合

刀术套路演练时,要求刀的运动应与不握刀的手(常为左手)密切配合,这样才能使刀、手、身协调一致,动作紧凑,完整和谐。

2. 快速勇猛

要求在刀术套路演练时要快捷如风,劲力充足,如猛虎下山,势不可挡。

(四)剑术套路演练要点

1. 把活腕灵

要想把剑术动作练好,握剑手的指、掌虚实变化;腕的灵活转展与劲力运使技巧十分重要。

2. 轻快敏捷

剑术套路演练时要求身法敏捷,动作轻快,吞吐自如,矫健优美。

第三节 太 极 拳

一、武术太极拳的基本知识

太极拳的定义：太极拳是一种柔和、缓慢、轻灵的拳术。
太极拳的主要流派有 5 个：陈式、杨式、吴式、武式、孙式。
太极拳的运动特点：体会心静，柔和缓慢，动作、呼吸和意念相配合。

二、武术太极拳技术分析

(1) 虚灵顶劲；
(2) 气沉丹田；
(3) 含胸拔背；
(4) 松腰敛臀；
(5) 圆裆松垮；
(6) 沉肩坠肘；
(7) 舒指坐腕；
(8) 尾闾中正；
(9) 内宜鼓荡；
(10) 运动如抽丝，迈步如猫行。

三、二十四式太极拳动作要领

1. 起势
要点：左脚开步时，要缓慢柔和，脚跟先提起，开步后脚尖先着地，随重心的移动慢慢过渡到全脚掌。两手下按时，要松肩、沉肘，手指自然微屈。如图 8.1。

2. 左右野马分鬃
要点：左脚落地要轻，弓步时右脚跟向后蹬转，两脚之间横向距离保持 10～30 cm。两臂保持弧形。丁步抱球动作，尽量脚尖不触地。如图 8.2。

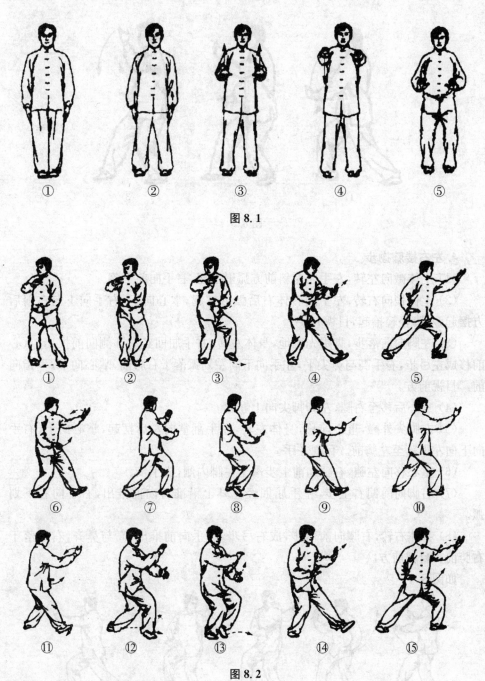

图 8.1

图 8.2

3. 白鹤亮翅

要点:定势胸部不要挺出,两臂保持弧形,以腰带臂转动。如图 8.3。

图 8.3

4. 左右搂膝拗步

（1）上体微向左转,左手向左斜前方弧形摆起,右手向前下落。

（2）上体稍向右转,左手随转体右后弧形摆起,掌心向下,右手向下向右斜后方摆起,左脚轻轻抬起,目视右手。

（3）左脚向前落步,脚跟先着地,身体左转,右手屈回经右耳侧向前推出,重心前移成左弓步,右手高与鼻尖平,左手向下向左划弧落于右胯前,掌心向下,手指向前。目视前方。

（4）重心后移至右腿,左脚脚尖向上翘起。

（5）左脚尖外撇,重心前移,身体左转,左手翻掌向左后摆起,掌心向上,右手向下向左下落至左胸前。目视左手。

（6）重心移向左腿,右腿向前上步落于左脚内侧,成丁步。

（7）右脚向前偏右上步,左手屈回经左耳上沿准备向前推出,右手向右下划弧。

（8）身体右转,右脚向前落步,成右弓步,左手向前推出,高与鼻齐,右手落于右胯前。目视前方。

如图 8.4。

图 8.4

第八章 武术运动

图 8.4(续)

5. 手挥琵琶

（1）重心前移，右脚向前跟进半步。

（2）重心移至右腿，身体稍向右转，左脚轻轻抬起，同时，左手向前上挑掌，高与鼻尖平，掌心向右，右手收回于左肘内侧，掌心向左，上体微向左转，左脚跟落地。目视前方。

如图 8.5。

图 8.5

6. 左右倒卷弘

（1）上体稍右转，右手向下向右肩划弧，掌心向上。

（2）上体继续右转，右手继续向右斜后上方摆起，左手翻掌，掌心向上。

（3）左脚轻轻抬起，右掌屈回收至右耳侧。

（4）左脚向后撤步，上体稍向左转，右掌沿耳际上沿向前推出，高于鼻平，掌心向前，左掌向下向左划弧，掌心向上。

如图 8.6。

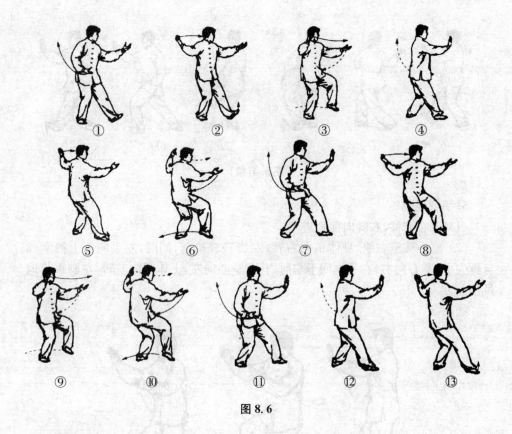

图 8.6

7. 左揽雀尾

(1)"掤":上体向右转,左手向下向右划弧,掌心向上,与右手成抱球状,同时左脚收于右脚内侧,成丁步,目视右手前方。左脚向左前方上步,脚跟先着地,左手向前上,右手向右下同时分出。重心前移,左脚落实,右脚跟向后蹬转,成左弓步,同时左手继续向前掤出,高与肩平,掌心向后,右手下落至右胯旁,掌心向下。

(2)"捋":上体微向右转,左手随即前伸翻掌向下,右手翻掌向上,重心随即后移。重心后移至右腿,身体随即右后转,右手随转体向右后上方弧形摆掌,左臂平屈收于右胸前,掌心向下。

(3)"挤":上体左转,右手折回,向左手腕内侧挤,左手翻转掌心向内。重心前移,上体左转成左弓步,同时右掌指根部附于左手腕内侧,左臂屈肘横于胸前,双手及左前臂同时向前慢慢挤出,目视前方。

(4)"按":左手翻掌,手心向下。两手左右分开,与肩同宽,重心后移。上体后坐,左脚尖翘起,同时两手屈肘回收至腹前,掌心向下。重心前移,左脚落实,成左弓步,同时两手向上向前按出,掌心向前,腕高与肩平。

如图 8.7。

图 8.7

8. 右揽雀尾

动作同左揽雀尾，唯方向相反。如图 8.8。

图 8.8

9. 单鞭

上体后坐，上体左转，右脚尖内扣，重心左移，左手随转体向左划平弧，右手经腹前至左肋前，掌心向后上方。重心右移，上体右转，同时右手向右上方划弧，掌心由内转向外，左手向下至左腹前，掌心向上。目视右手。重心继续移向右腿，左脚收于右脚内侧成丁步，右掌变勾，左手摆至右胸前，掌心向内。目视右勾手。左脚向左前方上步，脚跟先着地，身体同时左转，左手向左前方平行划弧。重心前移，左脚落实成左弓步，同时左手翻掌向前推出，掌心向前，高与眼平，右勾手停于身体侧斜后方。目视前方。如图 8.9。

图 8.9

10. 云手

身体重心后移，左脚尖翘起。上体右转，左脚尖内扣，左手向下经腹前向右划弧至右肋前，掌心向内。目视右手前方。右勾变掌，掌心向外，左手继续向上划弧，掌心仍向内。上体向左转腰，重心向左移动，随转体左掌经脸前向左划弧，掌心转向右方，右掌向下经腹前向左上摆起。目视左掌前方。重心移向左腿，右脚向左脚并步，两脚之间保持 10 cm，脚尖向前，右手继续向上弧形摆起，掌心向内，右掌翻掌下落，掌心向下。身体向右转腰，右掌经面前右划弧，掌心向内，左掌下落至左肋斜前方。目视右掌前方。身体继续向右转腰，随转体右手继续向右划弧，左手向右摆于右肋前，掌心向内。目视右手前方。重心移向右腿，左脚向左平行开步，同时右手翻掌，掌心向外，左掌向上划弧至右肩前。如图 8.10。

图 8.10

图 8.10(续)

11. 单鞭

上体继续右转,右手向右划弧,左手经腹前向右上方划弧至右肋前,掌心向内。眼看左手。如图 8.11。

图 8.11

12. 高探马

重心前移,右脚向前跟进半步,重心再后移,左掌翻转,掌心向上,右勾手变掌,掌心斜向上。左脚向前活步,脚尖点地,成左虚步,右手经右耳旁向前推掌,掌心向前,手指与眼同高,左手收至左侧腰前,掌心向上,目视前方。如图 8.12。

图 8.12

13. 右蹬脚

左手前伸至右手腕背面,掌心向上,两手相互交叉,上体微向右转。随即两手分开,左手翻转,两手心斜向下,左脚轻轻抬起。左脚向左斜前方落步,身体微向左转,重心前移,两手分别向左右两侧分开。两手继续向下划弧并由外向内翻转,至腹前交叉,上托于胸前,右掌在外,掌心均向内,同时右脚向左脚内侧靠拢,脚尖点地,目视右前方。两掌外翻左右划弧分开,同时右腿屈膝上提。两手继续分开平举,两肘下沉,两臂成弧形,同时右脚向右前上方慢慢蹬出。目视右手。如图8.13。

图 8.13

14. 双峰贯耳

右腿屈膝小腿收回,左手向前平摆至胸前,两掌心斜向上。两手继续体前下落至右膝两侧。右脚向右前方落步,脚跟先着地,再全脚落实,两手收落于腰间,掌心斜向上。重心前移,成右弓步,同时两掌变拳,分别从两侧向上、向前划弧至前方,高与耳齐,与头同宽,拳眼斜向下。目视右拳。如图8.14。

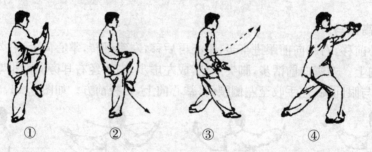

图 8.14

15. 转身左蹬脚

重心后移,上体左转,右脚尖翘起后内扣,两拳同时变掌,分别向左右两侧分开。重心移向右脚,左脚收于右脚内侧,成丁步,同时两手分别向下划弧,在腹前交叉后托至胸前,左掌在外,掌心均向内。左腿屈膝收回,脚尖向下。如图8.15。

图 8.15

16. 左下势独立

上体稍右转,右掌变成勾手,左掌向上向右划弧落于右肩前,掌心斜向后,目视右手。右腿下蹲,左腿向左侧(偏后)平仆,成左仆步;左手下落至右腹前。左手继续沿左腿内侧向前穿出,掌心向外,上体左转,右勾手下落体后。目视左手前下方。重心前移,左脚尖外撇,右腿蹬直,脚尖里扣,成左弓步,上体微向左转并向前抬起;同时左臂继续向前伸出(支撑),掌心向右,右勾手下落,勾尖转向上,目视前方。右腿慢慢屈膝提起,成左独立式;同时右勾变掌,并由后下方顺右腿外侧向前弧形提起,屈臂立于右腿上方,肘膝相对,掌心向左;左手落于左胯旁,掌心向下,指尖向前。目视右手前方。如图 8.16。

图 8.16

17. 右下势独立

右脚下落于左脚内侧,脚掌着地,然后左脚以脚跟为轴脚尖外展,身体随之左转,同时左手向左后平举变勾手,右掌向左摆至左胸前,掌心向内,目视左勾。其他同左下势,唯左右相反。如图 8.17。

图 8.17

18. 左右穿梭

身体稍向左转,左脚向前落地,脚尖外撇,随转体落步重心前移;左手翻转,手心向下至左胸前,右掌向左划弧至左腹前与左手成抱球状。重心前移,右脚向前跟于左脚内侧,脚尖点地。上体稍右转,右脚轻轻抬起,右手向右斜前方弧形摆起,左手下落至左腰间。右脚向前方上步,偏右(约 30°),重心前移,成右弓步,同时左手从腰间向前推出,右手经面前向上翻掌停于额前,掌心斜向上,左手高与眉平,掌心向前;目视左手前方。重心稍向后移,微向左转腰,重心前移,左脚收至右脚内侧,脚掌着地;右手翻转,手心向下至右胸前,左手同时向下划弧收至右腹前,与右手抱球。如图 8.18。

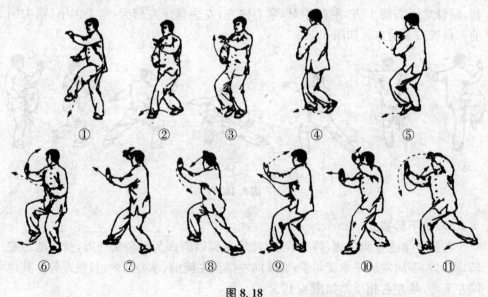

图 8.18

19. 海底针

重心前移,右脚向前跟进半步,重心再后移至右腿,左脚轻轻提起,在跟步的同时,身体稍向右转,同时右手下落经体前向后,向上提至右耳旁,左手向右胸前划弧后,随身体左转落于左胯前,掌心向下,指尖向前。左脚向前落步,脚尖点地,成左虚步,同时右手由右耳旁向前下插掌,掌心向左,指尖斜向下,左手收于左胯旁。如图 8.19。

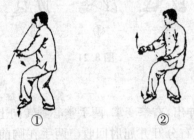

图 8.19

20. 闪通臂

上体稍向后移,直立,左脚轻轻抬起,同时右手向上提起,左手向上摆至右腕下。左脚向前上步,脚跟先着地再全脚落实,重心前移,成左弓步,同时右手外翻,掌心斜向上,架于右额头斜上方,左手向前平推,高与鼻尖平,掌心向前。目视前方。如图 8.20。

图 8.20

21. 转身搬拦捶

"搬":重心后移,上体右转,左脚尖翘起后内扣,两手同时向上向右转动,重心移向左腿,左手至头前,掌心向外,右手继续向右前下划弧后,握拳收至左胸前,拳心向下。上体继续右转,右脚轻轻抬起,脚尖外撇,右拳向前下搬盖,拳心向上,左手落于左胯旁。目视右拳前方。重心前移,右脚落实,成右弓步,同时右拳继续向前下搬盖。"拦":重心前移,左脚向前迈一步,同时上体继续右转,左掌向前上划弧拦出,掌心向右,右拳向右划弧后收至右腰间。目视前方。"捶":重心前移成左弓步,右拳向前打出,拳眼向上,高与胸平,左手附于右前臂内侧。如图 8.21。

图 8.21

22. 如封似闭

左手由右腕下向前伸出，右拳变掌，两手掌心翻转向上。重心后移，身体后坐，左脚尖向上翘起，两手左右分开并屈肘回收。两手在胸前向内翻转，向下至腹前，掌心斜向下。重心前移，左脚落实，成左弓步，两手向上、向前推出，腕高与肩平，掌心向前。目视前方。如图 8.22。

图 8.22

23. 十字手

重心后坐，左脚尖翘起，上体右转，左脚尖内扣，上体继续右转，右手向右划平弧，右脚尖外撇，重心移至右腿。目视右手。右手向下划弧，重心左移，右脚尖内扣。右脚向左收回，两脚距离同肩宽，两腿伸直，成开立步，同时，两手向下向内交叉合抱于胸前，右手在外，掌心向后。目视前方。如图 8.23。

图 8.23

24. 收势

两手向外翻掌,手心向下,两臂慢慢下落,停于身体两侧,左脚慢慢收至右脚旁并步。目视前方。如图 8.24。

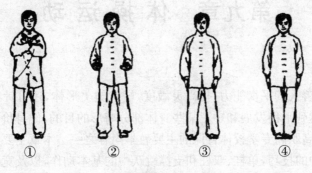

图 8.24

思 考 题

1. 武术的锻炼价值及特点是什么?
2. 武术有哪些基本步形?各自的要点是什么?
3. 练习太极拳应注意哪些要点?

第九章 体操运动

体操可改善人的平衡能力,提高灵敏度,塑造健美形体,还可针对身体局部进行练习,从而达到平衡发展和矫正某些身体部分畸形的目的,健身价值和社会价值较高。体操是高职高专学校体育课的主要教学内容之一。本章主要介绍体操的基本概况,体操中的技巧,单杠、双杠和支撑跳跃中的基本动作,以及竞技体操的主要竞赛规则。从而了解体操的发展历程;掌握体操的分类及竞技体操比赛中所包含的具体单项比赛名称,基本掌握本章所介绍的各个体操动作;熟练运用技巧和支撑跳跃中的基本动作进行体育锻炼。

第一节 体操运动概述

一、体操运动简介

1. 起源

现代体操起源于 18~19 世纪的欧洲,被称为"德国体操之父"的古茨穆茨和另一位德国体操创始人雅恩在继承发展原有的吊环、鞍马、单杠项目的同时,又创设了双杠、吊绳、吊竿等项目,并改进了木马、跳箱等器材。与此同时,雅典体操学派、捷克体操学派形成,对体操进行分类,并通过对解剖学、生理学的大量研究,发明了肋木、平衡木、体操凳、绳梯等,并强调体操动作要优美活泼,成套动作编排要紧凑,练习体操必须穿体操服等。目前人们所说的体操实为现代体操。目前国际重大体操赛事主要有:奥运会的体操比赛、世界杯体操比赛和世界体操锦标赛。

2. 特点

体操具有多样性、平衡性、艺术性、创造性等特点,具体动作由人们根据一定目的自行设计且带有强烈的艺术色彩,适宜不同年龄、性别的人群进行体育锻炼。体操可改善人的平衡能力,提高前庭器官的机能,训练肌肉放松和紧张的协调能力,增强关节、韧带和骨骼系统,塑造健美形体,培养勇敢、果断等意志品质和团结友爱的协作精神,还可针对局部进行练习,从而达到平衡发展和矫正某些身体部分畸形的目的,使人们在练习过程中得到美的享受,具有较高的健身价值和社会价值。

3. 分类

根据体操的目的与任务,体操可分为基本体操和竞技性体操两大类,其中竞技性体操包括竞技体操、艺术体操、技巧运动、竞技健美操和蹦床运动。体操的基本内容主要包括队列队形练习、徒手体操、轻器械体操、器械体操、技巧和跳跃。

4. 体操运动在我国的发展

体操在我国历史悠久,我国古代体操有两类,即强健筋骨、预防疾病的体操和存在于乐舞、杂技等活动中的技巧运动。"体操"一词在19世纪传入我国,后成为我国体育课的名称。新中国成立后,体操得到进一步的重视和发展。

1953年,在北京召开了全国体育大会,同年中国体操队正式成立。

1962年,于烈峰在第15届世界体操锦标赛上为中国获得第一块奖牌。

1979年,女子体操运动员马艳红为中国夺得第一个世界体操冠军——高低杠冠军。

1980年,男子体操运动员黄玉斌在第5届世界杯体操赛夺得吊环冠军,成为中国第一位男子体操冠军。

1982年,有"体操王子"美誉的李宁在第6届世界杯体操赛中,一人夺得个人全能、自由体操、鞍马、吊环、跳马和单杠6枚金牌。

1983年,在第22届世界杯体操锦标赛上,中国男子体操队首次获得团体世界冠军。

之后我国竞技体操持续快速发展,在世界重大体操赛事中获得很多金牌,为祖国争得了荣誉。

二、体操比赛的场地设施

1. 自由体操

自由体操比赛在长和宽均为12 m的正方形场地内进行。比赛区外有2 m的安全区域。比赛场地上铺一层地毯,地毯下面是一层有弹性的海绵,海绵下面是一层带弹簧的木板。

2. 鞍马

鞍马高度为1.05 m(从垫子上沿量起),下有拉链与地面挂钩相连固定,可升降。

3. 吊环

吊环高度为2.60 m(从垫子上沿量起),吊环的双环由两根钢索悬吊,环为钢筋外包木质材料。

4. 双杠

双杠高度为 1.80 m（从垫子上沿量起），杠子高度可以升降，两杠间宽度可以调节。杠子外为木质材料，内为钢筋，具有较好的弹性。

5. 单杠

单杠高度为 2.60 m（从垫子上沿量起），横杠长度为 2.4 m，直径为 28 mm。

6. 高低杠

高低杠由两根横杠组成，一根离地面 2.50 m，另一根离地面 1.7 m。两杠间距可以根据运动员需要和习惯进行调整，宽的可以达到 1.80 m 左右。

7. 平衡木

平衡木高 1.25 m、长 5 m、宽 10 cm。

三、体操的主要竞赛规则

1. 着装

比赛时，运动员要穿规范的体操服，全队着装要统一。在鞍马，吊环，双杠和单杠比赛中，参赛运动员必须穿长裤，体操鞋（或袜子）。男子运动员在自由体操和跳马比赛中可以穿短裤，也可赤脚。在所有比赛中运动员都必须要穿背心。女子运动员不得穿过小、过露和透明的体操服，不得佩戴珠宝首饰。所有运动员必须佩戴号码。如有违反，将被扣除相应的分数。

2. 赛制

比赛共分为四种，即团体和个人资格赛，个人全能决赛，单项决赛和团体决赛。

团体和个人资格赛为 6—5—4 制，即各队可由 4～6 名运动员组成。在每个单项的比赛中，每队派出 5 名队员上场，取 4 个最好成绩相加作为该项目成绩，各项目成绩相加作为团体成绩。这场比赛决定参加团体决赛，个人全能决赛和单项决赛的资格，但成绩不带入决赛。

在团体和个人资格赛中获全能成绩前 24 名的运动员进入个人全能赛，以全能决赛成绩决定全能名次。

在团体和个人资格赛中获各单项成绩前 8 名的运动员进行单项决赛，以各单项决赛的成绩决定单项冠军。

在团体和个人资格赛中获团体成绩前 8 名的队伍进行团体决赛。比赛采用 6—3—3 制，即每个项目上，每队派 3 名运动员进行比赛，每个单项的 3 个分数均记入团体成绩，以团体决赛的成绩决定团体冠军。

3. 评分方法

在男、女比赛项目中，均有 A，B 两组裁判员对运动员比赛动作进行评分。"A"

分和"B"分加起来为一套动作最后的得分。

(1) A组根据运动员一套动作的内容确定"A"分。"A"分内容包括:取运动员成套动作的下法加上最好的9个动作共10个动作,计算其难度价值。男子最高难度动作为F组,女子最高难度动作为G组。除此之外,A裁判组还须根据不同项目的特殊规定计算动作的连接价值。在所计算的10个动作的难度价值中,每完成一个动作结构组要求,A裁判组将给予0.5的加分。除了跳马之外,成套动作必须要有符合要求的下法。

(2) B组确定"B"分,"B"分从10分开始,以0.1分为单位进行扣分。"B"分的内容包括:

① 成套动作的艺术及完成错误,技术和编排错误。当动作完成发生艺术性和技术性偏差时,要进行扣分。扣分与某一动作或某一成套动作的难度无关。

② 小错扣0.1分,中错扣0.3分,大错扣0.5分,掉下器械扣0.8分。

③ 把艺术扣分,完成错误扣分,技术和编排错误扣分进行汇总,并从10分中扣除,所得分数为最后的"B"分。

四、各单项动作完成的相关规定

1. 自由体操

男子一套动作在70 s内完成,女子在90 s内完成。自由体操成套动作的编排要充分利用整个场地。女子自由体操要有音乐伴奏。开始前运动员必须双腿并拢,静立于自由体操场地内,然后开始做成套动作。

2. 鞍马

现代鞍马成套动作的主要特征是利用鞍马的所有规定部分,用不同的支撑姿势完成不同的全旋摆动动作(分腿或并腿),单腿摆动和(或)交叉。允许有经手倒立加转体和不转体的动作,所有动作必须利用摆动完成,不能有丝毫的停顿,不允许有力量动作或静止动作。运动员必须从站立姿势开始,允许做第一个动作时走上一步或挑起撑鞍马。

3. 吊环

吊环运动起源于法国,1896年被列为奥运会比赛项目。力量性支撑的动作和回环动作是吊环的两种基本动作,一套吊环动作应由比例大致相等的摆动,力量和静止部分组成。由摆动到静止力量或由静止力量到摆动的过渡是当代吊环项目的显著特点。环带不允许摆动和交叉。评分从运动员脚离地做第一个动作开始。运动员可从静止站立跳起开始比赛,或在教练员的帮助下成双手握环悬垂双腿并拢的良好静止姿势开始比赛。不允许教练员帮助运动员起摆。

4. 跳马

男、女运动员跳马的助跑距离最长为 25 m。所有跳马动作必须通过用手推撑跳马来完成。第一次跳马结束后，运动员应立即返回到开始位置，出示信号后，再进行第二次试跳。

以男子跳马为例，运动员在资格赛、团体决赛和全能决赛中必须完成一个跳马动作。想获得跳马决赛资格的运动员在资格赛中必须跳两个动作，这两个动作必须是不同结构组的动作，而且两个腾空动作不能相同。

在完成每一次跳马动作之前，运动员必须向 A 组裁判员显示该动作在规则中对应的动作号码。号码显示牌可由他人帮助完成，出现显示错误时不对运动员进行处罚。

5. 双杠

现代双杠动作主要由摆动动作和飞行动作组成。运动员做双杠上法或动作开始前的助跑，必须从双腿并拢站立姿势开始。运动员单手或双手一接触杠子，则表示动作开始，双脚离地开始评分。做上法时摆动一条腿，迈一步是不允许的，双脚必须同时离地。做上法时，允许在常规落地垫上放置踏板。

6. 单杠

现代单杠动作要求运动员运用各种握法，流畅地完成半径长短不同的摆动、转体和飞行动作。运动员必须从双腿并拢静立或加助跑，跳起抓杠或由别人帮助上杠；上杠后身体静止或悬垂摆动，但要保持良好的姿态。评分从运动员离开地面开始。

7. 高低杠

裁判员对高低杠成套动作的评分时由运动员从踏板或垫子起跳开始（不允许在踏板下增加支撑物）。如运动员在上法助跑中出错，未接触踏板、器械，或未跑到器械下面，允许第二次助跑。运动员掉下器械到重新上器械（男子鞍马，吊环，双杠，单杠相同）继续做动作前，允许有 30 s 间断。如果运动员未能在 30 s 内重新上器械，则判定成套动作终止。

8. 平衡木

一套平衡木动作的时间不能超过 90 s。计时从运动员踏板起跳或垫子起跳开始，到运动员结束平衡木成套动作接触垫子时停表。在运动员完成动作过程中的第 80 s 时给第一次信号，90 s 时第二次信号响时落地，不扣分。如果在第二次信号响后落地，将对成套动作超时判定，予以扣分。

运动员从器械上掉下，成套动作被中断，允许有 10 s 的间断时间，间断时间不计算在成套动作的总时间内。如果运动员未能在 10 s 时限内重新上平衡木，则成套动作终止。

第二节 体操动作的技巧动作

体操动作的技巧动作按技术结构可分为翻滚动作、平衡木动作和抛接动作三大类。竞技体操中技巧动作，主要是单人做的各种翻滚和平衡木动作，在高职高专体操教学中主要是翻滚，前手翻、后手翻和各种倒立等动作。

一、翻滚动作

本节介绍的翻腾动作包括前滚翻、鱼跃前滚翻、后滚翻和侧滚翻。

（一）前滚翻

1. 技术动作要点

蹲立，两手向前撑地，两脚蹬地，提臀同时曲臂低头，屈体前滚。当背部着地时，屈膝，团身，两手抱小腿中部，上体跟上呈蹲立。

2. 保护与帮助

保护者跪于前侧方，当练习者头部将要着地时，一手托颈；当滚翻至臀部着地时，两手顺势推背部呈蹲立。

3. 易犯错误及纠正方法

（1）方向偏。

纠正方法：多练习头正着地的动作，且两手支撑用力应均衡。

（2）滚翻不圆滑。

纠正方法：练习时注意身体各部位着地的顺序，动作应协调到位。

（二）鱼跃前滚翻

1. 技术动作要点

两臂前摆，同时两脚向后下方用力蹬地，向前上方跃起，腾空时留腿控髋（髋角大于120°）。手撑地后屈臂，低头，屈体前滚，臀部着地时屈膝团身前滚呈蹲立。

2. 保护与帮助

保护者于前侧方，当练习者腾空时，一手托胸腹，另一手托腿，帮助缓冲落地和向前滚动。两保护者于前侧跪立，当练习者前滚时，分别托肩、托背。

3. 易犯错误及纠正方法

害怕心理，两臂不敢前摆远处撑地。

纠正方法:练习时逐步提高动作规格以增强学习的信心,慢慢克服害怕心理。采用标志物,要求练习者双手尽量向远撑;采用托胸腹与腿的方法,帮助体会留腿技术;由低处向高处鱼跃前滚翻。

(三) 后滚翻

1. 技术动作要点

蹲撑,身体稍向前移,随即两手推地,低头,圆背,团身后滚。屈臂内夹两手,反掌放于肩上(手指向后),当后滚至肩,头着地时,臀部上翻,顺势推地呈蹲撑。

2. 保护与帮助

保护者站于后侧方,当滚翻至肩头着地时,两手扶其髋部的两侧向上提拉,帮助其推手和滚动。保护者跪于后侧,一手托肩,另一手拨其臀部,帮助后滚呈蹲立。

3. 易犯错误及纠正方法

(1) 方向偏。

纠正方法:练习时注意充分、持续低头,协调后滚,低头应充分且方位正。

(2) 滚翻不圆滑,推手不及时。

纠正方法:加强肩关节和手腕柔韧性练习并强调动作要点。

(四) 侧手翻

1. 技术动作要点

面对前方,以左侧为例,上体前倒,左腿前跨一步的同时两臂上举,手撑地前顺势向右转体90°,右腿后摆;左右手前伸依次在左脚的延长线上撑地,右脚蹬地后经分腿倒立姿势,顶肩、立腰;两手依次推地,两脚依次落地。

2. 保护与帮助

(1) 保护者站于练习者前侧方(背面),一手扶腰,另一手拨蹬地腿,帮助练习者翻转。

(2) 保护者站于练习者前侧方(背面),两手交叉扶腰,帮助练习者翻转。

3. 易犯错误及纠正方法

(1) 身体无法完成翻转

纠正方法:保护者站于练习者前侧方(背面),一手扶腰,另一手拨蹬地腿,帮助练习者翻转。

(2) 两腿同时落地

纠正方法:靠墙做侧起分腿手倒立(分腿应大),推手侧翻,右腿、左腿依次落地。

(3) 身体不在一个垂直面上

纠正方法:在画有直线标记的垫上做侧手翻或靠墙做手倒立,体会空中姿态。

(4) 手撑地即屈臂倒地

纠正方法:多靠墙做手倒立。

二、倒立动作

倒立动作主要介绍肩肘倒立和头手倒立。

(一) 肩肘倒立

1. 技术动作要点

由直角坐开始,向后倒肩、举腿、翻臀,当向后滚动至小腿超过头部时,向上伸腿、展髋,挺直身体,同时两手撑腰后侧,夹肘,呈肘、颈、肩支撑的倒立姿势。两腿伸直并腿坐,上体前屈,胸部靠近大腿,两手触脚面;然后上体滚动后倒,两腿上举,两臂压垫同时腿上伸;迅速屈肘内收,手撑腰的上部(拇指向腰,其余四指托背),伸髋、挺腹,脚面绷直向上方蹬,呈肩、颈和上臂支撑地面的肩肘倒立姿势。

2. 保护与帮助

保护者站于练习者侧面,双手握其小腿踝部并向上提拉。如倒立姿势不正确,身体无法充分伸展,可用膝盖顶其背部,助其充分伸直。

3. 易犯错误及纠正方法

(1) 肩肘倒立时立不住

纠正方法:原地站立,练习两手叉腰,听教师或同伴口令向内夹肘;或先练习屈腿的肩肘倒立,立稳后,再慢慢将腿伸直。

(2) 肩肘倒立时立不直

纠正方法:两人一组,保护者两手提练习者踝关节向上,同时一膝抵住腰部;练习者做肩肘倒立时,用脚尖触及上悬的标志物。

(二) 头手倒立

1. 技术动作要点

蹲撑,两手同肩宽,与前额呈等腰三角形撑地;两肘内夹,提臀,两腿蹬地;当臀部上至支撑面的垂直面时,并腿、伸髋(重心稍回收)、立腰呈头手倒立姿势。

2. 保护与帮助

保护者站于被练习者前侧方,两手扶其髋部,倒立后改扶腿或以一膝顶其腰臀之间,两手扶腿。另外,可进行自我保护,当身体前倒时可低头团身前滚翻。

3. 易犯错误及纠正方法

(1)倒立不起来

纠正方法：克服害怕心理，加大蹬地力量，加强保护与帮助，多靠墙进行练习，并加强腰背、腹背肌力量练习。

(2)翻过头

纠正方法：多靠墙进行练习，手应支撑有力。单杠引体向上练习。

第三节　常见体操项目及其动作训练

一、单杠的动作练习

单杠的内容丰富，动作多样，主要包括各种摆动、上法、屈伸、回环、转体、腾越、下法等。高职高专单杠的教学内容主要由简单的上法、下法、屈伸和回环等动作所组成，以低单杠练习为主。经常从事单杠练习，能发展上肢、肩带、腹背肌肉的力量和柔韧性，提高身体的协调性以及前庭器官的机能。下面主要介绍翻上、骑撑后倒挂膝上、单腿摆越呈骑撑以及骑撑后摆转体90°下。

(一)翻上

1. 技术动作要点

屈臂握杠，一腿后举开始，后腿经前向杠后上方摆起，顺势倒肩再引杠，使腹部靠杠，蹬地腿迅速赶上并腿；当身体翻至水平面时制动腿，抬上体，翻腕呈支撑。

2. 保护与帮助

保护者站于练习者的杠前侧方，一手托其臀，另一手拨肩，当呈支撑时换成一手托肩，另一手托腿。

3. 易犯错误及纠正方法

(1)身体翻不到杠上

纠正方法：脚蹬高物做翻上，保护者站于练习者的杠前侧方，一手托其臀，另一手拨肩，当呈支撑时换成一手托肩，另一手托腿；加强上肢悬垂和腹背肌的力量。

(2)翻到杠上后，抬不起上体

纠正方法：屈体俯卧趴在杠上，保护者固定其两脚，练习者抬上体、抬头、翻腕、挺身成支撑；保护者站于练习者的杠前侧方，一手托其臀，另一手拨肩，当呈支撑时换成一手托肩，另一手托腿；加强上肢悬垂和腹背肌的力量。

(二)骑撑后倒挂膝上

1. 技术动作要点

以右腿骑撑为例,重心后移,后腿后下伸,直臂后倒挂膝;后腿前摆至杠水平面时做制动式的前伸动作;回摆时后腿充分伸展后摆,后摆接近极点时,用前腿膝窝勾杠,同时两臂顺势压杠,上体跟上呈支撑。

2. 保护与帮助

保护者站于杠前左侧方,后倒前摆时一手托练习者背,另一手扶其大腿下部帮助前摆与制动。后摆时,一手托其背,另一手压其大腿帮助练习者上身跟上呈支撑。

3. 易犯错误及纠正方法

（1）不会利用腿的摆动,急于屈臂拉杠,或摆腿过早

纠正方法:由挂膝摆2～3次上呈骑撑;杠前上方放置标志物,加大摆动幅度;保护者站于杠前左侧方,后倒前摆时一手托练习者背,另一手扶其大腿下部帮助前摆与制动。后摆时,一手托其背,另一手压其大腿帮助练习者上身跟上呈支撑。

（2）前摆时,腿摆向后上方,使动作摆动失去节奏

纠正方法:杠前上方放置标志物,加大摆动幅度;保护者站于杠前左侧方,后倒前摆时一手托练习者背,另一手扶其大腿下部帮助前摆与制动。后摆时,一手托其背,另一手压其大腿帮助练习者上身跟上呈支撑。

(三)单腿摆越呈骑撑

1. 技术动作要点

以右腿摆越为例,由支撑开始,右臂顶杠,重心移至左臂,接着右手推离杠,同时右腿经侧向前摆越,右手迅速撑杠,右腿向前下伸使大腿根部靠杠,上体保持正直呈骑撑。

2. 保护与帮助

由骑撑开始,保护者站练习者杠前摆腿方向的异侧,一手托其腿、一手扶其上臂,帮助移重心、推手,单腿向前摆越,控制支撑平衡。

3. 易犯错误及纠正方法

（1）移重心、推手不充分,摆越、换撑动作不连贯

纠正方法:手持棍站立做模仿练习;在鞍马或跳马上做模仿练习;由骑撑开始,保护者站在杠前扶练习者脚,帮助其单腿向前摆越。

（2）心理胆怯,不敢推手、摆越

纠正方法:由骑撑开始,保护者站在杠前扶练习者脚,帮助其单腿向前摆越;由

骑撑开始,保护者站在练习者杠前摆腿方向的异侧,一手托其腿、一手扶其上臂,帮助移重心、推手,单腿向前摆越,控制支撑平衡。

(3) 动作质量不高,姿态不标准

纠正方法:由骑撑开始,保护者站在杠前扶练习者脚,帮助其单腿向前摆越;由骑撑开始,保护者站在练习者杠前摆腿方向的异侧,一手托其腿、一手扶其上臂,帮助移重心、推手,单腿向前摆越,控制支撑平衡;进行完整动作重复练习中,强调动作的准确性。

(四)骑撑后摆转体90°下

1. 技术动作要点

以右腿骑撑为例,右腿骑撑,右手反握,上体右倒,左手推离杠,重心移至右臂,同时右腿压杠,两腿向左侧摆起;右臂顶肩支撑以头和肩带动身体向右转体90°,同时左腿摆起,右腿向左腿并拢挺身下。

2. 保护与帮助

(1) 保护者站于练习者右侧后方,右手扶其右上臂帮助倒肩,左手拨右腿帮助摆起。

(2) 保护者站于练习者右侧后方,右手扶其右上臂,左手拨右腿帮助侧摆并腿挺身。

(3) 保护者站于练习者右侧前方,扶其右上臂,下时扶腰,防止其转体时跌倒。

3. 易犯错误及纠正方法

(1) 支撑后摆时,撒肩,身体远离杠,摆腿低于杠

纠正方法:支撑后摆重复练习,练习不松手的支撑后摆下,在保护凳上帮助练习支撑后摆转体90°。

(2) 转体不充分,过早或过晚

纠正方法:地面俯撑,弹腿转体90°呈侧撑;在保护凳上帮助练习支撑后摆转体90°。

(3) 转体后失去平衡,落地不稳

纠正方法:在杠后站立,保护者两手扶练习者腰部帮助其后摆转体90°下。骑撑时,应掌握好重心,落地时应屈膝缓冲。

二、双杠的动作练习

双杠动作是在支撑、挂臂撑或悬垂的情况下完成的。经常从事双杠练习,可发展上肢、肩带和躯干肌肉力量。体操的双杠练习主要包括支撑摆动、挂臂撑前摆

上、分腿坐前滚翻、支撑前摆下和支撑后摆挺身下。

(一) 支撑摆动

1. 技术动作要点

顶肩支撑。摆动主要以肩为轴,前摆时肩稍向后移,抬头,后摆时,肩稍向前移,顶臂拉肩;摆动过程脚紧夹,向远伸;用力时由腿摆过垂直部位开始,用力宜缓不宜急。

2. 保护与帮助

保护者站于练习者侧面,一手扶肩,一手握上臂,以助其肩部移动与稳定。

3. 易犯错误及纠正方法

(1) 摆动不平稳,控制不住

纠正方法:加强肩臂力量练习,注意肩的移动不宜大亦不宜小。

(2) 有多余动作(如提臀、挺肚、收腹过大等)

纠正方法:开始进行小摆幅的练习,主要强调动作的准确性,熟练后再逐渐加大摆幅。

(二) 挂臂撑前摆上

1. 技术动作要点

前摆过垂直部位后,两腿主动猛力加速上踢;当腿摆出杠面后,立即急速制动,并前伸,同时两臂用力压杠,上体急振;脚面继续顺势前伸,充分拉开肩角。

2. 保护与帮助

保护者站于练习者侧面,一手托其背,一手托大腿后侧或臀部。

3. 易犯错及纠正方法

(1) 上体起不来

纠正方法:多练习压臂和腿的制动动作。

(2) 摆动不高

纠正方法:加强肩臂力量和腿的制动练习;保护者站于练习者侧面,一手托其背,一手托大腿后侧或臀部。

(三) 分腿坐前滚翻

1. 技术动作要点

手靠大腿处推杠,上体前倒,顺势提臀、低头,手顶杠,接着分肘,以肩臂撑杠,并腿,臀部前移过肩上方时,两手迅速向前换握杠,臀部接近杠面时,分腿下压,同时两臂压杠,上体前跟。

2. 保护与帮助

(1) 保护者站于练习者侧方,一手握踝处,帮助提臀和控制前滚,另一手杠下托背,帮助抬上体,帮助时最好两人一起。

(2) 保护者站于练习者侧前方,一手杠下托肩,另一手托膝,帮助提臀,当前滚时,保护者迅速换至杠下托背和臀部,帮助抬上体。

3. 易犯错误及纠正方法

(1) 臀部提不起;回滚或前滚太快;臀部下掉或分腿打杠。

纠正方法:手握点离身体不能太远,先在垫上做模仿练习,熟练后在低双杠前上方处放一块垫子,做前滚翻至垫上呈分腿坐。

(2) 上体起不来

纠正方法:加强肩臂力量练习,先在垫上做模仿练习,熟练后在低双杠前上方处放一块垫子,做前滚翻至垫上呈分腿坐。

(四) 支撑前摆下

1. 技术动作要点

由支撑后摆开始,当前摆过垂直部位后,迅速向前上方摆腿,同时重心向落地方向侧移,当前摆近最高点时,两腿向前上方伸压展髋,上体急振,同时用力顶肩推手换握杠,挺身跳下,落地缓冲。

2. 保护与帮助

保护者站于练习者右侧后方,右手握其右上臂,左手托送背或臀,帮助出杠。

3. 易犯错误及纠正方法

(1) 前摆举腿不高

纠正方法:反复练习支撑前摆展髋举腿,摆腿前上方加标志物练习。

(2) 伸腿展髋挺身不充分

纠正方法:下杠一侧加标志物练习,反复练习外侧坐越两杠直角下。

(3) 胆怯,不敢做

纠正方法:在低双杠末端练习跳起支撑前摆跳下;进行小摆动练习;找保护者,让其站在练习者右侧后方,右手握右上臂,左手托送背或臀,帮助出杠。

思 考 题

1. 体操运动的作用是什么?
2. 体操对大学生身体发育的影响有哪些?

第十章 娱乐休闲类运动

近年来,许多盛行于世界的新兴运动项目如形体运动、健美操、体育舞蹈、瑜伽、跆拳道、街舞、动感单车等在国内健身会所受到热捧,女性和年轻人尤其钟情于这类运动。本章将此类运动命名为娱乐休闲类运动。为了满足大家的兴趣,拓展大家的知识面,让大家掌握更多的健身方法与手段,本章特挑选普及面较广的形体训练、健美操、体育舞蹈、瑜伽和跆拳道进行简单的介绍,使大家通过本章的学习对此类运动有更加深入的了解,并可在实践中,有针对性地运用。了解本章介绍的形体训练、健美操、体育舞蹈、瑜伽和跆拳道中的简单技术和动作组合;在实践中,较灵活地选用适合自己的形体训练、健美操、体育舞蹈、瑜伽和跆拳道中的简单地动作进行练习,达到强身健体的效果。

第一节 形体训练

一、形体训练简介

(一)概念

形体训练(body-shape training)是以人体科学理论为基础,通过各种身体练习增进健康、增强体质、塑造体形、训练仪态、陶冶情操的有目的、有计划、有组织的教育过程。它包括形体素质训练、身体基本形态训练和形体综合练习三大内容。形体是指人在先天遗传变异和后天获得基础上表现出的身体形态上相对稳定的特征,它包括人的表情、姿态和体型在内的人的外在形象的综合。在长期的劳动实践和多种生活实践中创造出舞蹈这种艺术表现形式。人们通过人体的舞蹈语汇,如手势、舞姿、造型和队形变化等表现作品的思想主题,传情达意,而形体训练则是通向舞蹈艺术的必由之路。

形体训练具有适应性强、内容方法多样、艺术性强、音乐优美和操作灵活等特点,受到世界各国不同年龄、性别和阶层人的喜爱。

(二)功能

1. 有效改善人体的神经系统和心血管系统功能

形体训练对身体的协调性能要求较高,动作频率有快有慢,运动强度有大有小。为了保证形体训练动作的准确性,中枢神经必须随时调节各器官和系统的功能,使之与肌肉和骨骼的工作协调配合。在动作频率快慢交替和运动强度变化的过程中,人体的肌纤维逐渐增粗,心肌收缩力加强,心房及心室壁增厚,心脏容量增大,血管壁基层增厚,血管壁弹性提高,血管直径增大,血流量增加,使心脏充分得到氧和营养物质,从而改善心血管系统的功能。

2. 健美体形

通过对身体单个部位及全身协调配合的专门练习,可使肌肉线条清晰,全身协调匀称发展。通过形体训练可以消除人体体内和体表多余的脂肪,增强关节的灵活性,维持人体能量代谢的平衡,有效降低体重,保持优美健康的体态。

3. 促进人体的身心发展

不管儿童还是成人,不管男性还是女性,通过形体训练既可以美化人体形态,还可以通过训练过程改善心理状态,感受美的存在。形体训练尤其符合女性爱美的心理,长期从事形体训练的女性,其体质、气质和精神面貌均好于平时不常进行锻炼的人。

二、形体训练的基本动作和练习方法

(一)站姿

在社交场合和日常生活中,站立姿势是否优美挺拔,可以反映一个人的素质和修养。下面向大家介绍生活中几种常见的标准站姿,希望大家经常练习,纠正自身各种不良的姿态,使自己的举止更加优雅、大方、得体。

正确的站姿动作要领:两脚脚跟靠紧,脚尖分开 45°～60°,双腿用力夹紧,收腹、提臀、立腰、挺胸、提气至胸腔,头上顶、肩下沉并稍外展,双臂自然下垂,下颌微收,目视前方(见图 10.1)。

常用练习方法:两脚脚跟靠紧,保持脚尖开度为 45°～60°,双膝并拢背靠墙,脚跟提地 3 cm 左右,头、肩胛骨和臀部贴墙;颈部

图 10.1

自然挺直,下颌微收,双眼直视前方,使头部保持正直。保持此姿势每组30~60 s,每次练习5~8组。

(二) 步态

步态的优美与否亦可以反映人的气质、精神和修养。

正确步态的动作要领如下:

(1) 迈步时,以大腿带动小腿,脚跟先着地,再过渡至前脚掌,身体重心过渡至前脚掌上,步子要柔和而轻快。

(2) 向前迈步时,膝关节朝正前方,脚尖稍外展。

第二节 健 美 操

一、健美操基本动作的分类与要求

(一) 面向场地正前方站立时为基础参考点

(1) 前(front):胸部所对的方向。

(2) 后(back):背部所对的方向。

(3) 侧(side):一侧肩膀所对的方向。

(4) 上(up):头顶所对的方向。

(5) 下(down):脚底所对的方向。

(6) 左前(left diagonal front):前和左侧的中间45°的方向,反方向为右后。

(7) 左后(left diagonal back):后和左侧的中间45°的方向,反方向为右前。

(8) 顺时针(clock wise):转动过程与时针运动方向相同。

(9) 逆时针(anticlock wise):转动过程与时针运动方向相反。

(二) 动作方法术语

(1) 立:两脚站立的姿势。有并腿立、分腿立、提踵立、点地立、单脚立等。

(2) 蹲:两腿屈膝站立的姿势。半蹲时屈膝大于90°,全蹲时屈膝小于90°。

(3) 弓步:一腿屈膝,另一腿伸直,身体重心在两腿之间,站立姿势一般常用的有前弓步和侧弓步。

(4) 点地：一腿伸直或屈膝站立,另一腿脚尖或脚跟触地的姿势,身体重心在站立腿。有向前、侧、后点地。

(5) 踢腿：一腿站立,另一腿做加速有力的摆动作。有向前、侧、后踢腿。

(6) 吸腿：一腿站立,另一腿屈膝向上抬起的动作。有向前、侧吸腿。

(7) 平衡：一腿站立,另一腿抬起并保持一定时间的动作。

(8) 摆动：腿抬起并固定在某一平面内,自然地由某一部位匀速运动到另一部位的动作。

(9) 举：臂或腿抬起并固定在某一方位上的姿势。有前、侧、斜下举等。

(10) 屈：使关节角度缩小的动作。

(11) 伸：使关节角度扩大的动作。

(12) 振：臂或上体做大幅度的加速度摆动作。

(13) 绕：身体某一部位摆至180°～360°的动作。

(14) 绕环：身体某一部位摆至360°或360°以上的动作。

(15) 跪：屈膝并以膝着地的姿势。

(16) 坐：以臀部着地的姿势。

(17) 卧：身体躺在地上的姿势。

(18) 撑：手着地并承担身体重量的姿势。

（三）肢体关系术语

(1) 同侧：同一侧的上肢和下肢动作的配合。

(2) 异侧：不同侧的上肢和下肢动作的配合。

(3) 同面：上肢动作和下肢动作的运动面一致。

(4) 异面：上肢动作和下肢动作的运动面不一致。

(5) 同时：上肢和下肢同一时间做动作。

(6) 依次：上肢或下肢相继做同样的动作。

(7) 双侧：两臂同时做同样的动作或下肢依次做相同的动作。

(8) 单侧：只有一只手臂做动作或只做一个方向的动作。

(9) 对称：两臂同时做相同的动作或下肢依次做不同方向但相同的动作。

(10) 不对称性：两臂同时做不同的动作或下肢依次做不同的动作。

（四）移动术语

(1) 移动：身体向着相应方向或参考点运动的方式。

(2) 向前：向着前参考点方向运动。

(3) 向后：向着后参考点方向运动。

(4) 向侧：向着侧面的参点考方向运动。
(5) 原地：无移动，或者在4拍内回到原来的地方。
(6) 转体：身体绕垂直轴转动。
(7) 绕圆：绕着一个相应的点做转体。

(五) 手型

(1) 并掌：五指并拢伸直，指关节不能弯曲。
(2) 开掌：五指用力分开伸直。
(3) 花掌：在开掌的基础上，从小指依次内旋，形成一个扇面。
(4) 立掌：手掌用力上屈，五指关节自然弯曲。
(5) 一指：拇指与中指、无名指、小指相叠，食指伸直。
(6) 剑指：拇指与无名指、小指相叠，中指与食指并拢伸直。
(7) 响指：无名指、小指屈，拇指与中指用力摩擦打响。
(8) 拳：四长指握拳，将拇指扣在食指与中指的第二关节处。
(9) 舞蹈手型：引用拉丁舞、西班牙舞、芭蕾舞等手型。

二、健美操的基本步法

1. 无冲击步法
无冲击步法有弹动、半蹲、弓步、提踵。

2. 低冲击步法
(1) 踏步类：踏步、走步、一字步、漫步。
(2) 点地类：脚尖前点地、脚跟前点地、脚尖侧点地、脚尖后点地。
(3) 迈步类：并步、迈步点地、迈步屈腿、迈步吸腿、迈步弹踢、侧交叉步。
(4) 单脚抬起类：吸腿、踢腿、弹踢、后屈腿。

3. 高冲击步法
(1) 迈步跳起类：并步跳、迈步吸腿跳、迈步后屈腿跳。
(2) 双脚起跳类：并脚纵跳、分腿半蹲跳、开合跳、并腿滑雪跳、弓步跳。
(3) 单腿起跳类：吸腿跳、后屈腿跳、弹踢腿跳、摆腿跳。
(4) 后踢腿跑类：后踢腿跑、侧腿小跳（小马跳）。

三、身体其他部位基本动作

1. 头、颈部动作
(1) 屈：头颈关节角度的弯曲。有向前、后、左、右的屈。

(2)转:头颈部绕身体垂直轴的转动。有向左、右的转。
(3)绕和绕环:头以颈为轴心的弧形和圆形运动。有左、右绕和左、右绕环。
要求:做各种形式头颈动作时,上体保持正直,速度要慢,头颈移动的方向要准确,颈部被动肌群充分伸展。

2. 胸部动作
(1)含胸:指两肩内合,缩小内腔。
(2)展胸:指两肩外展,扩大胸腔。
(3)移胸:指髋部固定,做胸左、右的水平移动。
要求:练习时,收腹、立腰。含、展、移胸要达到最大限度。

3. 腰部动作
(1)屈腰:下肢保持不动,上体向一侧屈伸动作。有前、后、侧强屈腰。
(2)转腰:下肢保持不动,上体向一侧转体动作。有左、右转腰。
要求:练习时,塌腰,动作幅度要大。

4. 髋部动作
(1)顶髋:指髋关节做急速的水平移动。它包括前、后、左、右顶。
(2)提髋:指髋关节做急速上提的动作。它包括左、右提。
(3)摆髋:指髋关节做钟摆式的连续移动动作。它包括左、右侧摆和前、后摆。
(4)绕髋和绕环:指髋关节做弧形、圆形移动。它包括左、右合绕和绕环。
要求:髋关节做顶、提、绕和绕环时应平稳、柔和、协调、稍有弹性,上体要放松。

四、健美操的创编原则与步骤

一套成功的健美操动作可以让锻炼者百练不厌,让观赏者赏心悦目。本节将从创编原则和创编步骤两个方面来为读者介绍一套较为理想、科学性强、引人入胜、易于推广的健美操的创编方法。

(一)健美操的创编原则

1. 目的性
根据健美操的运动特点和健身价值,锻炼者可以通过健美操运动达到不同的效果,包括形体健美、减肥、矫正体形、保健等。另外,不同的年龄、性别、职业、身体状态、运动水平及文化层次的锻炼者的生理、心理和接受能力不一样,不同的人群需求不同,因此,在创编一套健美操时,首先要确立所编的套路是面向哪一类锻炼者的,在创编时必须根据锻炼者的需求有侧重点地进行创编。

2. 科学性
一套完整的健美操运动都必须以运动生理学作为基本指导理论,严格遵循运动生理解剖规律,按照人体运动时生理波浪形逐渐地上升然后恢复到平静状态的规律,每次动作的负荷由小到大,动作难度由简到繁,动作强度由弱到强,逐步地增加身体负荷。因此,一套健美操动作是由引导过渡、基本操和放松三部分组成的。

3. 全面性

为了达到全面发展身体的目的,创编健美操时,要尽可能充分地动员整个身体参与运动,使身体各部位的肌肉、关节、韧带及内脏器官得到全面发展。成套动作一般包括头、颈、肩、腰、腹、背和上下肢一起运动,要求能达到提高锻炼者身体协调性、肌肉力量、节奏感的目的。

4. 动作与音乐的一致性

音乐是健美操的灵魂,动作是用来解释音乐的一种身体语言,音乐的选择决定了健美操的风格。因此,健美操的创编必须按照音乐来计划、组织动作,成套动作的特点和风格都是通过与音乐的配合来表现的。

5. 创新性

健美操要发展就必须创新,创新性是健美操创编的一项重要原则,健美操的创新应从多方面着手,有动作的创新,方向的变化,对称与不对称的变化,线路的变化,长短、曲直的搭配,还有音乐创新,难度创新等。

(二) 健美操的创编步骤

1. 准备阶段

列出创编目的、任务、要求;了解锻炼者的情况;学习观看有关健美操的文字资料和音像资料。

2. 制订方案阶段

确定所编健美操的类型、风格、难度、长度、速度,设计健美操的结构顺序、主要动作类型及高潮安排等。

3. 选择音乐、编排动作阶段

选择合适的音乐,通过剪辑和制作,使之适合总体设计方案要求。熟悉、理解音乐之后,根据健美操创编原则,编排成套健美操的具体动作,并用速记、录像或者图解的方法记录下来。

4. 调整阶段

反复练习设计好的动作,在练习过程中检查运动量和强度、动作结构顺序和艺术性等,根据检查结果再对整套动作进行适当的修改和调整。

5. 完成阶段

修改完成之后,再将动作用图片和文字说明记录,并且要做到简明扼要,术语正确,绘图形象逼真,方向清晰。

五、健美操主要竞赛规则

本节主要介绍由中国健美操协会（CAA）于 2009 年 1 月制定的《2009～2012 年健美操评分规则》之普及组（健身健美操）评分指南，以供大家学习和参考。

（一）竞赛性质与种类

本规则所指竞赛指全国健美操锦标赛、全国健美操联赛、全国健美操冠军赛、全国体育大会健美操比赛及各类普及健美操比赛。竞赛分为风采赛、组合赛和集体赛三种。

（二）参赛项目

(1) 少年组：7～12 岁（小学组），13～17 岁（中学组）。
(2) 组合赛：混双操（1 男 1 女）或三人操（性别不限）。
(3) 集体赛：徒手操、轻器械操（5～8 人性别不限）。
(4) 比赛组别：由具体赛事的竞赛规程决定。
(5) 更换运动员：如有特殊情况需更换运动员，须持有效证明，经组委会批准方可。

（三）运动员年龄与分组

(1) 少年组：7～12 岁（小学组），13～17 岁（中学组）。
(2) 风采组：18～35 岁（运动员可兼报组合赛或集体赛）。
(3) 青年组组合赛和集体赛：18～35 岁，比赛分院校组、行业组、明星组。

（四）竞赛内容、成套动作时间和音乐

1. 竞赛内容

(1) 徒手自编套路：指各种符合规则及规程要求的成套动作。
(2) 轻器械自编套路：指运动员利用个人能手持移动的器械所编创的符合规则及规程要求的成套动作。

2. 成套动作时间

计时由第一个可听到的声音开始（不包括提示音），到最后一个可听到的声音结束。风采赛的成套动作时间为 1 min 20 s 至 1 min 40 s；组合赛的成套动作时间为 1 min 40 s 至 1 min 50 s；集体赛的成套动作时间为 1 min 40 s 至 1 min 50 s。

3. 音乐

参赛队伍自备比赛音乐，并将音乐录制在高质量的 CD 光盘的第一曲。

(五)比赛场地、器材、着装与仪容

(1)运动员能单人手持移动的器械称为轻器械。轻器械的运用要体现安全性与美观性,不允许使用刀、枪、剑等较锋利、具有伤害性的器械。

(2)比赛场地为:组合赛和集体赛 10 m×10 m,风采赛 7 m×7 m 的健美操比赛地板或地毯,标记为 5 cm 宽的红色或黑色带,标记带为场地的一部分。

(3)运动员须着适合运动的服饰(如:背心、短袖和长袖的紧身衣,上下连体、分体等服装均可)和鞋;着装应整洁美观。不准戴任何首饰和手表。女运动员的头发必须梳系于后,发不遮脸,允许化淡妆。

(六)比赛计分及名次评定

1. 比赛打分

分为得分项目(最后艺术分和最后完成分)和减分项目(裁判长减分和视线减分)两部分,最后艺术分与最后完成分之和减去裁判长减分与视线分之和为比赛最后得分。

2. 名次评定

预赛成绩不带入决赛,决赛中得分最高者名次列前。若得分相等,名次将按顺序取决于所列几项标准,即最后完成分、最后艺术分、考虑全部完成分(不除去最高分与最低分)、考虑三个完成最高分和考虑两个完成最高分。

(七)艺术分

每名艺术裁判的分数是对艺术编排的每项内容进行评价的总分,满分为 10 分。去掉最高与最低分,所剩分数的平均值为最后艺术分。

艺术裁判的评分因素和分值分别为:

(1)成套编排(成套动作、过渡与连接、配合与托举、队形与空间的运用)计 4 分。

(2)成套创意与风格计 2 分。

(3)音乐计 2 分。

(4)表现力计 2 分。

(八)完成分

每名完成裁判的分数是对偏离完美完成的每项内容进行减分后的得分,起评分为 10 分。去掉最高分与最低分,所剩的分数平均为最后完成分。

完成裁判的评分因素为:技术技巧、强度、合拍和一致性(组合赛与集体赛)。

（九）违例动作

为贯彻安全无损伤原则，运动员在成套动作的任何时候都不允许出现违例动作。违例动作主要有：

(1) 所有沿矢状轴或额状轴翻转的动作。

(2) 所有身体呈一直线并高于水平面 30°以上的双手支撑动作，直至任何形式的倒立。

(3) 任何马戏或杂技动作。

(4) 任何身体抛接动作和器械超过 3 m 以上的高抛接动作。

第三节 体育舞蹈

一、体育舞蹈简介

体育舞蹈（sport dance）又称国际标准舞，简称"国标"，前身是"社交舞"（ballroom dance），由欧洲的宫廷舞以及拉丁美洲的民间舞蹈发展而来，现为体育运动项目之一，是以男女为伴的一种步行式双人舞的竞赛项目。

1904 年，在英国成立了"英国皇家舞蹈教师协会"。此组织在政府的支持下，于 1924 年将各国体育舞蹈的舞步和舞姿加以整理，使之系统化、规范化，制定了有关舞蹈理论、技巧、音乐和服饰等竞技的标准，公布为"国际标准交谊舞舞厅舞"，为世界各国所遵循。当时国际一致公认的体育舞蹈（现称之为老国标舞）包括：布鲁斯（Blues）、慢华尔兹（Slow Waltz）、快华尔兹（Quick Waltz）、快步舞（Quick Step）、狐步舞（Fox Trot）、伦巴（Rumba）和探戈（Tango）。

1925 年，在英国的黑兹举办了第一次世界性的体育舞蹈比赛，此比赛一年一次，吸引了国际众多舞者前往参加交流，促进了体育舞蹈的快速发展。

1947 年，在德国柏林举行了第一届世界标准交谊舞锦标赛。

1950 年，"舞会舞蹈委员会（国际交谊舞协会）"宣布成立。

1960 年，拉丁舞以其特殊的韵味和风范正式在世界标准交谊舞锦标赛赛场上大放光彩，至此体育舞蹈形成了摩登舞（现代舞）和拉丁舞两大类，共十个舞种。摩登舞（Modern）包括华尔兹（Waltz）、狐步舞、快步舞、探戈和维也纳华尔兹（Viennese Waltz）。拉丁舞（Latin）包括伦巴（Rumba）、桑巴（Samba）、恰恰恰（Cha-Cha-Cha）、斗牛舞(Paso Doble)和牛仔舞(Jive)。

1964年,增设八人四对一起共舞的集体舞蹈形式,使体育舞蹈各舞种的舞姿和音乐特色得到更为鲜明的体现,现代舞、拉丁舞和集体舞三项崭新的舞蹈就被称为现代国际体育舞蹈。

目前最权威的国际性体育舞蹈组织是国际体育舞蹈联合会(IDSF),现有79个会员协会,于1997年获得国际奥委会的正式承认。国际重大体育舞蹈赛事主要有:摩登舞国际竞技舞锦标赛、拉丁舞国际竞技舞锦标赛、十项国际竞技舞锦标赛、欧洲国际竞技舞锦标赛和亚洲—太平洋国际舞竞标赛。

国际标准交谊舞于20世纪30年代传入中国,自1986年正式引进后,发展迅速。1991年,中国体育舞蹈运动协会成立。中国现为国际体育舞蹈联合会的正式会员。体育舞蹈分为大众性体育舞蹈与竞技性体育舞蹈两大类,其中大众性体育舞蹈主要包括教学舞蹈、实用性舞蹈和社交性舞蹈,竞技性舞蹈主要包括摩登舞(华尔兹、狐步舞、快步舞、探戈和维也纳华尔兹)、拉丁舞(伦巴、桑巴、恰恰恰、斗牛舞和牛仔舞)和团体列队舞(摩登舞组合、拉丁舞组合)。

体育舞蹈具有娱乐性、艺术性、造型性,自娱性与表演性统一的特点。体育舞蹈动作以人体肌肉活动特有的运动形式产生负荷并刺激内脏器官,使心血管、呼吸和神经系统机能增强。体育舞蹈中的摩登舞所用的舞曲节奏适中,配合起伏的动作、灵巧的倾斜、摆荡以及优美的造型,华丽多姿、风韵独特,既可锻炼身体,又可塑造形体,和缓的节奏亦是中老年人的首选。拉丁舞则热情奔放,节奏明快,几乎可锻炼身体每个部分,配合动感的音乐,还能使人忘却烦恼和忧愁。经常采用体育舞蹈进行锻炼,能增强人们的沟通和交往意识,还能塑造形体和提高对美的感受力。

如今,大中小城市的晨晚练点,随处可见三五成群的居民随着音乐起舞,体育舞蹈培训市场亦非常火暴。可以说,体育舞蹈在我国的发展越来越快,越来越好。

二、体育舞蹈基本知识

初学体育舞蹈时须掌握一些最基本的概念和知识,下面将逐一介绍。

(一) 舞池介绍

标准比赛场地为长23 m,宽15 m,地面光滑平整的长方形场地(见图10.2),长线为A线,短线为B线,舞程路线为逆时针方向,此方向称舞程线。

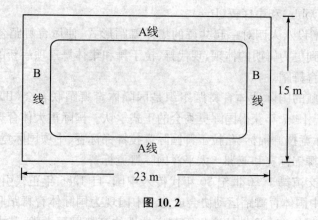

图 10.2

(二) 角度和方位

为了使舞者在舞池中起舞时明确方向,按照规定的动作进行比赛和练习,体育舞蹈对每个舞步起始、结束时所站立的方向,运步、旋转过程中的方位、角度都作了相应的规定。

1. 旋转角度

旋转时以每转 360° 为一周;旋转 45° 为 1/8 周;旋转 180° 为 1/2 周;旋转 225° 为 5/8 周;旋转 270° 为 3/4 周;旋转 315° 为 7/8 周。在做旋转动作时,应先标明旋转的方向,再标明角度。例如:左转 1/4 周。

2. 方位

为了便于舞蹈进行中正确地辨别方位和检查旋转的角度,在舞场上要规定一定的方位。一般情况下,多以乐队演奏台的一面为规定方位的基点,定为"1 点"(亦可在场地中任选一个面定为"1 点")。每向顺时针方向转动 45°角则变动一个方位,共有八个点(见图 10.3)。

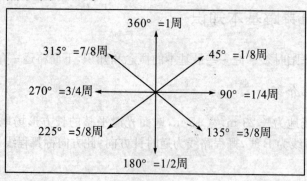

图 10.3

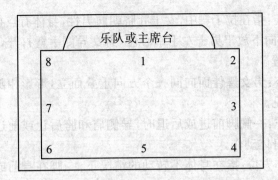

图 10.3(续)

以上方位为固定位置时使用。若舞者按舞程线不断变换方位,向前移动,则方位要和舞程线发生联系。因此,规定了几条线来指示舞者每个舞步的行进方向。体育舞蹈中规定了八条线,它们分别为:面对舞程线、面对斜壁线、面对壁线、背斜中央线、背对舞程线、背对斜壁线、面对中央线和面斜中央线(见图 10.4)。

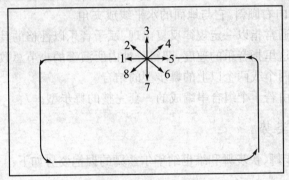

图 10.4

(三)基本名词与动作术语

(1)舞姿:泛指舞者跳舞的姿态。

(2)闭式舞姿:泛指男女面对面双手扶握的身体位置。

(3)开式舞姿:指男士的右侧与女士的左侧身体紧密贴靠,身体的另一侧略向外展的站立或行进的身体的位置。

(4)右错舞姿:指在摩登舞中,男女舞伴的一方向和另一方向的右外侧前进所形成的身体位置。

(5)并肩舞姿:指在拉丁舞中,男女面对同一方向肩臂相并的身体位置。以男士为基准,男士左肩与女士右肩相并称为左并肩位;男士右肩与女士左肩相并称为右并肩位。

（6）扇形舞姿：指在拉丁舞中，女士肚脐朝向男性，身体有点扭转，重心脚稍向后，女士右手掌心向下放于男士左手掌心位，男女异侧手臂打开，如同能容纳三个人一般的身体位置。

（7）影子舞姿：男女舞伴面向同一个方向重叠而立，形影相随的身体位置，以女士居前较为常见。

（8）反身动作：一侧脚前进或后退时，异侧肩和胯后让或前送，使身体与舞步形成反向配合的身体动作。

（9）反身动作方位：指在身体不转动的情况下，一脚在身前或身后形成交叉，以保证两人身体维持相靠状态的身体动作位置。

（10）升降动作：指在跳舞时身体的上升与下降。升降动作是在膝、踝、趾关节的屈和伸动作的转换中完成的。

（11）摇摆动作：指舞者在身体上升做斜向或横向移动时，像钟摆似的把身体摆动起来。

（12）倾斜动作：指在跳一些舞步时身体的倾斜。从形体上讲，倾斜动作是指肩的平衡线向左向右倾斜，它与地面的水平线成夹角。

（13）节奏：通常指以一定规律反复出现、赋予音乐以性格的具有特色的节拍。

（14）速度：这里指音乐的速度，即每分钟内所演奏的小节总数。

（15）组合：两个或两个以上的舞步型的结合。

（16）套路：由若干个组合串编成的一套完整的舞步型。

（四）握抱姿势

华尔兹、狐步舞、快步舞和维也纳华尔兹舞的握抱姿势如下：

1. 闭式舞姿

（1）男子握姿：直立，两脚并拢，挺胸立腰，收腹微提臀，两膝自然放松；左手与女伴右手掌心相握，虎口向上，前臂与上臂的夹角约为135°，高度与女伴右耳峰水平相平；右手五指并拢，轻轻置于女伴左肩胛骨下端，前臂与上臂夹角约为75°；头部自然挺直，目光从女伴右肩方向看出；右腹部1/2微贴女伴（服装与服装之间接触）。

（2）女子握姿：直立，两脚并拢，挺胸立腰，收腹微提臀，紧腰向后上方打开；右手与男伴左手掌心对掌心相握，轻轻置于男伴左手腕、虎口上；左手在男伴袖处轻轻搁置，用虎口轻轻掐住男伴三角肌；头部略向左倾斜，目光从男伴右肩方向看出；右腹部1/2微贴男伴（服装与服装之间接触）。

2. 散式舞姿

在闭式舞姿的基础上，男伴将头及上身略向左打开，女伴将头及上身略向右打开,男女伴的头向同一方向看出,腰胯部接触同闭式舞姿。

（五）体育舞蹈十大舞种基本特点

1. 华尔兹

华尔兹即人们通常所说的慢三步舞,其舞曲节拍为 3/4 拍,速度为 31 小节/min。基本节奏为 1、2、3 拍,第 1 拍是重拍(嘭),第 2、3 拍是轻拍(嚓、嚓)。此舞舞姿雍容华贵,舞步婉转流畅、此起彼伏,被誉为"舞中之后"。其基本步法为一拍跳一步,每小节三拍跳三步,但也有一小节跳两步或四步的特定舞步。由于其节奏较缓慢,且其他舞种中的不少技巧均在华尔兹中得到充分体现,故一般被列为最先学习的舞种。基本舞姿为团式舞姿和散步舞姿。

2. 快步舞

快步舞舞曲节拍为 4/4 拍,速度为 48～52 小节/min。基本节奏为慢、慢、快、快、慢,其中第 1、3 拍为重拍(嘭、嘭),第 2、4 拍为弱拍(嚓、嚓)。此舞轻快活泼易掌握,非常适合年轻人学习。其基本步法为慢步两拍跳一步。基本舞姿同华尔兹。

3. 狐步舞

狐步舞舞曲节拍为 4/4 拍,速度为 30 小节/min。基本节奏为慢、慢、快、快,其中第 1、3 拍为重拍(嘭、嘭),第 2、4 拍为弱拍(嚓、嚓)。此舞舞步平稳大方,但在跳舞过程中无停留,在运动中还要完成升降、转身等动作,对舞者的膝、踝关节柔韧性要求极高,是体育舞蹈中最难跳的一种舞。其基本步法为慢步两拍跳一步,快步一拍跳一步。基本舞姿同华尔兹。

4. 探戈

探戈舞曲节拍为 2/4 拍,速度为 32～34 小节/min。基本节奏为慢、慢、快、快、慢,两拍为重拍。采用顿挫感非常强烈的音乐。此舞舞步华丽高雅、热烈狂放且变化无穷,但跳舞时表演要严肃,这与其他舞种不同。其基本步法为慢步一拍跳一步,快步半拍跳一步。基本舞姿为闭式舞姿和散式舞姿,但动作与摩登舞其他四个舞种的舞姿有所不同。

5. 维也纳华尔兹

维也纳华尔兹舞曲为 3/4 拍,速度为 56 小节/min。基本节奏为 1、2、3,其中第 1 拍是重拍(嘭),第 2、3 拍为弱拍(嚓、嚓)。此舞典雅大方,动作流畅,旋转性强。其基本步法同华尔兹,动作少,技巧不多。基本舞姿同华尔兹,不同的是舞伴间站立位置稍分开一些,男士左臂稍降,距离略宽。

6. 伦巴

伦巴舞曲为 4/4 拍,速度为 28～31 小节/min。基本节奏为 2、3、4、1,或快、快、慢。此舞音乐缠绵抒情,舞姿婀娜,具有文静、含蓄和柔媚的风格,是拉丁舞中较易掌握的一个舞种。其基本步法为慢步两步跳一拍,快步一步跳一拍,起步是在每小节的第二拍上。基本舞姿为闭式舞姿和扇形舞姿。

7. 桑巴

桑巴舞曲为2/4拍或4/4拍,速度为48～56小节/min。其基本节奏为1、1(2、2)、1、1/2、1/2(2、1、1)、1/2、1/2、1/2、1/2(1、1、1、1)、3/4、1/4、1(1.5、1/2、2),或慢、慢、慢、快、快、快、快、快、快、慢、a、慢。此舞活泼动人,热情奔放,但其舞步强调上下弹动,且伴随舞者膝踝关节的弹动腹部有幅度较小的前后摆动,与伦巴等完全不同,故为拉丁舞中较难掌握的一个舞种。其基本步法为慢步一拍(两拍)跳一步,快步半步(一拍)跳一步,a是1/4拍(半拍)跳一步。基本舞姿同伦巴。

8. 恰恰恰

恰恰恰舞曲节拍为4/4拍,速度为32～34小节/min。其基本节奏为2、3、4、5、1或慢、慢、快、快、慢。此舞音乐欢快,舞蹈活泼有趣,动作利落紧凑,是拉丁舞中另一个较易掌握的舞种。其基本步法为慢步一拍跳一步,快步半拍跳一步,起步与伦巴相同,在每一节的第二拍上。基本舞姿为开式舞姿和扇形舞姿。

9. 斗牛舞

斗牛舞舞曲节拍为2/4拍,速度为60～62小节/min,其基本节奏为1、2。此舞是一种模仿西班牙斗牛士动作的舞蹈,男士扮演斗牛士,女士扮演斗牛士手中的斗篷,故其动作刚劲有力,威武激昂。其基本步法是一拍跳一步。握持方式除了因手臂举得相当高,致使男女上身位置更贴近外,与其他舞蹈相似。

10. 牛仔舞

牛仔舞舞曲节拍为4/4拍,速度为40～46小节/min。其基本节奏为1、2、3、4、1、2、3、a、4、1、2、3、a、4、5、a、6,或快、快、快、快、快、快、a、快、快、快、快、快、快、a、快。此舞节奏欢快兴奋,动作活泼,舞步丰富多变,深受年轻人的喜爱。但由于舞步不强调移动,几乎是跳动着的,且变化取决于男士的领带,故也不易跳好。其基本步法为快步一拍跳一步,a是1/4拍跳一步,在a时可以变化方向,具有很大的灵活性,但无论舞步怎样变化,均要用脚前掌平着踏地,脚跟轻微地上下弹动,膝关节自然跳动屈伸。基本舞姿有闭式舞姿、开式舞姿、散式舞姿等。

三、摩登舞之华尔兹舞基本动作

根据高职高专体育舞蹈教学的具体情况,本书介绍华尔兹舞的部分基本动作。

(一)前进并换步和后退并换步

前进并换步和后退并换步又称为"方块步"或"四方步"。准备姿势为闭式舞姿,舞步动作要领见表10.1。

表10.1 华尔兹前进并换步和后退并换步动作要领一览表

步序	节奏	要领 男士	要领 女士	脚法	方位 男士	方位 女士	升降	转度	倾斜 男士	倾斜 女士
1	1	左脚前进	右脚后退	跟掌	面对舞程线	背对舞程线	结尾开始上升	不转		
2	2	右脚经左脚横步	左脚经右脚横步	掌	面对舞程线	背对舞程线	继续上升		左	右
3	3	左脚并于右脚	右脚并于左脚	掌	面对舞程线	背对舞程线	继续上升,结尾下降		左	右
4	1	右脚后退	左脚前进	跟掌	面对舞程线	背对舞程线	结尾开始上升			
5	2	左脚经右脚横步	右脚经左脚横步	掌	面对舞程线	背对舞程线	继续上升		右	左
6	3	右脚并于左脚	左脚并于右脚	掌	面对舞程线	背对舞程线	继续上升,结尾下降		右	左

（二）左转步

准备姿势为闭式舞姿,舞步动作要领见表10.2和表10.3。

表10.2 华尔兹左转男士步动作要领一览表

步序	节奏	要领	脚步	方位	升降	转度	倾斜
1	1	左脚前进	跟掌	面对中央线	结尾开始上升	开始左转	
2	2	右脚横步	掌	背对斜壁线	继续上升	1～2转1/4	左
3	3	左脚并于右脚	掌跟	背对舞程线	继续上升,结尾下降	2～3转1/8	左
4	1	右脚后退	掌跟	背对舞程线	结尾开始上升		
5	2	左脚经右脚横步	掌	面对斜壁线	继续上升	4～5转3/8,身体稍转	右
6	3	右脚并于左脚	掌跟	面对斜壁线	继续上升,结尾下降	身体完成转动	右

表 10.3　华尔兹左转女士步动作要领一览表

步序	节奏	要领	脚步	方位	升降	转度	倾斜
1	1	右脚后退	掌跟	背对中央线	结尾开始上升	开始左转	
2	2	左脚经右脚横步	掌	面对舞程线	继续上升	1～2转3/8，身体稍转	右
3	3	右脚并于左脚	掌跟	面对舞程线	继续上升，结尾下降	身体完成转动	右
4	1	左脚前进	跟掌	面对舞程线	结尾开始上升	继续左转	
5	2	右脚经左脚横步	掌	背对斜壁线	继续上升	4～5转1/4	左
6	3	左脚并于右脚	掌跟	背对斜壁线	继续上升，结尾下降	5～6转1/8	左

（三）左脚并换步

准备姿势为闭式舞姿，舞步动作要领见表10.4。

表 10.4　华尔兹左脚并换步要领一览表

步名	男动作要领	女动作要领	提　示
左足并换步	左脚直进，右脚横拉，左脚并至右脚	右脚直退，右脚横拉，右脚并至左脚	体现低高高
右足进右转步	右脚直进，左肩（胯）向前转动；左脚右转90°；右脚并至左脚	左脚直退，右脚右转90°，左脚并至右脚	男第一步左肩（胯）向前带动右转体
左足退右转步	左脚直退，右胯向后转动；右脚右转90°；左脚并至右脚	右脚直进，左脚右转90°，右脚并至左脚	男第一步右胯（肩）向后带动右转体
右足进右转步			步同2，前进右转反身
左足退右转步			步同3，后退右转反身
右足并换步	右脚直进，左脚横拉，右脚并至左脚	左脚直退，右脚横拉，左脚并至右脚	过渡步

续表

步名	男动作要领	女动作要领	提示
左足进左转步	左脚直进,右肩向前转动;右脚左转90°;左脚并至右脚	右脚直退,左脚左转90°,右脚并至左脚	男第一步右肩(胯)向前带动左转体
右足退左转步	右脚直退,左侧胯向后转动;左脚左转90°;右脚并至左脚	左脚直进,右脚左转90°,左脚并至右脚	男第一步左胯(肩)向后带动左转体
左足进左转步			步同7,前进左转反身
右足退左转步			步同8,后退左转反身

(四)右转步

准备姿势为闭式舞姿,舞步动作要领见表10.5和表10.6。

表10.5 华尔兹右转步男士动作要领一览表

步序	节奏	要领	脚步	方位	升降	转度	倾斜
1	1	右脚前进	跟掌	面对斜壁线	结尾开始上升	开始右转	
2	2	左脚经右脚横步	掌	面对斜壁线	继续上升	1~2转1/4	右
3	3	右脚并于左脚	掌	背对舞程线	继续上升,结尾下降	2~3转1/8	右
4	1	左脚后退	掌跟	背对舞程线	结尾开始上升		
5	2	右脚经左脚横步	掌	面对中央线	继续上升	4~5转3/8	左
6	3	左脚并于右脚	掌	面对中央线	继续上升,结尾下降		左

表10.6 华尔兹右转步女士步动作要领一览表

步序	节奏	要领	脚步	方位	升降	转度	倾斜
1	1	左脚后退	掌跟	背对斜壁线	结尾开始上升	开始右转	
2	2	右脚经左脚横步	掌	背对斜壁线	继续上升	1~2转3/8,身体稍转	左
3	3	左脚并于右脚	掌	面对舞程线	继续上升,结尾下降	身体完成转动	左
4	1	右脚后退	跟掌	面对舞程线	结尾开始上升	继续右转	

续表

步序	节奏	要领	脚步	方位	升降	转度	倾斜
5	2	左脚经右脚横步	掌	背对中央线	继续上升	4~5转1/4	左
6	3	右脚并于左脚	掌	背对中央线	继续上升,结尾下降	5~6转1/8	左

(五) 右脚并换步

准备姿势为闭式舞姿,舞步动作要领见表10.7。

表10.7 华尔兹右脚并换步动作要领一览表

步序	节奏	要领		脚步	方位		升降	转度	倾斜	
		男士	女士		男士	女士			男士	女士
1	1	右脚前进	左脚后退	跟掌(男)掌跟(女)	面斜中央线	背斜中央线	结尾开始上升	不转		
2	2	右脚经左脚横步	左脚经右脚横步	掌	面斜中央线	背斜中央线	继续上升		右	左
3	3	左脚并于右脚	右脚并于左脚	掌	面斜中央线	背斜中央线	继续上升,结尾下降		右	左

四、拉丁舞之伦巴舞基本步型

伦巴舞是拉丁舞五个舞种中较易的一种,也是体育舞蹈教学中最先教学的内容,下面将介绍伦巴舞的部分基本步型。

(一) 基本动作

准备姿势为:男士闭式位,开立,重心放右脚;女士闭式位,开立,重心放左脚,舞步动作要领见表10.8。

表 10.8 伦巴基本动作要领一览表

步序	脚位		转度		拍数
	男士	女士	男士	女士	
1	左脚向前	右脚向后	开始左转,1~3完成左转1/8或1/4		2
2	重心回到右脚	重心回到左脚			3、4、1
3	左脚向侧	右脚向侧			
4	右脚向后	左脚向前	4~6完成左转1/8或1/4		2
5	重心回到左脚	重心回到右脚			3
6	右脚向侧	左脚向侧			4、1

(二) 扇形

准备姿势为:男士闭式位,重心放右脚;女士闭式位,重心放左脚,舞步动作要领见表 10.9。

表 10.9 伦巴扇形位动作要领一览表

步序	脚位		转度		拍数
	男士	女士	男士	女士	
1~3	同基本动作1~3	同基本动作1~3	1~3 向左转 1/8	1~3 向左转 1/8	2、3、4、1
4	右脚向后	左脚向前		4~6 完成左转 1/4	2
5	重心回到左脚	右脚向后稍右			3
6	右脚向横侧	左脚向后			4、1

(三) 阿列曼娜

准备姿势为:男士扇形位,重心放右脚;女士扇形位,重心放左脚,舞步动作见表 10.10。

表 10.10 伦巴阿列曼娜动作要领一览表

步序	脚位		转度		拍数
	男士	女士	男士	女士	
1	左脚向前	右脚靠近左脚			2
2	重心回到右脚	左脚向前			3

续表

步序	脚位		转度		拍数
	男士	女士	男士	女士	
右转1/8	左脚靠近右脚		右脚向前		
4	右脚向后	左脚向前			2
5	重心回到左脚	左脚向前	4～6 完成右转1/8		3
6	右脚靠近左脚	左脚向前			4、1

（四）曲棍步

准备姿势为：男士和女士均从扇形位开始，舞步动作要领见表 10.11。

表 10.11 伦巴曲棍步动作要领一览表

步序	脚位		转度		拍数
	男士	女士	男士	女士	
1	左脚向前	右脚靠近左脚			2
2	重心回到右脚	左脚向前			3
3	左脚靠近右脚	右脚向前			4、1
4	右脚向后	左脚向前	开始右转，4～6 完成右转1/8	开始左转，4～6 完成左转5/8	2
5	重心回到左脚	右脚向侧稍后			3
6	右脚向前	左脚后退			4、1

（五）右陀螺转

准备姿势为：男士闭式位，重心放左脚；女士闭式位，重心放右脚，舞步动作要领见表 10.12。

表 10.12　伦巴右陀螺转动作要领一览表

步序	脚位		转度		拍数
	男士	女士	男士	女士	
1	右脚放在左脚后,脚尖外转	左脚向侧	开始右转,1~8完成两圈右转	开始右转,1~8完成两圈右转	2
2	左脚向侧	右脚放在左脚后,脚尖外转			3
3~8	重复1~2三次	重复1~2三次			4、1、2、3、4、1、2、3
9	右脚靠近左脚	左脚向侧			4、1

（六）右分展步

准备姿势为:男士闭式位,重心放右脚;女士闭式位,重心放左脚,舞步动作要领见表10.13。

表 10.13　伦巴右分展步动作要领一览表

步序	脚位		转度		拍数
	男士	女士	男士	女士	
1	左脚向侧	右脚向后	稍右转	左脚向右转1/2	2
2	重心回到右脚	重心回到左脚	开始左转	开始左转,2~3完成左转1/2	3
3	左脚靠拢右脚	右脚向侧	回转还原		4、1

（七）定点转

准备姿势为:男士面对开立,重心放右脚;女士面对开立,重心放左脚,舞步动作要领见表10.14。

表 10.14　伦巴右定点转动作要领一览表

步序	脚位		转度		拍数
	男士	女士	男士	女士	
1	左脚向前	右脚向前	左转1/4	右转1/4	2
2	右脚向前	左脚向前	左转1/2	右转1/2	3
3	左脚向侧	右脚向前	左转1/4	右转1/4	4、1

(八) 闭式扭臀

准备姿势为:男士、女士均由闭式位开始,脚靠近,舞步动作要领见表 10.15。

表 10.15　伦巴闭式扭臀动作要领一览表

步数	脚步		转度		拍数
	男士	女士	男士	女士	
1	左脚向侧	右脚向后	稍向右转	右转 1/2	2
2	重心回到右脚	重心回到左脚	开始左转	开始左转,2~3 左转 1/2	3
3	左脚靠拢右脚	右脚向侧	回到原位		4、1
4	右脚后退	左脚向前,小步		右转 3/8	2
5	重心回到左脚	右脚向侧后		开始左转,5~6 左转 5/8	3
6	右脚向侧	左脚向后			4、1

五、华尔兹和伦巴主要练习方法

(一) 华尔兹的主要练习方法

(1) 听教师或同伴口令单人练习单个步法,口令速度可先放慢,熟练后口令速度回到正常。

(2) 听音乐单人练习单个步法。

(3) 听教师或同伴口令双人练习单个步法,口令速度可先放慢,熟练后口令速度回到正常。

(4) 听音乐双人练习单个步法。

(5) 听教师或同伴口令单人练习组合步法,口令速度可先放慢,熟练后口令速度回到正常。

(6) 听音乐单人练习组合步法。

(7) 听教师或同伴口令双人练习组合步法,口令速度可先放慢,熟练后口令速度回到正常。

(8) 听音乐双人练习组合步法。

(二) 伦巴前进步练习

(1) 原地移步:左脚在前,右脚在后,两脚脚跟内侧在一直线上,身体重量置于两腿之间;身体前移至左脚中央,将身体重心完全站于左脚(站立脚)上。两脚交替进行,注意身体重心的转移。

(2) 连续前进步:在步骤1的基础上若要连续前移,则要将身体重心从站立脚中央转移至前脚掌上,另一条腿胯部放松向前伸脚,并按照原地移动的方法继续前进。注意身体重心的移动应严格按照原地移动的要求进行。熟练后可加上手臂摆动动作。

六、体育舞蹈主要竞赛规则

(一) 对选手的规定

(1) 不许在同类舞场中换舞伴。
(2) 准时入场,违者按弃权论处。
(3) 编组后不能改组。
(4) 摩登舞比赛中必须男女交手跳舞,拉丁舞比赛中不许做托举上肩、跪腿等动作。

(二) 评判要素

从基本技术、音乐表现力、舞蹈风格、动作编排、临场表现和比赛效果六个方面对选手进行打分。

(三) 计分方法

体育舞蹈的计分方法以顺位法为依据。所谓顺位法是指决赛名次的产生方法,即将决赛时评委给选手打的名次通过顺位排列的方法计算单项和全能名次。具体计分程序如下:

(1) 计分员将单项舞评分单上各裁判打"＊"的记号记入决赛、半决赛用的淘汰表,按"＊"数的多少和规定名额录取下一轮比赛的选手。
(2) 将决赛单项舞评分单上各裁判判定名次记入顺位表,再把各单项舞成绩顺位合计,算出选手单项舞名次。
(3) 将单项舞名次数相加,依数值由大到小排出第一至第六名摩登舞或拉丁舞名次。

(四) 顺位法计分规则

1. 单项舞顺位规则

(1) 领先获得半数裁判判定的选手获得该顺位的名次。

(2) 在同一顺位上有两对以上选手获得半数,则按数值多少决定名次,多者名次列前。

(3) 在同一顺位上出现相等数时,则将数位数相加,用括号表示,积分少的名次列前。

(4) 在第一顺位上的所有选手未获过半数,则降下位计算,直至出现过半数为止。

2. 全能顺位规则

(1) 将总分顺位表的各单项名次数相加,按合计数的大小,排列选手名次,数小的名次列前。

(2) 如果名次合计数相等,则看获得顺位数多少,多的名次列前。

(3) 如果合计数、顺位数都相等,则看顺位积分数的多少,少的名次列前。

(4) 如果合计数、顺位次数、顺位积分数都相等,则须将相等者的各单项名次顺位全部列出,重新计算。如又相等,则可加赛或用其他方法解决。

(五) 裁判标准的运用和裁判员必须具备的条件

裁判应严肃、认真、公正、准确地做好评判工作,必须具有良好的业务能力和道德品质。体育舞蹈裁判员的技术等级分为国际级、国家级、一级、二级、三级,另设荣誉裁判员。

第四节 瑜 伽

一、瑜伽简介

1. 起源

瑜伽(Yoga)起源于印度,距今已有五千年的历史。"瑜伽"在梵语中的意义为"结合",其目的是使身体和精神之间完善平衡地发展,以使个体内部和外部之间完全和谐。经过多年的发展,如今的瑜伽不再局限于修行,而是使自己适应现代城市生活,它成为一门使人们在体质、精神、道德和心灵方面得到锻炼的生活艺术,且不受民族、年龄、性别、宗教和信仰等的限制。

2. 分类

经过多年的发展,瑜伽逐渐分为许多派别,每个派别均有自己的指导思想和练习特点,使瑜伽有不同的分类,他们主要包括传统瑜伽、哈达瑜伽、胜王瑜伽、智慧瑜伽、至善瑜伽、音瑜伽、密宗瑜伽、现代瑜伽、高温瑜珈、舒缓瑜伽、双人瑜伽等。

3. 功能

瑜伽可消除疲劳,平静心境;能保持姿态平衡,促使身体平衡发展;还能净化血液,调节体重,有效消除体内多余脂肪并维持饮食平衡;还可刺激内分泌系统,维持内分泌平衡。因此,受到世界各地各阶层和各年龄人群的喜爱。

4. 练习原则

当前瑜伽属于热门的健身项目,很多人带着盲从的心理开始学习。但若要取得较好的练习效果,须注意在练习中量力而行,充分考虑自己的柔韧、平衡和力量素质,练习强度过大或难度过高,均易导致运动损伤。

最近几年国内外许多健身房开始流行高温瑜珈,其练习环境为一个约 40 ℃左右的高温屋子,对身体素质要求较高,体质不好和高血压、低血压、糖尿病等慢性病患者不宜进行高温瑜伽练习。

在准备练习瑜伽前,须明确以下注意事项:

练习前 2 h 内不要进食,结束后 1 h 内最好不要吃东西,以免影响练习效果。正式练习前应做好热身,否则易产生运动损伤。练习结束后不要马上洗澡,而应休息 30 min 左右,避免对身体造成伤害。

二、瑜伽呼吸方法

练瑜伽必先练习呼吸,若呼吸方法不正确,不仅练习没有成效,而且对身体有害。瑜伽中已创编了上百种呼吸的方法。下面将向大家介绍最基本的呼吸方法。

注意:瑜伽呼吸一般只由鼻腔参与活动,只有在某些特殊情况和要求下口腔才参与活动。每一次吸气时,应将空气缓慢而深长地吸入;呼气时则如蚕吐丝一样细而悠长,尽量将体内废气完全排除。

(一) 胸式呼吸

吸入的空气局限于胸腔区域,气息较浅。此种呼吸法适宜做针对性较强的动作。具体做法是:将意识力更多地集中于肺部,缓缓吸气,感觉自己的肋骨向外扩张,空气充满胸腔,保持腹部的平坦;之后缓缓呼气放松胸腔,将体内废气呼出。

(二) 腹式呼吸

吸入的空气局限于腹腔区域,气息较深。具体做法是:将意识力更多地集中于腹部,缓缓吸气,感觉腹部被空气充分膨胀,胸腔保持不动;之后缓缓呼气,腹部慢慢凹陷,将体内废气呼出。

(三)胸腹式呼吸

胸腹式呼吸又称为自然完全的呼吸,能给身体提供最充足的氧气,并使血液得到净化。此呼吸法可将体内的浊气和废气最为充分地排出,能增进内脏器官的机能和体内循环,防止呼吸道的感染,还可让心灵清澈而警醒。具体的做法是:缓缓将空气吸入,感觉到由于横膈膜的下降使腹部完全鼓起;之后,肋骨向外扩张到最开的状态,肺部则继续吸入空气;随后温和地收紧腹部,腹部慢慢凹陷,感觉肚脐贴向后背,将气完全呼尽。

(四)瑜伽呼吸与体位动作配合的原理

瑜伽的体位练习是配合呼吸的韵律围绕脊柱伸展身体完成各种姿势。方法上强调"动静结合",练习过程中将人的神、形、气(精神、形体、气息)能动地结合,外练筋、骨、皮,内养精、气、神,与我国传统的武术气功与引导术有相同之处。瑜伽体位练习可使脑细胞的活动得到调整、改善和提高,有利于大脑控制、调控各内脏器官的功能,尤其是内分泌系统的功能,对人体极有益处。

三、局部塑身瑜伽姿势

瑜伽可分为多个种类,这在前文已有所阐述,但在我国,瑜伽在很大程度上是作为塑身减肥的手段为人们,尤其是女性所运用,故下面介绍几种对身体局部进行练习和塑造的瑜伽体位。练习时注意:每个动作做到自己所能承受的最大限度即可,须能保持正常的呼吸,经过一段时间的练习后可对幅度进行调整。

(一)塑造手臂

1. 鹤式

(1)动作方法。两腿并拢站立,双手置于身后,手指交叉;吐气后再慢慢吸气,上体尽量向后仰,手向后方伸出;再慢慢吐气,将上体向前倾,使腰与下半身成直角,接着将头部往脚靠,手尽量朝头部举,静止后呼吸五次,慢慢吸气的同时将上体挺起,调整呼吸。每天5～10组。

(2)功效。此式可直接牵引手臂和腿部韧带,具有瘦手臂、瘦腿并美化此两部位曲线的功效,还可畅通全身血气。

2. 鹭式

(1)动作方法。直立,双腿并拢,两臂前伸,左肘压右肘;屈起肘,两手腕相绕,

手心相对合十;双膝微屈,右膝搭左膝上;右小腿和脚向后绕过左小腿,并用脚勾住;降低重心,保持20 s,自然地呼吸;之后放松双腿、双臂,还原成直立姿势,交换手臂和腿再做。左右各做3次为一组,每天练习5～10组。

(2)功效。灵活腕、肘和肩关节,纤细手臂,并强化腿部力量,提高平衡能力。

3. 鹫变化式

(1)动作方法。金刚坐坐好,弯曲双臂,右肘压左肘;两手腕相绕,双手相扣;吸气,头部缓缓后仰;呼气,手臂尽量向后伸送并保持数秒;之后还原并松手甩臂,交换手臂再做。左右各做3次为一组,每天练习5～10组。

(2)功效。可纤细手臂,矫正驼背,使腕、肘和肩关节灵活。

(二)塑造胸部

1. 伸展式

(1)动作方法。直立,两脚开立约两肩半宽,手臂在两侧展开,双脚位于手掌正下方,骨盆正直,处于中心,以保持稳定的姿势;呼气,手指在身后交叉;吸气,拉长腹部,挺胸;双手离开臀部向上抬,双眼向上看天花板或天空;呼气,上体前屈,头顶在双脚之间正对地板或地面,肩膀放松,尽自己所能让双手在身后向下方压并保持手臂伸直,保持该姿势呼吸5次;呼气,身体向前弯并伸展出去,用拇指和食指钩住脚踝;吸气,挺胸,伸直脊椎,向前看,做此姿势时脊椎不要拱起,抬起头向前方,腿尽可能伸直;呼气,上体再前屈,头顶放在地板或地面上,肩膀放松,离开地面;吸气,轻柔地拉起大脚趾并伸直脊椎,头一直放在地板或地面上,保持此姿势呼吸5次,尽量使手臂和前臂的夹角为90°。每天练习5～7组。

(2)功效。可健美胸部,矫正驼背,提气养神。

2. 英雄式

(1)动作方法。开立,左腿在前,吸气,双臂伸直上举;呼气,左膝弯曲,尽量让左大腿与小腿成直角,右腿绷直,脚跟着地,头部后仰,眼看手掌,扩展胸部,保持此姿势20～30 s,自然地呼吸;还原后换腿继续做。左右各做3次为1组,每天练习3～5组。

(2)功效。可扩展胸部,健美胸部,增进深呼吸能力,对肺部有益,还可强壮大腿和膝、踝关节。

(三)美腰美腹

1. 船头式

(1)动作方法。坐直,双腿向前伸直,调整呼吸;双手交叉扶于颈后,吸气,抬起上体和腿,离地60 cm左右使身体成"V"字形,自然地呼吸10～20 s,若腹肌无力,可做成双手抱腿的姿势;呼气,慢慢还原。每天练习5~6组。

(2)功效。可增强腹肌和腰背肌力量,强化肝脏和肾脏功能。

2. 膝力侧弯式

(1)动作方法。金刚跪立,做深呼吸,腰背挺直;吸气,右脚向右侧伸直;吐气,双手向头上方伸直互握;吸气,上体慢慢向左侧侧弯;吐气,停留、调整呼吸;还原,做深呼吸后再换边做。每天练习3~5组。在练习过程中注意侧弯时骨盆要正,重点在于上手臂与肋腹部的牵引。

(2)功效。可调整不正脊椎,美化身体线条,改善血液循环,是全身性的减肥塑身动作。

3. 单手骆驼式

(1)动作方法。跪立,腰背挺直,做深呼吸;吸气,双膝打开与肩同宽,吐气;吸气,腰臀往前推,上体放松,左手抓左脚,吐气,右手向后方伸直,停留做深呼吸(初学者可踮脚尖进行练习);练习一段时间后,柔软度足够了,可踩脚背练习,方法同前。

(2)功效。可消除腹部赘肉、矫正驼背、消除腰酸背痛、美化手臂及身体线条、防下半身肥胖;刺激肠胃,促进消化吸收;解除胸闷,促进心肺功能。

(四)美臀美腿

1. 桥式变化式

(1)动作方法。仰卧,双脚向臀部靠拢,双手于体侧撑住腰背部,使臀部离地,大腿与地面或地板平行,小腿与大腿夹角约90°;保持此姿势,一脚朝着天花板或天空方向抬起,腿尽量拉向脸的方向,拇指朝上,其他手指朝向脊椎,颈、头、肩膀贴地,另一只脚掌贴地;双手撑住腰部,弯左膝,慢慢将左脚放到地面或地板上,试着保持不动;接着深吸一口气,恢复至第一个动作,然后慢慢把右腿伸直,换左脚进行同样的动作。每次练习3~5组。做此动作时注意弯曲部分的腿要试着跟地面平行,不要让臀部偏向一边,臀部还应尽量抬高。

(2)功效。强化腹部、腿部和臀部肌肉,减少相应部位的脂肪。

2. 身印式

(1)动作方法。坐直,腰背挺直,做深呼吸;吸气,左膝弯曲,左脚板置于右大腿上;吐气,身体缓慢前倾,以手抓右脚板,停留数秒做深呼吸;还原后换腿做。每次练习5~6组。

(2)功效。可瘦大腿、美化腿型、促进血液循环,预防坐骨神经痛,预防腿部抽筋,改善下半身寒冷症。

3. "V"字平衡

(1)动作方法。坐直,双腿向前伸直后,调整呼吸;吸气,屈起双腿,双手抱脚;

呼气,同时慢慢伸直双腿,尽量贴近身体,同时脊背挺直,收紧腹部,保持 10~20 s,自然地呼吸;还原后继续做。每次练习 8~10 组。

(2) 功效。可伸展腿部肌肉和韧带,减少腿部和髋部脂肪,增强腹肌和腰背肌的力量和平衡能力。

第五节 跆 拳 道

跆拳道(Taekwon-do)是由中国武术流传演化而来的,在韩国民间较流行的一种简单、易学、实用、徒手自卫性武术,也是一项培养道德、礼仪和高尚情操的体育项目。它由品势、搏击和功力检验三部分内容组成。由于其具有简捷实用、内外兼修和手脚并用的运动特点,因此深受广大青少年的喜爱,并在世界范围内得到了广泛的传播和发展。目前有 170 多个国家和地区开展跆拳道运动,直接或间接参与这项运动的人数已超过 8000 万人,并且还有不断增加的趋势。

目前跆拳道组织主要分为两个体系:国际跆拳道联盟(ITF)体系和世界跆拳道联盟(WTF)体系。

1961 年 9 月,韩国成立了唐手道协会,后更名为跆拳道协会,并成为全国运动会正式竞赛项目。

1966 年 3 月,跆拳道创始人崔泓熙将军创立了第一个跆拳道国际组织,即国际跆拳道联盟,当时有 9 个国家加入。但崔泓熙将军于 2002 年逝世后,ITF 即分裂为三大组织,分别由崔泓熙将军亲子崔重华、国际奥委会资深委员张雄及奥地利维也纳国际跆拳道联盟主席 Tran Trieu Quan 主持。

1973 年,世界跆拳道联合会在韩国汉城成立,有美国、中国、日本、加拿大、朝鲜、英国等 20 多个国家和地区加入。

1974 年,在加拿大蒙特利尔举办了第一届国际跆拳道锦标赛。

1975 年,世界跆拳道联合会被国际体育联合会接纳为正式会员。

1980 年,国际奥委会正式承认世界跆拳道联合会。

2000 年,跆拳道被列为奥运会正式比赛项目,采取 WTF 体系。

我国跆拳道的发展经历了从院校到大众、从竞技体育到大众健身体育的过程,目前已成为国家体育总局的重点发展项目。跆拳道的主要特点有:以腿为主,以手为辅,身体主要关节武器化;动作简捷,刚直相向;内外兼修,方法独特,以功力验水平。正是由于具有以上特点,跆拳道可提高身体各关节的灵活性及肌肉的伸展性与收缩能力,全面提高人的身体素质,还可提高人内脏器官的机能和神经系统的灵活性,增强人体的击打和抗击打能力。通过攻防练习,可以学习掌握实用技击术,提高防身自卫能力。通过跆拳道的练习和跆拳道精神的学习,可培养人顽强果断、吃苦耐劳的精神,养成礼让谦逊的美德。通过观看跆拳道比赛或实战,可感受到运动美,还能激发人的斗志,陶冶人的情操。可以说,跆拳道对人的身心发展是非常有好处的。

一、跆拳道基本技术

跆拳道有两个体系,但由于奥运会是以 WTF 体系为准,故本书将向大家简要介绍 WTF 体系中的跆拳道基本技术。

(一)跆拳道使用部位主要术语及动作要领

1. 拳法

拳法在竞技跆拳道中主要有正拳,在品势(相当于中国武术中的套路)中有正拳、勾拳和锤拳等。

(1)正拳也称平冲拳或直拳:将手的四指并拢握紧,拳面平,拇指压贴于食指和中指的第二指关节上。使用正拳时,用拳的正面的食指和中指部击打。

(2)勾拳:握法同正拳。使用时用食指和中指关节根部的突出部击打。

(3)锤拳:握法同正拳。使用时用小指和手腕间的肌肉部分击打。

(4)平拳:向前平伸拳。然后弯曲手指的第二指关节,指尖贴紧手掌,拇指弯曲紧贴食指尖,用第二指尖击打。

(5)中突拳:中指弯曲或食指从正拳握法中突出,主要击打太阳穴和两边肋部。

2. 掌法

(1)手刀:四指伸直,拇指弯曲靠近食指,用小指侧的掌外沿攻击对方。只局限于在品势中使用。

(2)背刀:此掌法与手刀基本相同,用食指侧攻击对方。只限于在品势中使用。

(3)贯手:手形与手刀基本相同,要求微屈中指,主要用四指指尖截击对方的要害部位,如攻击对方的眼睛、喉部等。只限于在品势中使用。

3. 臂部

(1)腕部:腕关节的四周部位。主要用于防守隔挡。

(2)肘部:用肘的鹰突关节攻击,只限于在品势中使用。

(3)前臂和上臂:主要用外侧进行格挡防守,其中前臂的隔挡在跆拳道比赛中经常被运动员所使用。

4. 膝部和脚部

跆拳道比赛中,运动员主要以腿功为主,采用的脚的部位是脚面、足刀、脚尖和脚跟。

(1) 膝部:用膝盖顶击对方,只局限于在品势中使用。

(2) 脚面:用脚的正面部分攻击对方,主要用来踢击对方髋关节以上、锁骨以下被护具包围的部位和头部的侧面剖面。

(3) 足刀:用脚外沿侧蹬对方,多用于侧踢、推踢。

(4) 脚尖:主要用脚趾前端的部位进攻对方。

(5) 脚跟:主要用脚跟后踢和推踢对方。

(6) 前脚掌:主要用前脚掌攻击对方,多用于劈腿。

(二) 实战姿势

1. 标准实战姿势

左脚在前称为左势,右脚在前称为右势,此处以左势为例。双脚前后开立与肩同宽,左脚尖正对右斜前方,右脚脚跟抬起,膝关节微屈,重心在两脚之间;上体自然直立,正对右斜前方。双手握拳,拳心相对,两臂弯曲置于胸前;头部挺直正对前方,目视正前方。

2. 侧向实战姿势

身体完全侧向,左右脚在一条直线上,其他部位动作同标准实战姿势。

3. 低位实战姿势

身体姿势同标准实战姿势,只是双膝弯曲加大,重心降低。

(三) 与对手相关的站位

1. 开始站位

开始站位包括左势对右势和右势对左势两种形式。

2. 闭式站位

闭式站位包括左势对左势和右势对右势的两种站位形式。

(四) 基本步法

在跆拳道技术体系中,步法是非常重要的一个环节。在跆拳道比赛中亦有规则限制,在比赛中运动员主要用腿攻击和防守反击,运动员步法的灵活与否,在一定程度上能够决定其进攻和防守或反击的效果。故学跆拳道必先了解基本步法。

1. 上步

(1) 动作过程及要领:右势站立,左脚向前上一步,成左势;反之左势亦然。上步时通过向左拧腰转髋完成,两臂在体侧自然上下移动,重心应稳定。

(2) 实战使用:上步常用于逼近对手后撤,或引诱对手进攻,而当对手使用上步时,自己即可使用进攻技术攻击对手。

2. 后撤步

(1) 动作过程及要领:右势站立,右脚向后撤一步,成为左势准备姿势;反之左势亦然。后撤步时重心平稳移动,通过向右拧腰转髋完成,两臂在体侧自然上下移动。

(2) 实战使用:后撤步常用于对手向自己使用前旋踢时。当对手准备继续进攻时,可用前腿的侧踢或鞭踢或下压阻击对手。

3. 前跃(进)步

(1) 动作过程及要领:左势站立,两脚同时向前跃进一步,保持右势准备姿势;反之左势亦然。向前跃步时,重心不易起伏过大,尽量使重心平稳移动,两脚稍离地即可。

(2) 实战使用:前跃步时,常用于快速接近对方以使用旋踢或下压等进攻动作;当对方前跃步时,可用前腿的劈腿或后踢或后旋踢迎击对方,但有时对方使用前跃步是为了引诱自己反击,后腰调整重心时再攻击得点,因此,此时自己可后撤一步而不被对方所利用。

4. 后跃步

(1) 动作过程及要领:右势站立,两脚同时向后回撤一步,保持右势准备姿势;反之左势亦然。向后回撤时,重心不宜起伏过大,尽量使重心平稳移动,两脚稍离地即可。

(2) 实战使用:后跃步常用在对方进攻,自己需要快速与对方拉开距离时,此时由于自己有一个向后撤的惯性,再用进攻的动作就有一定难度。一般使用迎击动作如后踢或后旋踢等。因此若对方使用后跃步时,自己要防止对方的阻击动作;如果自己使用组合动作,在对方后跃步时,自己一般使用侧踢、推踢或外摆下压等动作。

5. 原地换步

(1) 动作过程及要领:右势站立,两脚原地前后交换,由右势换成左势;反之左势亦然,重心不宜起伏过大,尽量使重心平稳移动,两脚稍离地即可。

(2) 实战使用:原地换步常用在对方与自己是闭式站位,自己为了与对方形成开式站位以更有利于击打对方胸部时,或是为了不让对手的优势腿发挥威力,使对方感到别扭。而当对方原地换步时,可利用此时机抢攻得点。

6. 侧移步

(1) 动作过程及要领:第一种步法是以前脚为轴,后脚向左(右)侧方向移动,用以改变与对手的站位方向；第二种步法是右势站立，右脚先向右（或向左）侧移动一步，随之左脚也迅速向右（或向左）侧移动一步。一般将身体重心移向前脚，以利于后脚进攻。

（2）实战使用：主动进攻时对方反应速度快，则使用侧移步，对方来不及调整身体重心而不能很好地反击。当对方进攻，自己不向后撤，而使用侧移步与对方贴近使用进攻动作。

7. 垫步

（1）动作过程及要领：右势站立，右脚向左脚内侧上步，同时左腿迅速抬起以便进攻和防守。

（2）实战使用：主要在主动进攻时用前腿攻击对方。

（五）基本腿法

1. 前踢

前踢是学习旋踢的基础，在品势中常被使用。

（1）动作过程及要领：左势站立，重心移至左腿，提起右大腿同时髋部略向左转，两大腿内侧之间的距离尽量小，膝盖朝前，脚面稍绷直，双手握拳自然垂于身体两侧；继续将髋关节前送，右大腿向前抬提，当大腿抬至水平或稍高时，向前弹出小腿，用脚面击打目标；直接向右转髋使右小腿折叠收回原位，然后后撤右腿，还原成左势姿势。击打时脚面应绷直，小腿弹直的一瞬间，应有一个制动过程，使脚产生鞭打的效果。此腿法主要攻击对手的面部和下颚。

（2）易犯错误与纠正方法

① 踢时髋部未前送。

纠正方法：针对性地练习提腿送髋姿势，并由教师、教练或同伴予以纠正。

② 提膝时未直线出腿；击打时脚面未绷直；支撑腿未积极配合髋部的转动。

纠正方法：先分解练习单个动作，再完整练习，熟练后利用脚靶配合进行练习。

③ 小腿弹出后，在弹直瞬间无制动过程。

纠正方法：利用脚靶配合进行练习，并逐渐提高前踢的高度和远度。

2. 旋踢

前踢是跆拳道比赛中最常用的动作之一，亦是运动员得分的主要技术之一。

（1）动作过程及其要领：右势站立，重心移至左腿；提起右大腿同时髋部略向左转，膝盖朝前，大小腿折叠，脚面绷直；继续将右大腿向前提高，左脚向外侧转动，右腿快速鞭打踢出小腿，膝盖朝向左侧；击打后右脚自然落下成左势，之后后撤左脚，还原成右势准备姿势。注意提膝应尽量随着转髋同时进行，为保护重心，躯干应稍向左后倾以配合快速转髋。此腿法主要进攻对手的胸部、肋部及面部。

(2) 易犯错误及纠正方法

① 脚上提时躯干末稍后倾,使腿的长度未被充分利用。

纠正方法:针对性地练习提腿送髋姿势,并由教师、教练或同伴予以纠正。

② 先转髋再提膝,造成膝盖过早偏向右侧。

纠正方法:针对性地练习转髋提膝的动作,对镜练习,并由教师、教练或同伴予以纠正。

③ 小腿弹出后,在弹直的一瞬间无制动过程。

纠正方法:利用脚靶配合进行练习。

3. 反击旋踢

动作过程和要领基本同旋踢,只是支撑腿随身体重心的移动轨迹向后或向斜后方移动,当对手进攻时,自己迅速向后移动重心,使用反击旋踢得点。

(六) 基本技术训练方法

跆拳道基本技术的主要训练方法可概括为以下几点:

1. 对镜练习法

自己面对镜子练习各种技能动作,边练习边自我观察。通过对镜练习可以较快地掌握基本动作。一般的跆拳道道馆和训练馆均设有镜子。

2. 模仿练习法

通过图片或视频模仿优秀运动员及有效技术组合进行技术练习。通过模仿可了解和掌握技术动作的特点、优势和实战运用效果,有利于更好地掌握和运用技术。模仿练习时,可请教师、教练或同伴在旁监督和提醒,以利于改进与提高。

3. 踢打沙袋练习法

沙袋练习是跆拳道训练的一种重要方法,通过踢打沙袋,可提高脚法技术的完成速度和击打力度,进而提高技术训练的质量。

4. 配合训练法

通过和教师、教练或同伴的配合,训练基本技术和组合技术。此法较灵活,练习时教师、教练或同伴可做出不同的配合动作,以训练练习者的各种技术,提高其运用技术的效果和能力。常用的方法具体有:听口令完成技术动作、脚靶练习法和踢组合靶练习。

思 考 题

1. 娱乐体育一般包括哪些内容?
2. 如何培养大学生对娱乐体育的兴趣?

第十一章 体育欣赏

本章介绍了运动中的美学,体育比赛欣赏的内容和意义,欣赏体育比赛的条件和方法以及篮球、排球、足球等体育项目的常用术语。进一步理解体育运动与美学的关系,掌握体育项目常见术语。

第一节 体育中的美学

人类在漫长的社会实践中创造出体育,并使体育的审美价值与日俱增,2008北京奥运会开幕式美轮美奂的场景使体育之美达到一个新的高度。体育进入新的发展时代,涉及的美学问题更多。体育美学帮助我们认识体育中的美,指导美学与运动有关的审美活动,促进身体运动技术趋向优美化和规范化,使人的身心全面发展。

一、体育与美的关系

近年来,在体育美学探索中,对体育本质美的特征及表现形式,已有了不少的探索研究,这无疑会丰富体育美学的内容。进一步研究体育运动的美,对于推动现代体育发展,提高体育运动的审美能力,有着十分重要的意义。

(一)美在体育运动中展现

体育运动美是借助于人们的自然实体来表现的。马克思曾指出:美是人的本质力量的对象化。法国著名艺术大师罗丹说:"自然界中没有任何实体比人体更美"。前苏联的马雅可夫斯基也说:"世界上没有任何一件衣裳比健康的皮肤和发达的肌肉更美"。这些观点精辟地指出了人体与健康美的关系。体育运动是以人体美的运动形式来表现和创造美的。如健美运动员,当运动员在比赛时,根据音乐节奏把自己的强健肌肉充分展现,他们那隆起的肌肉群、雕塑般的身躯、均匀的线条、优美的造型无一不是体育美的展现,使人陶醉在美的享受之中。几乎任何一项体育项目都能展现人体的力量、速度、灵巧、耐力和青春活力,展现人类的形态美与心灵美,体育运动与美水乳交融。

(二)体育运动与体育审美

体育运动是人们有计划地向着一定的目标前进的创造过程。一方面,体育运动的目的是增进人的健康,发展人的个性;另一方面体育运动可用来观赏,丰富人们的业余生活。观赏体育比赛,本质上是一种审美活动。从认识观上看,体育运动是一种感性和理性统一的直观认识。他不借助抽象的概念,而是在活动的直观形式中演化理性内容。体育观众是直接地参与体育创造和传播的,观众既是感受的主体,又是参与的客体。当然并不是所有的观众都能获得体育运动的美感。首先,观赏者必须具备体育审美的意识和能力,即主体意识能够通过感知和客体发生交流,以引起心理的振奋和激励;其次,观赏者必须具备一定的运动能力,即对所观赏的运动项目的特点、结构、力量和幅度有一定的体验,才能对审美客体做出稳定不变的情感反应。

人类本身的自然属性和社会属性在运动中、在观众面前展现出来。人在运动中要拥有最大的空间,达到最高速度,显示最大力量,这是对人体极限的冲击,是自我超越的过程。人体始终按照平衡—不平衡—平衡这样的法则运动着,从而达到一种和谐的境界,给人和谐愉快的感觉。体育审美是以直接参与为基本特征的。由于各个运动项目的规律、特点、力度不同,因此给人的审美感觉是不同的。在运动项目中,人们不仅能欣赏到各种运动美,体育服装、体育建筑、体育场地、体育器械、运动会的开幕式和闭幕式等均能满足审美的需要。

(三)体育审美与艺术审美

体育审美与艺术审美没有本质的区别,但是他们在创造方法和表现形式上,以及人在审美关系中所处的位置是有很大区别的。

艺术美是生活美的集中体现,他充分、强烈、典型地反映出生活的美丑。艺术美的创造不仅在生活的基础上概括、加工、取舍提炼而成,而且融进作者的审美意识和审美评价,塑造一些非现实性的艺术形象。而体育美却不同,体育美的创造虽然也要遵循美的规律,其中也包含了运动员对自己的行为的一种审美态度,但它并不全是显示形象的反映,而是一种有机构成。也就是说体育美必须接受竞技性的要求,并且尊重人体科学规律,研究如何花费最少的体力使人的天赋能力、技能和运动速度发展到最高的境界。体育美不仅要有抽象概括形式,重要的是要有具体的可感形式。任何虚伪和过分夸张都构不成体育美。

人在艺术作品中和体育运动中所处的地位也是不同的。人在艺术作品中总是被塑造、被表现的对象,而体育运动中人显得很具体。前者作为间接美出现在审美关系对象;后者作为直接的形象进入审美关系中,形成审美对象。在体育运动中,人既是主体,又是对象;既是目的,又是手段;既是变化的内容,又是表现的形式。文学艺术美需要一种无生命的物质——文字、声音、色彩,作为艺术美的媒介,而体育美的媒介就是运动着的人体。文学艺术美侧重于人们的审美感知。文学艺术美通过艺术媒介固定下来,具有相对的稳定性和静止性;而体育美则表现在人体运动的全过程中,有着强烈的感知性。因此,体育美是一种流动的美、动态的美。

(四)体育美的欣赏

体育运动给人展现的是一个绚丽多彩的艺术世界,它能使人们得到精神上的愉悦及美的享受。运动员在体育比赛中表现出的高超艺术,是体育运动中美的体现。他像一幅流动的画面,给人以美的享受,当人们在观看艺术体操比赛时,运动员做波浪运动时所表现出的灵动柔软,作转体时所变现出来身体轻盈高飘,做平衡动作时表现出的稳健、优美都能给人带来强烈的美的感受。在观看竞技体操比赛中,运动员那稳健、准确、高雅、优美的动作更给人以精彩、动人、魅力无穷的回味。在观看球类比赛时,球场上那快速多变的战术,紧张激烈的对抗,熟练默契的配合,更是高潮迭起、精彩纷呈,把人带到神话般的世界;更有跳高运动员的腾空飞跃横杆,帆船运动员搏击惊涛海浪,击剑运动员敏捷灵活的矫健身姿,无不使人沉醉于体育美的享受中,激励人们对体育更高、更深、更远的追求。

二、形体美与精神美

形体美是指人体外观形态之美,主要包括人体的容貌美、身材美、肤色美与气质美。精神美是指人性之美、人心之美、精神之美,它是美育的根本和最高境界。一个人要达到真正意义上美的标准,必须在形体美和精神美上两者兼得。

人体的外观形态俗称为形体,在现实生活中,每个人的形体各不相同。说到人体的形体美,人们想到最多的就是女性的容貌美和身材美。当然,男性的人体形态也同样受到人们的关注。人的容貌、人体躯干和四肢所构成的外观形态构成了人的身材,包裹人体的皮肤的质地和颜色构成了人体的肤色,人的精神特征和肢体语言特征构成了人的气质。

精神美的范围很广,有学者指出:"在一定意义上说,人性之美、人心之美、精神之美,是美育的根本追求和最高境界。"形体美是暴露在外的形态之美,而精神美则是时常藏于人的内心深处的,只有在某种场合下才能显现出来。精神美是人类追求美的最高境界,有时高尚的精神美能掩盖形体的不足。

三、环境美与行为美

每当我们走进校园时,会看到树木郁郁葱葱,教室宽敞明亮,各种设施齐全。我们学习生活在环境优美的校园里,要考虑自己的行为和优美的校园环境是否和谐。卫生方面,在操场上有乱扔的果皮、饮料瓶、楼道的墙上有同学们随手画的痕迹、踩上去的脚印、拍到墙上的球印,教室的角落总是打扫得不干净;文明礼貌方面,有的同学常会说些脏话,下课时有些同学会追逐打闹,上楼时不从右侧通行,等等。这些都是与优美环境不和谐的地方。人类所具有的文明、健康、美好的因素是通过外在语言表现的,生活气氛的和谐愉快,要靠每个人维持和创造。我们生活在一起,大家互相谦让、互相学习,人与人之间便会充满融融暖意。也许你会做错事,只要真诚说声"对不起",请求别人的原谅,彼此相视一笑,心里就会变得敞亮。所以在校园环境中,我们每个学生都要做到"五讲",即讲文明、讲礼貌、讲道德、讲秩序、讲卫生。环境美,我们的行为更要美,要做到"四美",即语言美、心灵美、行为美、环境美。

第二节 体育比赛欣赏

一、体育比赛欣赏的内容和意义

(一) 体育欣赏的基本内容

体育欣赏的基本内容包括对运动员动作美的欣赏,对运动员在比赛中所表现的品德的欣赏,对运动员的比赛技术、战术运用和临场发挥的欣赏,对竞技运动比赛裁判执法水平的欣赏,对竞技运动比赛中教练员临场发挥风格的欣赏,对国内重大体育比赛的解说员、评论员精湛评说的欣赏,对有关体育的书、报刊、摄影作品的欣赏,对体育运动馆的建筑艺术风格的欣赏,对体育器材、服装的欣赏,体育健身者在运动中的自我欣赏,对形体的欣赏,对主题音乐的欣赏,对比赛场地环境的欣赏,等等。

(二)体育比赛欣赏的意义

1. 体验不同的体育文化

体育文化作为人类智慧的结晶,集中反映了不同国家、不同民族的风俗民情和意识观念。体育文化与人的体育生活紧密联系在一起,它反映本民族的、传统的体育特征,这些传统的体育文化规范着本民族的体育行为,也影响着人们不同的体育价值观念。体育文化与地域或民族的社会文化、物质文明以及自身的发展有密切的关系。

2. 陶冶情操

通过欣赏体育比赛,观众不仅能欣赏到运动员的健康、强壮、匀称、优美的体型,而且可以欣赏到运动员展现出来的准确、干净、利落、新颖、洒脱的动作造型,产生愉悦的感受,同时还能激发欣赏者热爱体育、追求美好生活的愿望。

3. 振奋民族精神

通过欣赏体育比赛,可以强化集体观念,激发爱国主义热情,振奋民族精神。

4. 激发体育意识

体育意识是指客观存在的体育现象在人们头脑中的反应,是人们对体育感受、思维和判断的总和,是人们对体育运动的总体认识和看法。反过来,体育比赛能启迪和激发人们的体育意识,包括健康意识、拼搏意识、创新意识、道德意识和竞争意识等。

二、欣赏体育比赛的前提和方法

(一)体育欣赏者应具备的条件

1. 熟知运动项目的特点和比赛规则

任何一项体育运动项目都有自己完整的技术和战术体系、特定的场地和比赛规则,而且其技术、战术和比赛规则也在不断地演变和发展。如果对相关的知识了解甚少,那么对体育欣赏将起到负面效应。例如,我们在欣赏世界排球锦标赛时,首先应知道,现在的排球比赛规则的记分方法已更改,是每球得分制,每局25分,每场五局三胜,最后一局先到15分为胜。如果对这些知识都掌握了,那么欣赏者的心情会跟着比赛的节奏起伏而投入比赛之中,取得体育欣赏的最佳效果。

2. 提高体育文化意识水平

现代体育所涉及的领域越来越广,它的功能已明显超出自身的范围。因此,作为欣赏者,首先要认识到体育是一种文化现象,而不仅仅是一种竞技比赛。体育运动具有文化的特征,包括价值观念、运动知识、运动规范和体育设施。只有充分地认识到体育的固有特征,才能够理解体育对社会的进步、政治的稳定、民族的团结、世界的和平起着十分重要的作用。只有这样,欣赏者对体育比赛才有更深入的认识,对体育的欣赏才会更加投入。

3. 加强个人修养,进行文明欣赏

现代体育比赛,场面激烈而紧张,战术机智而灵活,让欣赏者情绪时而亢奋,时而消沉。此时欣赏者的情绪完全被比赛的节奏所控制,如果此时不能控制自己的情绪,也许会发生连自己都意想不到的事情。在足球比赛中,如果欣赏者所拥护的球队失利或被裁判误判,往往会发生球迷冲向球场殴打对方球员和裁判的情况。提高欣赏者的自身修养,这种情况就会很少发生。

(二)体育欣赏的方法

1. 在观赏比赛之前做好准备

首先,应该了解该项体育活动的历史和特点。例如,观赏世界杯足球比赛,就要了解足球运动的起源和发展情况,要了解该项比赛的情况。其次,应尽量掌握该项比赛的规则和裁判知识。例如,在篮球比赛中什么是犯规,什么是违例,三秒又是怎么回事,裁判员的常用手势表示什么,等等。再次,对一些具体比赛场次要了解其背景。例如,是预赛还是决赛,该场比赛的胜负对双方有什么影响,等等。最后,要掌握参赛队或队员的一些情况。例如,观赏篮球赛冠军争夺战时,要掌握两个队的风格,基本战术,主力阵容,突出人物,两个队教练的用兵布阵、临场指挥都有什么特点,等等。

2. 掌握好几个观赏角度

从不同的角度欣赏体育比赛会有不同的收获,我们既可以有侧重地欣赏,也可以全面欣赏。

(1)从技术角度观赏

技术是以运动员的身体条件为基础的,是使运动员体能能够得到最大发挥的动作方法。例如,体操中又高又漂亮的跟头,足球中的凌空抽射、鱼跃冲顶,篮球中的扣篮、变幻莫测的运球,短跑中充分的后蹬和前摆,跳高中身体过杆的一刹那,投掷中的最后用力等,这些都是精彩引人之处,观赏后会使人得到一种美的享受。

(2)从战术角度欣赏

战术是运动员把一些技术有目的地组合起来运用的方法。战术可分为个人战术、基础战术和全队战术等。观赏运动员们默契的战术配合,会启发我们想到当今社会的许多工作都需要人们像比赛场上的运动员那样,明确分工、密切合作才能完成。因此,我们还应该通过观赏体育比赛来认识合作的意义和学习合作。

(3) 从运动员角度观赏

爱屋及乌，我们可以由欣赏某一运动员的运动技能而扩展到其他方面，他（她）的性格、爱好、外貌、风度等都会使人感兴趣以致着迷。对于运动员在比赛中所表现出来的勇于克服困难、顽强拼搏、锐意进取的精神，尊重裁判、尊重对手、团结友爱的道德风貌等，观后更会受益匪浅。

(4) 从文化和社会发展的角度欣赏

体育是人类在几千年发展过程中所创造出来的宝贵的文化财富，随着人类社会的高度发展，现代体育已经成为一种影响极大的全球性文化活动了。体育比赛的内涵更加明确，外延更加丰富、深刻，充满了时代精神和人生的哲理。因此，作为文化层次较高的大学生，把观赏体育比赛仅仅当作娱乐活动是不够的，还应该在观赏中深入地思考，使我们的观念、思维、情趣等都得到启迪和升华。

3. 在观赏之后做一点回顾

在观赏体育比赛之后，注意一下报刊、电视、广播中的有关报道评论，与其他人交换一下看法，更能加深观赏印象，提高观赏水平，使我们的观赏活动取得更大的收获。如果意犹未尽，还可以动动笔，写点感想评论。

4. 注意事项

观赏体育比赛要有正确的态度。可以有倾向性，但不要有偏激情绪，更不要有偏激行为，如在现场骂裁判、向运动员投掷物品等。可以和持不同见解的人争论，但要适可而止，以免影响队员比赛和其他人观赛。

三、体育竞赛的分类

根据竞赛方法的不同，可以将体育竞赛分为竞争性体育竞赛和对抗性体育竞赛两大类。

竞争性体育竞赛指参赛各方在尽可能不受干扰的条件下，发挥自身能力去夺取某种时空参数，以获取时空参数的大小来选择优胜、排列名次的竞技活动，如田径、游泳、自行车、举重等一大批运动项目的竞赛。以上所列项目的竞赛结果主要取决于竞争者自身的各种素质，他们相互干扰的可能性几乎没有。

对抗性体育竞赛是指在竞赛过程中，竞赛双方均在对方的干扰和破坏下去夺取比赛胜利，同时要竭尽全力阻止对方获得胜利。大多数球类竞赛、击剑、摔跤等都属于对抗性体育竞赛。对抗性体育竞赛又分为同场对抗性竞赛和隔网(区)对抗性体竞赛。

四、体育比赛中常见的名词术语

（一）篮球比赛中的术语

1. 队员位置术语

(1) 1号位是控球后卫————PG—Point Guard。

(2) 2号位是得分后卫————SG—Shooting Guard。

(3) 3号位是小前锋————SF—Small Forward。

(4) 4号位是大前锋————PF—Power Forward。

(5) 5号位是中锋————C—Center。

2. 技战术术语及解释

(1) 扣篮：运动员用单手或双手持球，跳起在空中自上而下直接将球扣进篮圈。

(2) 补篮：投篮不中时，运动员跳起在空中将球补进篮内。

(3) 卡位：进攻人运用脚步动作把防守者挡在自己身后。

(4) 传接球：顺传球飞行方向移动，顺势接球。

(5) 错位防守：防守人站在自己所防守的进攻人身侧，阻挠他接球。

(6) 要位：进攻人用身体把防守人挡在身后，占据有利的接球位置。

(7) 突破：运球超越防守人。

(8) 空切：进攻人空手向篮跑动。

(9) 一传：获球者由守转攻的第一次传球。

(10) 盖帽：进攻人投篮出手时，防守人设法在空中将球打掉的动作。

(11) 补位：当一个防守人失掉正确防守位置时，另一个防守人及时补占其防守位置。

(12) 协防：协助同伴防守。

(13) 紧逼防守：贴近进攻人，不断运用攻击性防守动作，威胁对方持球的安全或不让对方接球。

(14) 斜插：从边线向篮圈或者向球场中间斜线快跑。

(15) 时间差：在投篮时，为躲避对方防守的封盖，利用空中停留改变投篮出手时间。

(16) 接应：无球进攻队员，主动抢位接球。

(17) 落位：在攻防转换时，攻守双方的布阵。

(18)策应:进攻队在前场或全场通过中间队员组织的接应和转移球的战术配合,造成空切、绕切以及掩护等进攻机会。

(19)掩护:进攻队员以合理的技术动作,用身体挡住同伴的对手的去路,给同伴创造摆脱防守的机会。

(20)突分:持球进攻队员突破后传球配合。

(21)传切:持球进攻队员传球后立即空切,准备接球进攻。

(22)补防:当一名防守队员失去位置,进攻队员持球突破有直接得分的可能时,邻近的另一名防守队员立即放弃自己的对手,去防持球突破的进攻者。

(23)换防:防守队员交换防守。

(24)关门:邻近的两名防守持球者的队员,向进攻者突破的方向迅速合拢,形成屏障,堵住持球进攻者的突破路线。

(25)夹击:两名防守队员共同卡住一名进攻队员,封堵其传球路线。

(26)挤过:两名进攻队员进行掩护配合时,防守被掩护者的队员向其后靠近,在进攻者即将完成掩护配合的一刹那,抢占位置,从两名进攻队员中间侧身挤过,破坏他们的掩护,并继续防住自己的对手。

(27)穿过:当一名进攻队员进行掩护时,防守掩护者的队员稍离对手,让同伴从自己与掩护队员之间穿过去,继续防住对手。

(28)轮转换位:通过移动实现挡拆和交叉,来错位防守。

(二)排球比赛中的术语

1.队员位置术语

(1)二传手:指接对方来球后专门进行第二次传球组织进攻的队员,是场上组织进攻、实施战术的组织者,该队员除有娴熟的二传技术外,还善于随机应变,团结队友,发挥全体队员的特点,组织本队的进攻力量。二传手应意志坚强、头脑冷静、视野宽广并具有很强的作战意识以及贯彻作战意图的决心。通常每队配备一至两名二传手。

(2)主攻手:指场上的主要攻击手,防守反击中的主要得分队员。一般站在4号位或换位到4号位。要求队员身材高大,弹跳力强,拥有强劲的扣杀力,擅长强攻,善于突破对方的防御,精于扣调整球和各种战术球。

(3)副攻手:指在进攻中站在3号位的队员。要求队员身材高大,具有较强的弹跳力和变向跑能力,以快攻为主,并以快攻掩护队友组成快速多变的进攻战术。防守时善于拦截和配合两侧队友拦网。

(4)自由人:根据战机的需要和防守的要求,无需请求裁判员的许可,即可随时自由地取代后排中的任一队员出场参赛。要求队员较为矮小、灵活、快速，应变能力强，具有出色的防守技术和良好的心理素质。自由人着装的颜色必须有别于其他队员，以便辨认。

2. 技战术术语及解释

（1）准备姿势：各项技术的基础。为了及时起动、快速移动，以便在合理位置上完成各项技术动作，达到战术目的，要求思想高度集中，身体处于最合适的移动和防守状态之中。正确的准备姿势按其身体重心高低可分为稍蹲、中蹲和低蹲等三种。

（2）发球：指队员站在端线之后，用手抛球后将球击入对方场内。发球是比赛开始第一个技术动作和一项先发制人的进攻技术。

（3）垫球：用于接发球、接扣球、接吊球、接拦回球和处理各种难球的主要方法，也是保证本方进攻的基础。垫球时，必须有正确的准备姿势、合理的击球手型、准确的击球动作和合理的击球部位以及手臂与地面的适宜用力角度，才能取得良好的垫球效果。

（4）拦网：防守队员在网前跳起用双手拦截对方击过网的球所采用的动作。

（5）一攻：在接起对方发球后所组织的第一次进攻。

（6）反攻：后排防起对方攻来之球以后所组织的反击和在网上直接拦击对方各种进攻。

（7）保攻：比赛中防起对方拦回来的球（保护），并组织有效的反击。

（8）推攻：比赛中，当一传、二传处理不当，无法组织扣球进攻时，以传球方式有目的地把球击入对方场区，称为推攻。

（9）强攻：扣球队员利用身高、弹跳优势，充分发挥个人的力量和技巧，为突破对方防御的强行扣杀。

（10）中一二进攻：前排3号位队员充当二传手，2、4号位队员作攻手，当二传队员轮转到2或4号位时，可换位到3号位作二传手。

（11）边一二进攻：排球运动进攻战术之一。前排2或4号位队员充当二传手，其他2名队员作攻手，一般是二传手在2号位组织进攻。如二传手在4号位组织进攻，则称为"反边一二进攻"。

（12）两次球进攻：排球运动战术之一。接对方来球时，队员直接将球垫起传到网前适当位置，供前排队员跳起扣球，称为"两次球进攻"。

（13）调整进攻：当接对方来球一传不到位，球的落点离网较远，无法组成预定的战术时，由二传手或其他队员把球高弧度传起（调整传球），从而给同伴创造扣球进攻的机会，称为"调整进攻"。

(14) 后排进攻:组织后排队员在进攻线后跳起或向前冲跳,进行大力扣杀。

(15) 交叉进攻:在快球掩护下运用的进攻战术。扣快球队员和另一队员的助跑路线相交叉,并作跑动扣球。

(16) 立体进攻:排球运动战术之一。为了突破拦网,进攻队在快球掩护下,有意识地将球传到进攻线附近,由后排队员在进攻线后起跳,突然发动进攻。

(17) 边跟进防守:当对方进攻时,由前排组成双人拦网,另一不拦网的前排队员后撤,协同后排3人组织防守。

(18) 心跟进防守:后排6号位队员在本方拦网时跟上去保护,防止对方吊球。

(19) 保护:在比赛中用以主动弥补同伴在技术上出现的漏洞,并使攻与防有机地衔接起来。多在接发球、扣球、拦网和后排防守中使用。

(20) 持球:球在运动员膝关节或膝关节以上任何身体部位停留时间较长,或未将球清晰地击出,或捞球、捧球、推球或携带球时,均应判为"持球"。

(三) 足球比赛中的术语

(1) 弧线球:使球呈弧线运行的踢球技术。足球在运行中,由于强烈旋转,使两侧的空气发生差异而形成。由于球呈弧线运行,俗称"香蕉球"。

(2) 鱼跃扑球:守门员的一种难度较高的接球技术。以与球同侧的一脚用力蹬地,异侧腿屈膝提摆,使身体跃出接球。接球后落地时,双手按球,用前臂的侧面先着地,团身护球。

(3) 清道夫:足球比赛中承担特定任务的拖后中卫之别称。

(4) 自由人:足球比赛"1—3—3—3"阵型中拖后中卫别称。无固定的看守对象,可机动灵活地补位救险,从而使其他队员,特别是3个后卫在盯人时无后顾之忧。

(5) 全攻全守:一个队除守门员之外的10名队员都在进攻或防守时,称为全攻全守。

(6) 沉底传中:边线进攻中,通过个人带球突破,或集体配合把球推到对方端线附近,然后传至对方球门前的战术方法。

(7) 外围传中:也称45°角传中。当攻方有队员在边线附近与对方球门约成45°角的地区时,用过顶长传把球传向处于对方罚球区附近的同伴,供同伴用头顶球连续进攻,称为外围传中。

(8) 交叉换位:比赛中进攻队员为了摆脱对方的防守,在跑动中左右换位的战术配合。

(9) 长传突破:运用远距离传球突破对方防线的战术方法。

(10) 插上进攻：位于第二线、第三线的前卫、后卫队员，插上第一线参加进攻的战术方法。

(11) 区域防守：每一队员根据位置划分一定的防守区域，在划定的范围内，主要采用站位的防守方法，而不紧逼盯人。

(12) 补位：比赛中集体防守的一种配合方法，指防守中本队一个队员被对手突破时，另一队员前去封堵。

(13) 密集防守：比赛中，双方为了稳固防守，往往组织相当多的人把守这一区域，形成密集状态，以加强保护，减少空隙，阻止对方的突破。

(14) 造越位：根据规则，进攻队员在接球时，如其与对方端线之间的防守队员不足2人时则为越位。防守队员利用这一规定，在对方传球中，另一队员将触及球的瞬间，突然向前一跑，造成对方接球队员与本方端线之间有一个防守队员的局面，使对方越位犯规。

(15) 反越位战术：这是针对对方"造越位"战术而采取的一种进攻战术。当进攻队员觉察到防守者用造越位的战术破坏本方的进攻时，及时改变传球方向，让在后面的队员插上接球或自己直接带球快速推进射球，从而使对方退防不及。

（四）羽毛球比赛中的术语

(1) 换发球：交换发球权。

(2) 发球区：通常是发球运动员所站的对角线区域，双打发球有效区由前后发球线加外边线（最外边）组成，单打发球区则是由前后发球线加内边线组成。

(3) 挑选场地或发球权：任何一场正式比赛开始之前，参赛双方首先要做的事是在裁判员的主持下，通过由裁判员抛掷挑边器确定首先发球的一方。挑边器决定的胜者具有挑选发球权或场地的优先权。

(4) 左场区：左边半场。

(5) 右场区：右边半场。

(6) 发球违例：指运动员发球时从第一次向前挥拍或抛球开始，至击球瞬间为止的这一段时间内出现下列违例现象：

① 过腰。球的任何部分在击球瞬间高于发球运动员的腰部。

② 过手。击球瞬间，球拍顶端未朝下，整个拍框没有明显低于握拍手的整个手部。

③ 未先击球托。在击球瞬间不会首先击中羽毛球的球托部分。

④ 不正当行为。一旦开始发球，双方站好位置，这时任何运动员不得做假动作，或有意妨碍对方或故意拖延发球或接发球的准备时间，有企图占便宜等不正当

行为(发球队员的向前挥拍动作不得中断)。

(7) 反手区:反手击球区域。

(8) 交换发球区:单双数发球区不同,得分需要交换。

(9) 直接得分的发球:发球对方未接,而且球在界内。

(10) 连击:运动员在击球时两次挥拍连续击球两次,或同队两名运动员连续各击球一次。

思 考 题

1. 了解相关体育术语对体育欣赏有哪些积极的影响。
2. 影响体育欣赏的关键因素有哪些?

第十二章 常用体育运动项目竞赛规则

第一节 田径运动常识及主要竞赛规则

本节向大家介绍田径运动的常识以及主要竞赛规则,希望大家通过本节的学习对田径运动及其规则有所了解。

一、田径运动常识

田径运动常识由场地规格、器材参数以及气象条件的限制因素等内容构成。

(一)场地规格

田径运动的场地包括竞赛场地、跳远场地、跳高场地、铅球场地、标枪场地等。各种场地规格如下:

1. 田径场地规格

半圆式田径场是目前国内外普遍采用的竞赛场地,国际业余田径联合会刊发的《田径设施手册》中认为,最好的弯道半径为 36.5 m。半圆式田径场是由两个 180°的半圆(弯道或称曲段)和两个对等的直段组成(见图 12.1)。第一分道线的周长为 400 m,故称为"400 m 场地";直道应有 8~10 条分道,弯道为 8 条分道;每一分道宽 1.22~1.25 m;所有分道线宽均为 5 cm;跑道左右倾斜度不得超过 1∶100,跑进方向的前后倾斜度不得超过 1∶1000。

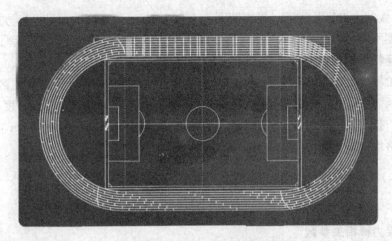

图 12.1　400 m 跑道和足球场标准尺寸

2. 跳远场地规格

跳远场地由助跑道、起跳板、起跳显示板、橡皮泥显示板和落地区组成。助跑道长 40～45 m,用 5 cm 宽的白线标明,左右倾斜度不超过 1∶100,向跑进方向的总倾斜度不超过 1∶1000。落地区为沙坑,长 6～9 m,宽 2.75～3 m。在助跑道上距落地区近端 1～3 m 处设置起跳板。距起跳板两侧 0.3 m 处设置起跳显示板。在起跳板前沿凹槽内放置橡皮泥显示板,如无此装置可用沙台代替。

起跳板用木料制成。板长 121～122 cm,宽 19.8～20.2 cm,厚 10 cm。板面涂成白色,与地面齐平。

3. 跳高场地规格

跳高场地是田赛场地设施之一,由起跳区、跳高架、横杆和落地区组成。起跳区为扇形助跑道,长 15～25 m,朝横杆中心的倾斜度不超过 1∶250;落地区用海绵垫铺成,一般性比赛或练习可用沙坑代替,面积至少 3～5 m^2。跳高架置于起跳区与落地区之间的中央地段,立柱离海绵垫至少有 10 cm 的间隙,两立柱相距 4.00～4.04 m。横杆置于立柱的横杆托上,与海绵垫保持在同一垂直面上。沿横杆在地面的投影线向两端各画 5 m 长的延长线。

4. 铅球场地规格

铅球场地也是田赛场地设施之一,由投掷圈、限制线、抵趾板和落地区组成。投掷圈用厚 0.6 cm 铁板、钢板或其他材料围成直径 2.135 m 的圆圈,漆成白色。圈内地面用混凝土、沥青或其他坚硬、不滑的材料铺成。限制线在投掷圈的两侧,长 75 cm,宽 5 cm,白色,后沿通过圆心的延长线并与落地区中心线垂直。抵趾板固定地面,内侧与投掷圈内沿重合。落地区用煤渣、草地或能留下铅球落地痕迹的其他材料铺成,用宽 5 cm 的两条白色角度线标明,线段不包括在落地区有效面积内,角度线的内沿延长线通过投掷圆圈心夹角为 40°。落地区地面沿投掷方向的向下倾斜度不得超过 1∶1000。在两角度线的外侧每隔 1 m 放置距离标志牌。

5. 标枪场地规格

标枪场地也是田赛场地设施之一,由助跑道、投掷弧、限制线和落地区组成。助跑道长 30.0~36.5 m,宽 4 m,用 5 cm 宽的两条平白线标明,左右倾斜度不超过 1∶100。投掷弧用木料或金属制成(亦可用油漆画出),漆成白色,宽 7 cm,与助跑道的靠落地区端相似。

(二) 器材参数

以下主要介绍接力棒和跨栏栏架的参数。

1. 接力棒相关参数

接力棒用木料、圆竹、金属或其他适宜材料制成;棒长 28~30 cm,横截面周长 12~13 cm,重量不少于 50 g;为空心圆管,两端要密封,表面平整光滑,并漆上颜色。

2. 跨栏栏架相关参数

跨栏栏架用金属、木料或其他适宜材料制成。两根 70 cm 长的座脚和两根立柱构成两个"L"型,期间用横梁加固,座脚与跑进方向相反。底座装重量调整器。立柱可调整高度。两立柱顶端固定横木(栏板),最大长度 120 cm,宽 7 cm,厚 1.0~2.5 cm,漆成黑白相间条纹,两端为白色,条纹宽 22.5 cm,两端顶角修圆。栏架高度:男子 110 m 栏为 106.7 cm,400 m 栏为 91.4 cm;女子 100 m 栏为 84 cm,400 m 栏 76.2 cm。合格的栏架,在不同高度时在栏板中部施加 35.3~39.2 N 的力能将其推到,可通过重量调整器进行调整。

(三) 气象条件的限制因素

在 100 m、200 m 和 100 m 栏、110 m 栏比赛中,如果顺风风速超过 2 m/s,运动员创造的成绩就不能成为新纪录。

二、主要竞赛规则

(一) 田径比赛通则

(1) 参加比赛的运动员必须佩戴号码,否则不得参加比赛。

(2) 径赛项目运动员必须沿跑道逆时针方向跑进。

(3) 径赛运动员挤撞或阻挡别人而妨碍别人走或跑时,应取消其该项比赛资格。

（4）如果一名运动员参加一个径赛项目，又参加一个田赛项目，或者参加一个以上的田赛项目，而这些项目又同时举行比赛，有关主裁判可以允许运动员只在某一轮次（高度项目以一个高度为一个轮次，一个高度有 3 次试跳的机会；远度项目以所有运动员按顺序试跳或试掷完一次为一个轮次）的比赛中以不同于比赛前抽签确定的顺序先进行试跳（试掷）一次。回来后已做过的试跳（试掷）顺序一律不补。

（5）判定名次和成绩相等时判定名次的方法。径赛项目中，判定运动员到达终点的名次顺序，是以运动员躯干的任何部位到达终点线内沿的垂直面的先后为准。以决赛的成绩作为个人的最高成绩，而不是以预、复赛的成绩判定最后名次。

（二）径赛主要规则

（1）400 m 及 400 m 以下包括 4×100 m 接力的项目，运动员应采用蹲踞式起跑。犯规两次以上者取消比赛资格，全能运动员 3 次。

（2）在分道跑项目中，运动员跑出自己的分道，如没有获得利益，也未阻挡他人，一般不应取消比赛资格，否则应取消比赛资格。

（3）在中长跑时，运动员擅自离开跑道后，不得继续比赛。

（4）跨栏跑时，运动员手脚低于栏顶面、跨越他人栏架、有意用脚碰到栏架，均属犯规。

（5）接力跑时，在接力区外完成接力棒、捡棒时阻挡他人或空手跑过终点，均属犯规。

（6）如用 3 只秒表计成绩，应以两只表所示成绩为准；如各不相同，则以中间成绩为准。两只表，应以成绩较差者为准。

（三）田赛主要规则

1. 跳高项目

跳高比赛时，应抽签排定运动员的试跳顺序。运动员必须用单脚跳。比赛开始前，主裁判应向运动员宣布起跳高度和每轮结束后横杆的提升高度，直至比赛中只剩下 1 名运动员。除非比赛中只剩下 1 名运动员，并且他已获得该项目比赛的冠军，否则，一旦比赛开始，运动员不得使用助跑道或起跳区进行练习。如有下列情况之一者，则判为试跳失败：

（1）试跳后，由于运动员的试跳动作，致使横杆未能留在横杆托上。

（2）在越过横杆之前，运动员身体的任何部位触及立柱以外的地面或落地区。如果运动员在试跳中一只脚触及落地区，而裁判认为其并未从中获得利益，则不应该判为试跳失败。

运动员可以在主裁判事先宣布的横杆升高计划中的任何一个高度开始试跳,也可在以后任何一个高度根据自己的愿望决定是否试跳。但是在任何高度上,只要运动员连续3次试跳失败,即失去继续比赛的资格,因第一名成绩相等而进行的决名次赛的试跳除外。允许运动员在某一高度上第一次或第二次试跳失败后,在其第二次或第三次试跳时请求免跳,并在后继的高度上继续试跳。运动员在某一高度上请求免跳后,不准在该高度上恢复试跳,除非出现第一名成绩相同的情况。

每名运动员应以其最好的一次试跳成绩,包括因第一名成绩相同而进行的决名次赛的试跳成绩,作为其最后的成绩。在比赛过程中不得移动跳高架或立柱,除非有关裁判认为该起跳区或落地区已变得不适于比赛。如需移动跳高架或立柱,应在试跳完一轮之后进行。

2. 田赛中的远度项目

所有田赛远度项目比赛时,参加比赛的运动员如超过8人,成绩较好的前8名运动员进入决赛,如第八名成绩相等的有两人或两人以上,成绩相等的运动员均可再试跳或掷3次;如参加比赛的运动员不足8人,则均有6次试跳或掷的机会。

一旦比赛开始,运动员不得使用比赛助跑道进行练习。有下列情况之一的,则判为试跳失败:

(1) 在未做起跳的助跑中或在跳跃中,运动员以身体任何部位触及起跳线以外地面。

(2) 从起跳板两端之外的起跳线的延长线前面或后面起跳。

(3) 在落地过程中触及落地区以外地面,而落地区外触及地点较区内最近点更靠近起跳线。

(4) 完成试跳后,向后走出落地区。

(5) 采用任何空翻姿势。

测量成绩时,应从运动员身体任何部位触地的最近点量至起跳线的延长线,测量线应与起跳线或延长线垂直。应以每名运动员最好的1次试跳成绩,包括因第一名成绩相等而进行的决名次赛的试跳成绩,作为其最后的决定成绩。为有助于助跑和起跳,运动员可在助跑道旁边放置1~2个标志物(由组委会批准或提供,如果不提供此类标志物,运动员可以使用胶布,但禁止用粉笔或其他任何擦不掉痕迹的类似物质)。

3. 投掷项

(1) 试掷次数确定

推铅球比赛应抽签决定运动员试掷顺序。运动员超过8人,应允许每人试掷3次,有效成绩最好的前8名运动员可再试掷3次,试掷顺序与前3次掷后的排名相反。如果在第三次试掷结束后出现第八名成绩相等,应以其次优成绩判定名次,如次优成绩相等,则以第三较优成绩判定,其余类推。当比赛人数只有8人或少于8人时,每人均可试掷6次。

(2) 比赛时的练习规定

比赛开始前,运动员可在比赛场地练习试掷,练习应按抽签排定顺序进行,并始终处于裁判员的监督之下。一旦比赛开始,运动员不得持器械练习,无论持器械与否,均不得使用投掷或者落地区内地面练习投掷。

(3) 投掷时的具体规定

① 投掷前的规定。应从投掷圈内将铅球推出。运动员必须从静止姿势开始试掷。允许运动员触及铁圈和抵趾板的内侧。应用单手从肩部将铅球推出。当运动员进入圈内开始试掷时,铅球应抵住或靠近颈部或下颌,在推球过程中持球手不得降低到此部位以下。不得将铅球置于肩轴线后方。不允许使用任何装置对投掷时的运动员进行任何帮助,如使用带子将两个或更多的手指捆在一起。除了开放性损伤需要包扎以外,不得在手上使用绷带或胶布。不允许使用手套。为了能更好地持握铅球,运动员可使用某种适宜物质,但仅限于双手。为了防止手腕受伤,运动员可在手腕处缠绕绷带。为防止脊柱受伤,运动员可系一条皮带或其他适宜材料制成的带子。不允许运动员向圈内或鞋底喷洒任何物质。

② 投掷中的规定。运动员进入圈内开始投掷后,如果运动员身体任何部位触及圈外地面,或触及铁圈和抵趾板上面,或以不符合规定的方式将铅球推出,均判为一次投掷失败。如果在投掷中运动员未将投掷物投出或者把脚踏出投掷圈以外,运动员可以在动作中途放弃并重新开始投掷。若运动员在投掷过程中受阻,裁判应判阻碍并给予第二次投掷机会。完成投掷后,运动员必须从投掷圈后面退出。

③ 投掷后有效成绩的确定。铅球完全落在落地区角度线内沿以内,试掷方为有效。每次有效试掷后,应立即测量成绩。从铅球落地痕迹的最近点取直线至投掷圈内沿,测量线通过投掷圈圆心。

④ 最终成绩的确定。运动员在器械落地后方可离开投掷圈。离开投掷圈时首先触及的铁圈上沿或圈外地面必须完全在圈外白线的后面,白线后沿的延长线应能通过投掷圈圆心。应以每名运动员最好的一次投掷成绩,包括因第一名成绩相等而进行的决名次赛的试掷成绩,作为其最后的决定成绩。

其他投掷项目比赛,除场地、器械和投掷方法与铅球有差异外,比赛规则与铅球基本相同。

第二节 篮球运动的主要规则

篮球的竞赛规则随着篮球运动的发展被不断地修订,本节所介绍的篮球主要竞赛规则选自国际篮球联合会(FIBA)2008年4月26日于北京通过且于2008年10月1日起生效的最新篮球规则。

一、场地和器材

1. 标准篮球场

国际篮球联合会规定正式比赛的篮球场为长28 m、宽15 m的长方形场地,天花板或最低障碍物离地高度至少7 m。球场照明应均匀,光线充足。

场地内所有线条宽度为0.05 m;中线应向两侧边线外各延长0.025 m;罚球线应与端线平行,长为3.6 m,其外沿距端线内沿5.80 m,中点须落于连接两条端线中点的假想线上。

根据FIBA最新修订的篮球规则,自2010年10月1日起,限制区(三秒区)改为长5.80 m、宽为4.9 m的矩形区域,不再为梯形;三分线的距离从之前的6.25 m改为6.75 m;在比赛场地两端的篮圈下各标出一个半圆区域,半圆的内沿距篮圈中心1.25 m。这个区域为合理冲撞区,在这个区域只有阻挡犯规,没有带球撞人。中圈画于球场中央,半径为1.80 m,从圆周外沿丈量。

2. 篮球

篮球是圆形的,球的外壳为皮革、橡胶或合成物质。球面的接缝或槽的宽度不得超过0.00635 m。球的周围为0.749~0.780 m;其质量为567~650 g。充气后,使球从1.80 m的高度(从球的底部量起)落到球场的地面上,反弹起的高度为1.20~1.40 m(从球的顶部量的)。

二、着装

1. 球队成员的服装构成

(1) 背心前后的主要颜色相同,所有队员必须把背心塞进短裤内,允许穿一体的服装。

(2) 短裤前后的主要颜色相同,但没必要与背心的颜色相同。

(3) 允许穿长于短裤的紧身内裤,只要与短裤的颜色相同。

2. 主客队的背心颜色说明

每名队员必须至少有两件背心,并且秩序册中命名的第一队(主队)应穿浅色背心(最好是白色);秩序册中命名的第二队(客队)应穿深色背心;如果参加比赛的两队同意,他们可以互换背心的颜色。

三、比赛时间、比分相等与决胜期

1. 比赛时间

比赛由 4 节组成,每节 10 min。在比赛开始之前,应有 20 min 的比赛休息期。在第一节和第二节(第一半时)之间,第三节和第四节(第二半时)之间以及每一决胜期之前应有 2 min 的比赛休息期。而中场休息时间应为 15 min。

2. 比分相等与决胜期

如果在第四节时间终了时比分相等,为打破平局,需要一个或多个 5 min 的决胜期(加时节)来继续比赛。如果结束比赛时间的比赛计时钟信号响时或之前发生了犯规,在比赛时间结束之前应执行最后的罚球。如果作为此罚球的结果需要一个决胜期,那么,在比赛时间后发生的所有犯规被视为在比赛休息期间发生的,在决胜期开始之前应执行罚球。

四、技术规范

在比赛中,只能用手来打球,并且可将球向任何方向传、投、拍、滚或运,但受 FIBA 篮球规则的限制,队员不能带球走,也不能故意踢或用腿的任何部分阻挡或用拳击球。

五、得分

(1)当活球从上方进入球篮并停留在篮圈内或穿过篮圈是球中篮。

(2)球已进入篮圈,对投篮的队按此规则计得分:一次罚球中篮计 1 分;从 2 分投篮区域中篮计 2 分;从 3 分投篮区域中篮计 3 分;最后一次或仅有一次的罚球中,在球已触及篮圈后进入篮圈前被一名进攻队员或防守队员合法触及,中篮计 2 分。

(3)如果队员意外地将球投入该队的本方篮圈,中篮计 2 分,记入对方球队得分。如果队员故意地将球投入该队的本方篮圈,这是违例,中篮不记得分。如果队员使整个球从下方穿过篮圈,这是违例。

六、暂停

1. 教练员或助理教练员请求中断比赛是暂停。

2. 每次暂停时间持续时间为 1 min。一次暂停可在一暂停机会期间被准许。在第一半时的任何时间每队可准许 2 次暂停;在第二半时的任何时间可准许 3 次暂停;在每一决胜期的任何时间可准许 1 次暂停。未用过的暂停不得遗留给下一个半时或决胜期。在第四节的最后两分钟或每一决胜期的最后两分钟内,在一次成功的投篮后比赛计时钟停止时,不允许得分队叫暂停,除非裁判员已停止了比赛。

七、违例

违例是指违反规则。违例时将球判给对方队员,在最靠近发生违例的地点掷球入界,正好在篮板后面的地点除外,除非规则另有规定。

篮球比赛中常见的违例有球出界、两次运球、带球走、3 s、8 s、24 s 和球回后场等。

八、犯规

犯规含有与对方队员的非法身体接触和违法体育道德的举止。篮球比赛中常见的犯规有撞人、阻挡、拉人、推人等。

1. 技术犯规

技术犯规是包含(但不限于)行为性质的队员非接触犯规。主要指队员没有礼貌地触犯裁判员、技术代表、记录台人员或球队席人员,或使用很可能冒犯或煽动群众的语言和举止等。

2. 队员犯规和全队犯规

(1) 一名队员已发生侵人犯规或技术犯规累计达到 5 次,主裁判员应通知本人,并要求其立即离开比赛。犯规队员必须在 30 s 内被替换。

(2) 在一节中某队已发生了 4 次全队犯规时,该队处于全队犯规处罚状态。当某队处于全队犯规处罚状态时,随后发生的对未做投篮动作的队员的侵入犯规应被判两次罚球,代替掷球入界。如果控制活球队的队员或拥有球权的队员发生了侵入犯规,应判对方队员掷球入界。

第三节 足球运动主要规则

一、比赛场地规则

足球比赛场地必须是长方形,场地长 90～120 m,宽 45～90 m。世界杯比赛场地为 105 m×68 m,非正式比赛可因地而宜。

二、比赛用球规则

比赛用球应为圆形,用皮革或其他适宜的材料制成,不得使用可能伤害运动员的材料。球的周长为 68～70 cm,质量为 410～450 g,压力为 0.6～1.1 个大气压。在比赛进行中,未经裁判员许可,不得更换比赛用球,如球在比赛进行中破裂或漏气,应立即停止比赛,用新球在原球破漏时所在地点以坠球恢复比赛。

三、比赛人数及装备规则

每队上场队员不得多于 11 名,其中必须有 1 名守门员,任何一队少于 7 名队员时,该场比赛应为无效。每场比赛每队最多可以使用 3 名替补队员。任何其他队员都可与守门员互换位置,但须事先通知裁判员,并应在比赛成死球时互换。

上场队员必需的装备是:运动上衣、短裤、护袜、护腿板和足球鞋。上场队员不得穿戴可能危及其他运动员的任何物件。守门员的服装颜色必须有别于其他上场队员和裁判员。

四、越位规则

(一)判罚越位的三个因素

1. 位置因素

攻方队员在对方半场,处于球的前面,而对方防守队员不足两名时,该队员处于越位位置。

2. 时间因素

同队队员向他传球的一刹那,该队员前面的防守队员不足两名时,即属越位。

3. 行为因素

该队员正在干扰比赛、正在干扰对方或者从越位位置获得利益时,判其越位。

（二）如何判罚越位

(1) 当同队队员踢或触及球的一刹那,裁判员认为处于越位位置的队员主动地干扰比赛、干扰对方队员、从越位位置获得利益,应判其越位。

(2) 队员仅仅处在越位位置,而直接接得球门球、角球、掷界外球、裁判员坠球不应判罚越位。

五、犯规与不正当行为

（一）下列情况下判罚直接任意球

以上肢动作（推、打、拉、扯对手或故意手球）,下肢动作（踢、绊、铲人或故意挑向对方）,以及从背后冲撞或向对方吐唾沫,都应判罚对方队员在犯规地点踢直接任意球;防守队员在本方罚球区内有上述一项行为之一者应判罚球点球;在比赛进行中,无论球在什么位置,如守门员在本方罚球区内有上述一项行为之一者都应判罚点球。

（二）下列情况下判罚间接任意球

(1) 裁判员认为其动作具有危险性。

(2) 当球不在队员控制范围内时,该队员不是为了争球而用肩部冲撞对方。

(3) 队员不去踢球而阻挡对方队员。

(4) 冲撞守门员。

(5) 守门员违例。

① 行走4步以上而未使球进入比赛状态。

② 行走4步以上虽使球进入比赛状态,但未经罚球区外的同队队员或罚球区内的对方队员触球前,再次用手触球。

③ 同队队员故意将球踢给守门员后,守门员用手触球。

④ 延误比赛时间。

以上情况都应判由对方在犯规地点踢间接任意球。

（三）下列情况下应被警告并出示黄牌

(1) 比赛开始后，队员擅自离场或重新进场，而事先未经裁判员示意允许。
(2) 队员连续违反规则。
(3) 用言语或行动对裁判员的判决表示不满者。
(4) 有不正当行为者。

（四）下列情况下应罚出场并出示红牌

(1) 有暴力行为者。
(2) 严重犯规者。
(3) 用污言秽语进行辱骂者。
(4) 经黄牌警告后，又出现第二次可警告的犯规。

第四节 排球运动主要规则

一、场地设备

（一）球场

排球的球场如图 12.2 所示。长 18 m，宽 9 m，四周至少有 6～9 m 的无障碍区，从地面量起至少有 12.5 m 的无障碍空间，地面必须是平坦的、水平的，并且是统一的。

（二）球网

球网高度，成年男子网高 2.43 m，女子为 2.24 m，少年男子为 2.24～2.35 m，女子为 2～2.15 m。

1. 界内球

是指在比赛中，球落在场内或落在边线、端线上。

2. 界外球

在比赛中，球落在边线、端线以外地面上以及球从标志杆上或外沿进对方场区、球碰标志杆或标志杆以外的球网以及场外任何物体，球整体从网下越过中线等,均判为界外球。

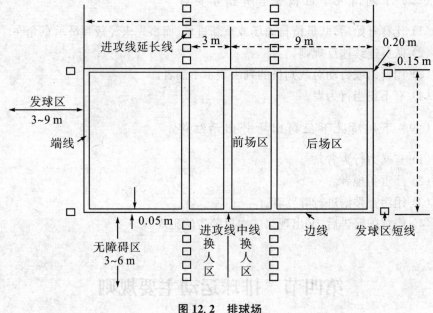

图 12.2 排球场

二、持球和连击:

1. 持球

队员将球在手上或身上停留时间过长,以及推挪、抛送、携带等动作,均判为持球犯规。

2. 连击

一名队员不得连续击球两次(拦网除外),否则判为连击犯规。如果某队员第一次击对方过来球,一个动作依次部位触球,则不判连击犯规。

三、过中线触网

1. 过中线

队员的双脚或单脚全部越过中线并落在对方场区内,判过中线犯规。

2. 触网

队员身体触网,特别是在扣球与拦网时的触网,判触网犯规。

四、发球和位置错误

1. 发球错误

发球遇到下列任何一种情况的,判发球犯规:
(1) 未将球抛起或未使球清晰离手即击球。
(2) 双手击球或单手将球抛出,以及用手臂以外身体任何部位击球。
(3) 击球时,脚踏及端线或踏越发球区端线。
(4) 未能在鸣哨后 5 s 内发球或有发球试图。
(5) 发球次序错误。
(6) 利用个人或集体掩护发球。

2. 位置错误

这是指发球队员击球的一刹那,场上任何一名队员没有按规定的位置站位。
(1) 发球击球时,队员脚触及场区以外地面。
(2) 同排队员之间,3 号位或 6 号位队员的脚比他们两侧队员的双脚更靠近边线。
(3) 同排队员之间,1,5,6 号位队员的脚比他们同列队员的双脚更靠近中线。

五、暂停和换人

1. 暂停

前四局比赛中,每队在每局中均有一次自由暂停,每次 30 s,另外还有两次技术暂停,当某队先到 8 min 和 16 min 时自动执行,每次 60 s,第五局比赛中,每队各有两次自由暂停,每次 30 s。

2. 换人

每队每局可替换 6 人次,一上一下为 1 人次。换人必须在比赛过程中进行。

六、后排队员进攻性击球犯规

当后排队员在进攻线上或前,将高于球网上沿的球直接击过对方场区或球触及对方拦网队员的手,判为后排队员进攻性击球犯规。

第五节 乒乓球运动主要规则

一、发球、接发球和方位的次序

(1) 选择发球、接发球和方位的权利用抽签来决定。中签者可以选择先发球或先接发球或选择在某一方。

(2) 在获得每2分之后,接发球方即成为发球方,依此类推,直至该局比赛结束,或双方得分都达到10分实行换发球法。这时,发球和接发球次序仍然不变,但每人只轮发1分球。

(3) 一局中首先发球的一方,在该场下一局应首先接发球。在决胜局的比赛中,当一方先得5分时,双方应交换方位。

二、合法发球

发球时,运动员必须将球置于不握拍的手上,手掌张开伸平,将球垂直向上抛起,并不得使球旋转,球离手的高度不应少于16 cm,当球从最高点下落时方可击球。击球时,球和球拍在台面的水平上,以便让对手进行判断和让裁判员看到是否合乎发球规定。裁判员如怀疑发球人有犯规行为时,可向其提出警告并不予判分,在同一场比赛中发球人两次受到怀疑则被判失1分;如发球人明显不按规定发球时则无须警告而直接判其失分。

三、合法还击

对方发球或击球后,本方运动员必须击球,使球直接越过或绕过球网装置后,再触及对方台区。

四、重发

出现下列情况应判重发球:

(1) 在接发球一方未准备好的情况下发球,且接发球一方的队员并未做出接球动作。

(2) 发生了无法控制的外界干扰而使运动员无法合理发球或合理还击。

(3) 裁判员要求中断比赛。

(4) 由于要实行轮换发球或要警告、处罚队员时。

(5) 比赛环境受到干扰。

五、计胜方法

比赛中运动员未能合法发球、发球失误、未能合法击球、击球失误,均应被判失 1 分。正规比赛中,先得 11 分者胜一局。但如果打到 10 平以后,则先多胜 2 分者胜一局。如采用三局两胜制、五局三胜制、七局四胜制,则先胜两局、三局、四局胜一场。

六、轮换发球

每局比赛实行轮换发球法。具体方法是每个运动员轮流发 2 分球,到 10 平时,轮流发 1 分球,直到该局结束。如果接发球方进行了 1 分当中的第 13 次合法还击,则判发球方为失 1 分。

第六节 羽毛球运动主要规则

一、场地设备

(一) 羽毛球比赛场地

场地呈长方形,长 13.4 m、宽 6.1 m,每条线宽均为 4 cm,所有线的宽度都在场地之内。半场而言,各线的名称为单、双打边线,单、双打后发球线,前发球线和中心线。此外,正式比赛场地要求上空有 9 m 的无障碍空间,场地四周 2 m 以内不得有任何障碍。具体场地尺寸、名称,如图 12.3 所示。

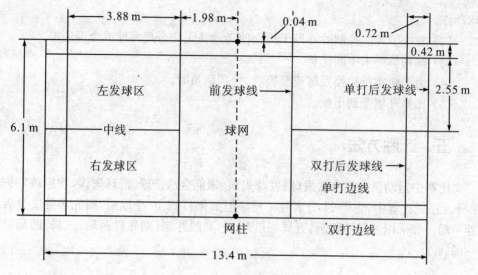

图 12.3 羽毛球场地

(二)球网

羽毛球网的颜色为深色,其长 6.1 m、宽 0.76 m。正式比赛的网高为:球网中央不能低于 1.524 m,球网两端即网柱上的网高为 1.55 m。

二、局数和分数

正式比赛采用三局两胜制决定胜负。女单、男单、双打均以 21 分为一局。

三、得分和发球权

比赛中采用每球得分制,得分方发球。

四、双打(含混双)的发球与接发球方位

比赛中,每局首先发球的选手(称"第一发球员")和接发球的选手(称"第一接发球员"),当该局本方分数为零或偶数时,必须在右发球区发球和接发球;得分为奇数时,则应在左发球区发球和接发球,每方的同伴则反之。任何一局比赛开始时,都由获得发球权一方的第一发球员在右发球区发球;在比赛中,任何一次获得发球权的一方的首次发球都应由站在右发球区的队员从右发球区开始发球,无论此时分数是偶数还是奇数,它有别于单打。每局比赛中第一个球的发球方位和顺

序的轮转为:当首先发球的一方失去发球权后,必须交换发球权,然后由该局首先接发球的队员发球(此时该球员又被称为"本方第一发球员"),如得分,该发球员继续发球,发失误则同伴发球,如得分则继续发球,直到失去发球权。在交换发球权后,由对方站在右发球区的原接发球员发球直至失误,改由同伴发球,以此类推。

五、交换场地

第一局比赛结束时,双方应交换场区进行第二局比赛。如前两局双方战成1∶1时,双方也应交换场区进行决胜局比赛。

在比赛中,如选手未按规则规定按时、正确地交换场区,一经发现应立即交换,已得分数有效,并继续进行比赛。

六、违例

(1) 不合法的发球。例如,延误发球、脚触及界线、双脚移动、击球点在腰以上部位等。

(2) 发球员发球时未击中球,球过网后挂在网上或停在网顶。

(3) 比赛过程中球从网下或网孔穿过或不过网。

(4) 比赛中,球碰到队员身体或衣服,球触及房顶及场地外的人或物体。

(5) 比赛中,球拍与球的最初接触点不在击球者的这一方。

(6) 比赛中,队员的球拍、身体或衣物碰网或网柱;队员的脚或球拍由下侵入对方场区。

(7) 一名队员两次挥拍连续两次击中球,或是同一方的两名队员连续各一次球。

(8) 击球时,球夹在或停滞在球拍上,紧接着又被拖带。

(9) 阻碍对方紧靠球网的合法击球。

(10) 比赛中,队员故意扰乱、影响对方进行正常比赛的任何举动。

第七节 网球运动主要规则

一、比赛场地

网球场地分草地、硬地、土地、涂塑场地。场地长 23.77 m,单打端线长 8.23 m。

双打端线长10.97 m,网的中部高0.914 m,两侧高1.07 m,全场除端线可宽至10 cm,其他线宽只能在2.1~2.5 cm,各区丈量除中线(长10 cm,宽5 cm)外,都从各线的外沿计算。单打场地图如图12.4所示,双打场地图如图12.5所示。球的直径6.35~6.67 cm,质量56.7~58.47 g。测量球的弹力为从2.54 m高处自由落下,在平硬地上弹起1.346~1.473 m为合格用球。

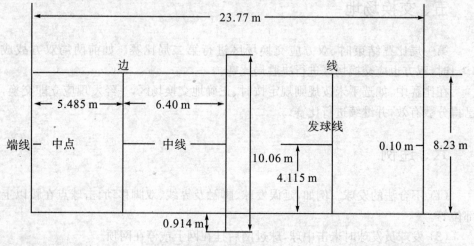

图12.4 单打场地

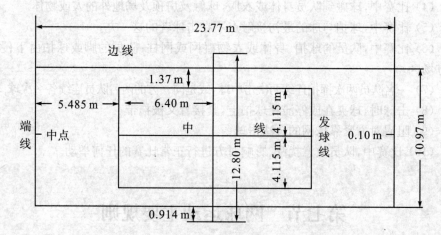

图12.5 双打场地

二、网球的主要规则与裁判法

(一) 发球前的规定

发球员应站在端线后,中点和边线的假定延长线之间的区域里,用手将球向空中抛起,在球触地前用拍击球。

(二) 发球时的规定

发球员在整个发球动作中不得通过行走或跑动改变原来站立的位置,两脚只准站在规定的位置,不得触及其他区域。

(三) 发球员的位置

(1) 每局开始先从右区端线后发球,得或失1分后,应换到左发球区。
(2) 发出的球应从网上越过,落到对角的对方发球区内或其周围的线上。

(四) 发球失误

未击中球;发出的球落地前触及固定物(球网、中心带和网边匀布除外);违反有关发球站位的规定;发球员第一次发球失误后,应在原发球位置进行第二次发球。

(五) 发球无效

发球触及网后仍然落到对方发球区内;接球员未做好准备,均应重发球。

(六) 交换发球

第一局比赛终了,交换发球,以后每局终了均依次交换发球,直至比赛结束。

(七) 交换场地

双方应在每盘的第1,3,5等单数局结束后以及每盘结束双方局数之和为单数时,交换场地。

(八) 失分

发生下列任何一种情况,均判失分:

(1) 在球第二次着地前未能还击过网。
(2) 还击的球触及对方场区界线以外的地面、固定物或其他物件。
(3) 还击空中球失败。
(4) 故意用球拍触球超过一次。
(5) 运动员的身体、球拍在发球期间触及球网。
(6) 过网击球。
(7) 抛拍击球。

(九) 压线球

落在线上的球都算界内球。

(十) 双打发球次序

每盘第一局开始时,由发球方决定由何人首先发球,对方则同样在第一局开始时,决定由何人首先发球。第三局由第二局发球员的同伴发球。第四局由上一局发球员的同伴发球。以下各局均按此次序发球。

(十一) 双打接球次序

先接球的一方,应在第一局开始时决定何人先接发球,并在这盘单数局继续先接发球。对方同伴应在第一局开始时决定何人先接发球,并在这盘双数局继续先接发球。他的同伴应在每局中轮流接发球。

(十二) 双打还击

接发球后,双方应轮流由其中任何一名队员还击,如运动员在其同伴击球后,再经球拍触球,则判对方得分。

(十三) 网球计分方法

1. 胜一局
每胜一球得一分,先胜 4 分者胜 1 局。双方各得 3 分时为"平分"1 局,平分后净胜 2 分胜。

2. 胜一盘
一方先胜 6 局为胜一盘。当双方各胜 5 局时,一方净胜 2 局胜一盘。

3. 决胜局计分制
在每盘的局数为 6 平时:采用长盘制时,一方净胜 2 局为胜一盘;选用短盘制时(决胜盘除外,除非赛前另有规定),先得 7 分者为胜(若分数成 6 平时,一方须净胜 2 分)。首先发球员只发第 1 分球,对方发第 2,3 分球,然后轮流发两球,直至比赛结束。第一分球在右区发,第二分球在左区发,第三分球在右区发。每 6 分球和决胜局结束都要变换场地。

第八节 武术运动常识及主要竞赛规则

下面主要介绍武术套路的主要竞赛规则,选自国际武术联会于 2005 年 11 月制定的《国际武术套路竞赛规则》。

一、竞赛类型

竞赛类型可分为个人赛、团体赛、个人及团体赛,按年龄又可分为成年赛、青少年赛和儿童赛。

二、竞赛项目

国际武术套路的竞赛项目有:长拳、太极拳、南拳、剑术、刀术、枪术、棍术、太极剑、南刀、南棍、对练(徒手对练、器械对练、徒手与器械对练)和集体项目。

三、礼仪

运动员听到上场点名时和宣布最后得分时,应向裁判长行抱拳礼。

四、套路完成时间

(1) 长拳、南拳、剑术、刀术、枪术、棍术、南刀、南棍套路,成年组不得少于 80 s,青少年(含儿童)不得少于 70 s。

(2) 太极拳、太极剑自选套路,集体项目为 3~4 min。太极拳规定套路为 5~6 min。

(3) 对练不得少于 50 s。

五、比赛场地

使用国际武术联合会指定的比赛场地。

思 考 题

1. 篮球竞赛规则主要包括哪些内容?
2. 影响球类竞赛的因素一般有哪些?

参 考 文 献

[1] 李建英,王黎明.大学体育和健康教程[M].北京:人民体育出版社,2002:22-24.
[2] 金玉光.新编大学体育与健康教程[M].北京:北京体育大学出版社,2002:26-27.
[3] 胡振浩,张溪,田翔.职业体能训练[M].北京:高等教育出版社,2008:64-102.
[4] 刘世杰.中华人民共和国职业病防治法与职业病防治管理全书[M].北京:中国工人出版社,2001:49-53.
[5] 姚鸿恩.体育保健学[M].北京:人民体育出版社,2001.
[6] 游春栋,李明,陶弥峰.体育与健康[M].北京:清华大学出版社,2006.
[7] 刘清黎.体育与健康[M].北京:高等教育出版社,2002.
[8] 王家彬,虞荣安,杭兰平.大学体育教程理论篇[M].西安:西北工业大学出版社,2007.
[9] 王德炜.大学体育理论技术教程[M].西安:西安交通大学出版社,2008.
[10] 中国田径协会.田径竞赛规则(2008)[M].北京:人民体育出版社,2008.
[11] 黄宽柔.形体健美与健美操[M].北京:高等教育出版社,1997.
[12] 徐雄杰,朱信龙.国际体育舞蹈教程[M].合肥:中国科学技术大学出版社,2007.
[13] 马鸿韬.现代健美操训练方法[M].北京:北京体育大学出版社,2005.
[14] 林春生.图解跆拳道手册[M].武汉:中国地质大学出版社,2006.
[15] 王亚琼.运动竞赛学[M].北京:北京师范大学出版社,2009.
[16] 程嘉炎.球类运动竞赛学[M].北京:人民体育出版社,2004.
[17] 孙南,孔庆涛.论国际田联关于"田径运动"的定义[J].成都体育学院学报,2005,31(5):55-62.
[18] 陈业.蛙泳手臂动作技术与常见错误动作分析[J].绵阳师范学院学报,2009,28(5):128-132.
[19] 姜玉泽.传统武术的健身价值探析[J].聊城大学学报:自然科学版,2004,17(1):81-83.
[20] 王亮清.论现代体操的分类[J].武汉体育学院学报,2002,36(6):123-125.
[21] 李树林,徐桂贞,韩宏飞.论体操的内容与分类[J].北京体育大学学报:2001,24(3):424-426.
[22] 王建刚.短跑途中跑的练习方法与常见问题[J].田径,2009(6):16-17.
[23] 黄坚毅.田径技术教学直通车之五:接力跑[J].中国学校体育,2008(5):56-57.
[24] 王慧明.接力跑教学中常见的错误动作、产生原因和纠正方法[J].体育教学,2007(3):61.
[25] 武泉华.浅谈高职院校武术教学的准备活动[J].搏击·武术教学,2009,6(4):60-61.